KB220273

都 序

大韓佛教曹溪宗 教育院

教材編纂委員會 編

大韓佛教曹溪宗 教育院
教材編纂委員會 編

都　序

조계종
출판사

刊行辭

『禪源諸詮集都序』는 禪과 敎를 三宗과 三敎로 요약하고 이를 다시 一心으로 會通하여 그 綱要를 한 눈에 파악할 수 있도록 한 책입니다. 그래서 裴休는 이 책의 서문을 통해 '未曾有'한 책이라고 높이 평가한 바 있습니다. 通佛敎的 전통을 견지하고 있는 한국불교의 상황에 비춰보면 禪敎一致를 지향하는 이 책의 내용은 한국승가의 會通的 세계관을 형성하는데 크게 기여해 왔다고 평가할 수 있습니다.

한국불교에서는 수백 년 동안 이 책을 강원교재로 채택하여 승가교육의 기본 교재로 활용해 왔기 때문입니다. 그런 점에서 『도서』는 한국승가의 정신세계를 구축하는데 중요한 역할을 한 典籍 중에 하나로 손꼽을 수 있습니다. 이와 같은 의미를 지니고 있는 『도서』를 새롭게 정비하여 출판하게 된 것은 기쁜 일이 아닐 수 없습니다.

저희 교육원에서는 비단 이 책뿐만 아니라 강원(승가대학)교재 전반에 걸쳐 새로운 편찬 사업을 진행하고 있습니다. 편찬의 기본 방향은 현재 강원이 처한 교육 여건과 학습자의 입장을 최대한 배려하여 내실 있는 학습이 진행될 수 있도록 돕고자 함입니다. 전통적 강원의 교과목은 조선 후기에 확정되었고, 10년 내지 11년이라는 장기간에 걸쳐 진행되었습니다. 그러나 최근 들어 강원의 학제가 4년으로 줄어들었지만 시대적 요청에 따라 교과목은 오히려 늘어났습니다. 따라서 자연히 교육시간이 부족해지고 그에 따라 학습 내용이 부실해질 수밖에 없었습니다.

교육원에서는 이러한 문제를 극복하기 위한 방법의 일환으로 강원 교재를 개편해야 한다는데 의견을 모았습니다. 2000년 강원 교과목 통일 및 개선에 따른 연구 작업을 실시하면서 교재 개편안을 제시한 결과, 전통 교재의 원문은 한문 그대로 하되 주석은 한글화하는데 합의하였습니다. 강원교육에서 한문으로 경론을 익히는 것이 중요한 만큼 그 기본 틀을 유지하되 주석은 한글화하여 원문을 익히는 공부와, 내용을 이해하는 학습의 내실을 기하기 위함입니다.

이미 교육원에서는 지난 1999년 여러 가지 판본을 대조하여 校勘·懸吐한 새로운 사집 교재를 편찬한 바 있습니다. 그러나 당시 작업에서는 주석이 포함되지 않아 일선 강원의 교재로 쓰이지 못하는 안타까움이 있었습니다. 이번에 주석을 보완하고 그 내용을 한글화하여 새롭게 사집 교재를 편찬하게 된 것은 이 같은 문제를 보완하기 위해서입니다. 아무쪼록 이 책을 활용하여 승가교육의 질이 개선되기를 간절히 기원하는 바입니다.

끝으로 이 책이 간행되기까지 바쁘신 와중에도 불구하고 오직 후진양성이라는 일념 하나로 불원천리 달려와 주신 교재편찬 위원스님들께 깊이 감사드리며, 더불어 불학연구소의 소임자들과 이 책이 나오기까지 수고해 주신 관계자들의 노고에 대해서도 감사를 표합니다.

불기2551(2007)년 6월

대한불교조계종 교육원장 靑 和

編纂辭

『都序』는 당대의 여러 종파를 대변하는 선사들의 偈頌과 語錄을 모아 한 권의 禪藏으로 묶은 책입니다. 따라서 이 책의 특징은 禪의 이치를 중심으로 설해져 있으며[多談禪理], 실참에 해당하는 禪行에 대해서는 간략히 서술[小說禪行]되어 있습니다. 강원을 마치고 선방으로 가는 한국 승가의 수행풍토에 비춰볼 때 『도서』의 이 같은 특징은 실참 수행에 앞서 선의 이치를 궁구하는 과정이 됩니다.

물론 선은 不立文字 敎外別傳이라고 하지만 敎를 공부하고 禪으로 들어가는 捨敎入禪의 정신에 입각해 본다면 먼저 禪理를 깊이 궁구하는 것은 필수적인 과정입니다. 마치 달을 가리키는 손가락처럼 언어를 통해 禪旨를 指示하고 있는 것이 『도서』입니다. 따라서 이 책에 담긴 선리를 깊이 궁구하여 모든 학인들이 實參으로 들어가고, 나아가 眞性을 크게 깨닫는 계기가 마련될 수 있기를 간절히 바라마지 않습니다.

전통과 현대의 조화, 그것은 오늘날 우리 승가교육이 담보해야 할 中道的 지향이라 할 것입니다. 전통을 너무 고수하다보면 시대에 뒤떨어지게 될 것이고 너무 현대의 흐름에 천착하다 보면 개성과 주체성이 없는 집단이 되어 창조적 힘과 정체성을 잃어버릴 것입니다. 오늘날 강원(승가대학)은 이렇게 전통과 현대를 슬기롭게 조화시켜 나가야 한다는 시대적 요청을 받고 있습니다. 그래야만이 위로는 깨달음을 구하고 아래로는 중생을 교화할 수 있는 人天의 師表를 양성할 수 있기 때문입니다.

교육원에서는 강원의 전통을 견지하면서도 시대의 정신과 방향에 부합할 수 있는 방향으로 교과목을 개편하고, 이에 필요한 교재를 개선하는 작업을 진행해 왔습니다. 이를 위해 저희들은 그 동안 여러 차례의 회의와 논의, 그리고 시행착오를 거쳐 왔습니다. 모든 강원에서 공식적으로 활용해야 하는 교재인 만큼 교육적 효과와 그 밖의 제반 사항을 모두 고려해야 했기 때문입니다. 그 결과 본 교재는 교재편찬위원회를 통해 다음과 같은 원칙에 주안점을 두고 편찬되었습니다.

1) 전통적으로 활용해 왔던 *看經用* 교재의 역할과 원문에 대한 이해를 충실히 도울 수 있는 내용 전달용 교재의 역할을 모두 할 수 있도록 했습니다. 원문을 한문으로 하고 주석을 간단한 각주와 상세한 미주로 한글화하여 처리한 것은 이러한 편찬 원칙에 따른 것입니다.
2) 주석은 원문에 대한 이해를 충실히 돕는 방향으로 하되 일상용어가 아닌 독특하거나 난해한 문장이나 중요한 구절 또는 용어, 인명, 지명에 대해서만 주석을 달았습니다.
   단, 일상화된 용어에 대해 주석을 달 경우, 그 용어가 종파나 입장에 따라 달리 쓰일 경우이며, 그 내용은 미주에 상세한 설명을 첨부했습니다.
3) 책의 후반에 자세한 내용의 해제를 달아서 『도서』에 대한 이해를 돕고자 했습니다.

이상과 같은 사항에 주안점을 두고 편찬하였기 때문에 본 책은 전통과 현대의 조화, 한문 해독능력의 배양과 정확한 내용의 이해라는 두 가지 요구를 모두 충족할 수 있을 것으로 기대됩니다.

지금도 교계에는 『도서』에 관한 몇 가지 책들이 이미 출판되어 있습니다. 하지만 이 책들을 강원 교재로 채택하지 않고 다시 편찬 사업을 진행해온 것은 위에서 밝힌 원칙에 따라 전통적 의미와 현대적 의미를 모두 충족시키는 교재를 만들기 위함이었습니다. 비록 저희들은 교재편찬위원회 스님들을 모시고 최선을 다했지만 미흡한 점도 있으리라 생각됩니다. 이 부분은 개정판을 통해 지속적으로 바로잡아 가도록 하겠습니다.

본 교재는 후진 양성에 대한 일념으로 감수를 맡아주신 각성 스님과 자문을 맡아주신 지욱 스님 그리고 교재편찬위회 위원장 지오 스님을 비롯한 위원 스님들의 노고와 배려로 출판될 수 있었습니다. 이 자리를 빌어 머리 숙여 감사의 말씀을 올립니다. 아울러 이 책이 편찬되기까지 많은 도움을 주신 제방의 스님들과 그 외 여러분들께도 진심어린 감사의 말씀을 전합니다.

불기2551(2007)년 6월

대한불교조계종 불학연구소장 玄 宗

일러두기

1. 지난 1998년 교육원 교재편찬위원회에서 弘治六年(1493) 全羅道 高山 佛名山 花岩寺 重刻本(高麗大 所藏)을 底本으로 삼고 안진호 스님의 현토를 수용해서 만든 『(懸吐/校勘) 禪源諸詮集都序』(민족사 刊)를 출판한 바 있다. 본 교재의 원문과 현토는 이를 바탕으로 삼되, 각성 스님의 감수를 반영하여 교정하였다.

2. 주석은 智冠 스님의 『四集私記』(해인총림승가학원, 1968), 法藏 스님의 『禪源諸詮集都序 註解』(동국역경원, 2003), 鎌田茂雄의 『禪源諸詮集都序 註解』(筑摩書房, 1971) 및 그 밖의 조선시대 강백 스님들의 都序 私記 등을 참고하였다.

3. 裵休 敍의 주석은 서문 끝에 미주로 처리하였다.

4. 본문은 각주와 미주로 나누어 주석하였다. 본문의 내용 중 해당 전거에 대해서는 각주로 간단히 처리한 다음, 미주에서 상세하게 한글 해석과 한문 원문을 함께 실어서 충실한 이해를 돕도록 하였다.

5. 본문에 나오는 私記는 본문 내용과 명확히 구별하기 위해서 아래, 위로 한 칸씩 띄우고 들여쓰기를 했으며 본문의 글자 크기보다 줄여서 편집하였다.

6. 책의 말미에 해제를 실어서 『도서』의 전체 내용을 이해하는 데 도움을 주고자 했다.

目 次

간행사 ············ 4

편찬사 ············ 6

일러두기 ············ 9

禪源諸詮集都序 裴休 敍 ············ 11

禪源諸詮集都序 卷上 ············ 23

禪源諸詮集都序 卷下 ············ 103

尾註 ············ 172

解題 ············ 253

禪源諸詮集都序敍[1]

洪州刺史兼御史中丞 裵休[2] 述

圭峰禪師[3]가 集禪源諸詮[4]하사 爲禪藏而都序之[5]하시니 河東裵休는 曰未曾有也라하노라 自如來現世하사 隨機立教로 菩薩이 間生하야 據病指藥하시니 故로 一代時教에 開深淺之三門[6]하시며 一眞淨心[7]에 演性相之別法하시니 馬龍二士[8]는 皆弘調御之經[9]而空性이 異宗하고 能秀二師[10]는 俱傳達摩[11]之心而頓漸[12]이 殊稟하며 天台[13]는 專依三觀[14]하고 牛頭[15]는 無有一法이라하며 江西[16]는 擧體全眞이라하고 荷澤[17]은 直指知見하며 其他는 空有相破하고 眞妄相收하며 反奪順取하고 密指顯說이 西域中夏에 其宗이 寔繁하니 良以病有千源이라 藥

生多品이요 投機隨器라 不得一同이로다 雖俱爲證悟之門이며 盡是正眞之道[18]라 所以로 諸宗門下에 皆有達人이나 然이나 各安所習하야 通少局多로다 數十年中에 師法이 益壞하야 以承稟으로 爲戶牖하야 各自開張하고 以經論으로 爲干戈하야 互相攻擊하니 情隨函矢而遷變하며

> 周禮에 曰函人은 爲甲이라하니라 孟子曰矢人이 豈不仁於函人哉리오마는 函人은 唯恐傷人하고 矢人은 唯恐不傷人[19]이라하니 盖所習之術이 使然也라 今學者도 但隨宗徒하야 彼此相非耳니라

法逐人我以高低하야 是非紛拏[20]로대 莫能辨析하니 則向者에 世尊菩薩과 諸方敎宗은 適足以起諍後人하야 增煩惱病이어니 何利益之有哉리오 圭山大師가 久而歎曰 吾丁此時하야 不可以默矣라하시고 於是에 以如來三種敎義[21]로 印禪宗三種法門[22]하사 融鉼盤

釵釧하야 爲一金하고 攪酥酪醍醐하야 爲一味하시니 振綱領而擧者皆順이요

荀子[23] 云如振裘領에 屈五指而頓之順者를 不可勝數[24]라하니라

據會要[25] 而來者同趣로다

周易略例[26]에 云據會要하야 以觀方來則六合이 輻輳라도 未足多也라하니 都序가 據圓教하야 以印諸宗하니 雖百家라도 亦無所不統이니라

尙恐學者之難明也하야 又復直示宗源之本末과 眞妄之和合과 空性之隱顯과 法義之差殊와 頓漸之異同과 遮表之迴互와 權實之深淺과 通局之是非하사대

此下는 歎敍述明顯하사 而丁寧欲人悟也라

莫不提耳而告之하시며 指掌而示之[27]하시며 嚬伸以吼之[28]하시며 愛軟以誘之라

此下는 歎慈悲憂念이 如養赤子也라

乳而藥之는 憂佛種之夭傷也요

自斷善根하고 而作闡提[29]가 夭傷也라

腹而擁之[30]는 念水火之漂焚也요

腹은 抱也라 子生三年然後에 免於父母之懷하야 無水火之慮니라 今人이 稍長大하야는 沈於五欲이 是水火也라

挈而導之는 懼邪小之迷陷也요

旣有善根하고 又離五欲하야는 復恐不入於大乘也라

揮而散之는 悲鬪諍之牢固也시니라

既入大乘法中하야는 又互相是非故로 揮散之하시니 卽都序之宗趣也라

大明도 不能破長夜之昏이요 慈母도 不能保身後之子어늘

此下는 歎悲智與佛同也라 佛日이 雖盛이나 得吾師然後에 迴光曲照하고 佛悲가 雖普나 得吾師然後에야 弘益彌多라

若吾師者는 捧佛日而委曲迴照하사 疑曀盡除하고
31
順佛心而橫亘大悲하사 窮劫蒙益케하시니 則世尊은 爲闡教之主시고 吾師는 爲會教之人이시라 本末이 相符하고 遠近이 相照하니 可謂畢一代時教之能事矣로다

自世尊演教로 至今日하야 會而通之하시니 能事方畢이로다

或이 曰自如來로 未嘗大都而通之어시늘 今一旦에 違宗趣[32]而不守하니 廢關坊而不據라 無乃乖秘藏密契之道乎아 答曰如來初雖別說三乘하시나 後乃通爲一道하시니라

三十年前에 或說小乘하시며 或說空教하시며 或說相教하시며 或說性教하신대 聞者가 各隨機證悟하야 不相通知也러니 四十年後에 坐靈鷲而會三乘[33]하시며 詣拘尸而顯一性[34]하시니 此는 前後之軌則也라

故로 涅槃經에 迦葉菩薩이 曰諸佛은 有密語하고 無密藏[35]이라하신 世尊이 讚之曰如來之言은 開發顯露하야 清淨無翳어늘 愚人은 不解하야 謂之秘藏이라하고 智者는 了達하야 則不名藏이라하시니 此其證也라 故로 王道

興則外戶不閉而守在戎夷요 佛道備則諸法總持而防在魔外니라

涅槃圓教에 和會諸法호대 唯簡別魔說과 及外道邪宗耳니라

不當復執情하야 攘臂[36] 於其間也어다 嗚呼라 後之學者는 當取信於佛하고 無取信於人하며 當取證於本法하고 無取證於末習이니

都序에 以佛語로 印諸宗하고 以本法으로 照偏說하시니 故로 丁寧勸其深信也라

能如是則不辜圭山大師劬勞之德矣리라

哀哀父母여 生我劬勞[37]하시니 吾師之德이 過於是矣로다 後之人이 覩其法而不生悲感하면 木石으로 無異也리라

1. 禪源諸詮集都序敍는『全唐文』제743권과『唐文粹』제95권에 '釋宗密禪源諸詮序'로 표기되어 있다. 또한 祖琇의『隆興佛教編年通論』제27권에 수록되어 있다.
2. 裵休에 대해서는 미주 제34항 참조.
3. 圭峰宗密禪師에 대해서는 미주 제8항 참조.
4. 禪源諸詮은 禪의 근원인 本覺眞性을 상세하게 설명한 모든 언구와 게송 등을 말한다.
5. 都序之는『禪源諸詮集』의 總序를 쓴 것을 말하니, 곧『禪源諸詮集』의 해제에 해당한다.
6. 開深淺之三門에서 三門은 종밀이 여래의 一代時教를 세 가지로 구분한 密意依性說相教(有宗)·密意破相顯性教(空宗)·顯示眞心卽性教(性宗)를 말한다. 종밀은 석존께서 유종→ 공종 → 성종의 순으로 단계적으로 심오한 이치를 설하셨다고 보았다.
7. 一眞淨心은 차별이 없는 평등한 眞心을 말한다.
8. 馬龍二士는 馬鳴과 龍樹 두 보살을 가리킨다. 마명과 용수에 대해서는 미주 제19항, 제109항 참조.
9. 調御之經에서 '調御'는 중생의 신·구·의 3업을 잘 다스린다는 뜻이며, 調御師는 여래 10호의 하나이다. 따라서 부처님의 말씀을 모은 경전을 '調御之經'이라 한다.
10. 能秀二師는 南宗禪의 개조인 六祖慧能과 北宗禪의 개조인 大通神秀 두 선사를 가리킨다. 혜능과 신수에 대해서는 미주 제119항, 제13항 참조.
11. 達摩에 대해서는 미주 제11항 참조.
12. 頓漸에서 '頓'은 불법의 진리를 단박에 깨닫는 것을, '漸'은 수행에 의해 단계적으로 깨닫는 것을 말한다. 또는 '頓'은 방편의 단계를 설정하지 않는 방법, '漸'은 점차로 향상하는 수행의 단계를 설정하는 방법을 가리킨다. 혜능 계열의 남종은 頓悟를 신수 계열의 북종은 漸修를 표방하였다.
13. 天台는 天台智顗를 가리킨다. 미주 제152항 참조.
14. 三觀은 天台三觀을 말하는데, 여기서는 천태가 수립한 三止와 三觀을 함께 지칭한 말이다. 3지와 3관에 대해서는 미주 제67항 참조.
15. 牛頭는 牛頭法融을 가리킨다. 미주 제110항 참조.
16. 江西는 馬祖道一을 가리킨다. 미주 제20항 참조.

17. 荷澤은 荷澤神會를 가리킨다. 미주 제157항 참조.

18. 正眞之道는 본래 Bodhi의 舊譯으로서 바른 깨달음, 즉 無上正等覺을 말하나 여기에서는 무명의 병을 치료하는 참되고 바른 방법이라는 의미로 사용되었다.

19. 矢人豈不仁於函人哉로부터 矢人唯恐不傷人까지는 『孟子』 公孫丑章句 上(7장)에 나온다.

20. 法逐人我以高低 是非紛拏는 본래 차별이 없고 평등한 불법이 교종과 선종을 비롯한 각 종파가 제각기 주장을 세워 우열을 가림에 따라 시비가 분분해졌다는 뜻이다.

21. 如來三種敎義는 密意依性說相敎·密意破相顯性敎·顯示眞心卽性敎를 말한다.

22. 禪宗三種法門은 息妄修心宗·泯絶無寄宗·直顯心性宗을 말한다.

23. 荀子에 대해서는 미주 제76항 참조.

24. 如振裘領으로부터 不可勝數까지는 『荀子』 「勸學篇」에 나오는 말이다.

25. 會要는 모이는 중심, 요점을 말한다. 즉 모든 사람들이 모여드는 '서울'을 가리킨다.

26. 『周易略例』는 晋의 王弼이 지었다. 唐의 助教邢璹이 주석하고 明의 新案程榮이 교열하였다고 한다. 『漢魏叢書』 明象條에 보인다.

27. 指掌而示之는 종밀이 무애한 불법의 이치를 마치 손바닥을 보듯이 쉽게 가르쳐주었다는 뜻이다. 『論語』 제3권 「八佾」 (11장)에 "어떤 사람이 禘祭祀의 내용을 묻자, 공자께서 '알지 못하겠다. 그 내용을 아는 자는 천하를 다스림에 있어서 여기에다 올려놓고 보는 것과 같을 것이다'라고 하시고, 그 손바닥을 가리키셨다[或問禘之說 子曰 不知也 知其說者之於天下也 其如示諸斯乎 指其掌]"는 내용이 있다.

28. 嚬伸而吼之는 사자가 기지개를 켜며 포효하듯 위엄스럽고 우렁찬 목소리로 설법하는 모습을 표현한 말이다.

29. 闡提는 梵語 icchantika의 音譯으로, 斷善根·信不具足·極欲·大貪·無種性·燒種이라고 번역한다. 즉 일체 선근을 단절하여 성불할 소질과 인연이 없는 자를 말한다 『入楞伽經』 二卷에서는 천제를 둘로 나누었는데, 그 첫째는 斷善闡提이니, 본래 해탈할 인연이 없는 자이고, 둘째는 大悲闡提 또는 菩薩闡提이니, 곧 보살이 일체중생을 구원하고 제도해주려는 悲願으로 일부러 열반에 들어가지 않는 자이다. 이 밖에 『大莊嚴論經』 一卷에서는 有性闡提와 無性闡提를 설하고, 『成唯識論掌中樞要』 卷上에서는 斷善闡提·大悲闡提·無性闡提의 세 가지로 설하고 있다. 옛적에 道生은 '闡提成佛'을 주

장하다가 一闡提는 성불할 수 없다는 것을 믿는 僧徒들에게 배척을 받았다. 이에 도생은 平江의 虎丘山에 들어가 돌을 모아 청중으로 삼고 『열반경』을 강설하면서 일천제도 성불할 수 있다고 하니 여러 돌들이 끄덕거렸다고 한다. 도생의 '천제성불' 사상은 曇無讖이 『大般涅槃經』을 역출한 후로 점차적으로 대중들에게 받아들여졌다. 法相宗은 성불할 수 없는 중생이 존재한다고 주장했고, 天台宗・華嚴宗과 그 밖에 대승의 諸宗은 일체중생이 모두 성불할 수 있다고 주장했다.

30. 腹而擁之에서 '腹'자는 『詩經』 권12 「小雅篇 蓼莪章」의 주석에 따르면 腹은 '懷抱'의 뜻이다. 『詩經』에 다음과 같은 시가 있다.

父兮生我 아버지여 나를 낳으시고
母兮鞠我 어머니여 나를 기르시며
拊我畜我 나를 어루만지고 나를 먹이시며
長我育我 나를 키우고 나를 성장시키시며
顧我復我 나를 돌아보고 자주 돌아보시며
出入腹我 들 때나 날 때나 가슴에 품으셨으니
欲報之德 그 은덕 갚고자 해도
昊天罔極 하늘처럼 무한하네.

31. 吾師는 圭峰宗密禪師를 가리킨다.

32. 宗趣는 일반적으로 종파가 받드는 宗旨를 말한다. 그러나 여기서는 부처님께서 회통하지 않으신 근본 뜻이라는 의미로 쓰였다.

33. 坐靈鷲而會三乘은 석존께서 영취산에서 『法華經』을 설하여 이전에 설했던 三乘을 一乘으로 회통시켰던 고사를 말한다.

34. 詣拘尸而顯一性에서 '拘尸'는 석존께서 입멸하신 拘尸那揭羅城을 가리킨다. 석존께서는 입멸하실 때 설한 『涅槃經』에서 "일체 중생 모두에게 불성이 있다[一切衆生 皆有佛性]"고 주창하셨다. 『열반경』의 大旨는 '依眞常 顯一性'이다.

35. 諸佛 有密語 無密藏은 『大般涅槃經』 제5권(大正藏12, 390中)에서 나온 말(多羅聚落의 사람인 가섭보살의 말씀)이다.

36. 攘臂는 『老子道德經』에서 나온 말이다. "최상의 예를 지닌 사람은 자기가 예로써 대하

는데 상대방이 예로써 대해주지 않으면 팔뚝을 걷어붙이고 덤빈다"는 내용이 있다.

37. 哀哀父母 生我劬勞는 『詩經』 권12 「小雅篇 蓼莪章」에 나온다.

그 전체 내용은 다음과 같다.

蓼蓼者莪 길고 긴 다북쑥인가 했더니

匪莪伊蒿 다북쑥 아니라 몹쓸 쑥이네

哀哀父母 슬프고 슬프구나, 부모님이여

生我劬勞 나를 낳으시느라 고생하셨네.

禪源諸詮集都序

卷上

禪源諸詮集都序[1] 卷上 亦名禪那理行諸詮集

終南山草堂寺沙門　宗密 述

禪源諸詮集者는 寫錄諸家所述詮表禪門根源道理文字句偈하야 集爲一藏[2]하야 以貽後代故로 都題此名也노라 禪은 是天竺之語니 具云禪那[3]어든 中華에

---

1. 『禪源諸詮集都序』는 圭峰宗密禪師의 저술로서 그 성립 연대는 확실치 않다. 圭峰宗密이 찬집한 『禪源諸詮集』 100권은 永明延壽의 『宗鏡錄』 100권과 더불어 禪敎一致說을 대표하는 禪林의 대작으로 알려져 왔지만 지금은 그 요강을 정리하고 大旨를 밝힌 『都序』 2권만 전해지고 있다. 여러 차례의 전란 과정에서 판본이 유실되고 최종적으로는 元 말기에 판본이 소실된 것으로 추정된다. 하권에서 一心眞如가 隨緣生滅하는 차례를 10단계로 나누어 원형으로 도시한 것은 宋代 儒學의 太極圖說 등의 선례가 되었다.
2. 一藏은 禪藏을 가리킨다.
3. 禪那(dhyāna)는 馱衍那라고도 하고 禪이라 약칭하며, 靜慮·思惟修·定으로 의역한다. 진실한 이치를 사유하고, 생각을 안정시켜 산란하지 않게 하는 것을 말한다. 思惟修는 一心으로 사유하고 수행함으로써 안정된 마음을 얻기 때문에 붙여진 명칭이며, 靜慮는 當體에 따라 붙인 이름이니 禪那의 본래 의미는 고요하고 또한 깊은 사유 작용을 갖추고 있기 때문에 靜慮라 한다.

禪那云思惟修며 亦云靜慮니 皆是定慧之通稱也요 源者는 是一切衆生本覺眞性[4]이니 亦名佛性[5]이며 亦名心地[6]라 悟之名慧요 修之名定이니 定慧를 通名爲禪이라 此性이 是禪之本源故로 云禪源이니라 亦名禪那理行者는 此之本源이 是禪理요 忘情契之가 是禪行故로 云理行[7]이라 然이나 今所集諸家述作이 多談禪理하고 少說禪行故로 且以禪源으로 題之하노라 今時에 有但目眞性하야 爲禪者하니 是는 不達理行

4. 本覺眞性에서 '本覺'은 미혹한 중생이 번뇌로 더럽혀진 마음의 바탕은 본래 청정한 覺體인 것을 일컫는 말이다. 본각에 대한 『大乘起信論』의 설명은 미주 제44항 참조. '眞性'은 망령되지 않고 변하지 않는 진실한 본성을 말한다. 진성에 대한 『華嚴經探玄記』의 설명은 미주 제143항 참조.

5. 佛性(buddha-dhātu)은 如來性・覺性이라고도 하며 부처의 본성, 모든 생명체가 태어날 때부터 가지고 있는 부처의 성품, 부처가 될 가능성, 미혹과 깨달음에 의해 변하는 일이 없는 본래 갖추어진 성품을 뜻하며, 如來藏의 다른 명칭이라고도 한다. 불성에 대한 경론의 설명과 각 종파의 견해는 미주 제51항 참조.

6. 心地는 佛性의 다른 이름이다. 心地에 대한 경론의 설명은 미주 제82항 참조.

7. 理行에서 '理'는 禪의 이치이고 '行'은 禪의 실천이다. 달마대사도 『二入四行論』에서 '理入'과 '行入'을 말했다.

之旨며 又不辨華竺之音也[8]로다 然이나 非離眞性코 別有禪體라 但衆生이 迷眞合塵[9]일새 卽名散亂[10]이요 背塵合眞일새 名爲禪定이어니와 若直論本性인댄 卽非眞非妄이며 無背無合이며 無定無亂이어니 誰言禪乎리오 況此眞性은 非唯是禪門之源이라 亦是萬法之源故로 名法性[11]이며 亦是衆生迷悟之源故로 名如來藏藏識[12]이며 出楞伽經 亦是諸佛萬德之源故로 名佛性

8. 不辨華竺之音也는 禪의 원어인 dhyāna가 思惟修・靜慮・定 등으로 한역되는데도 '眞性'만을 지목해 禪의 뜻이라고 고집하는 것은 원어의 의미를 제대로 파악하지 못한 것이라고 지적한 것이다.

9. 塵은 境을 말한다. 원어는 viṣaya(감각작용의 영역), artha(대상), gocara(마음이 움직이는 범위)이며, 6근의 대상인 6경이 인간의 마음을 오염시켜 번뇌와 미혹을 일으킨다는 뜻에서 '塵'으로 번역하기도 하였다.

10. 散亂은 마음이 대상에 이끌려 한순간도 안정을 취할 수 없는 복잡한 심리상태를 말한다. 『成唯識論』 제6권에서 "여러 대상으로 마음을 쏠리게 하는 것이 그 성품이고, 바른 선정을 방해하고 惡慧의 바탕이 되는 것이 그 작용이다. 散亂이 惡慧를 발생시키기 때문이다(大正藏31, 34中)"라고 산란을 설명하였다. 상대어는 昏沈이다.

11. 法性(dharmatā)은 모든 법의 진실한 성품을 뜻한다. 또 眞如의 다른 이름으로 眞如法性・眞法性・眞性이라고도 하며, 만법의 근본이란 의미에서 法本이라고도 한다. 法性에 대한 경론의 설명은 미주 제37항 참조.

12. 如來藏藏識에서 '如來藏'은 tathāgata-garbha의 한역이고, 藏識은 ālaya-vijñāna의 한

이며 涅槃等經 亦是菩薩萬行之源故로 名心地라

梵網經心地法門品에 云是諸佛之本源이며 行菩薩道之根本이며 是大衆諸佛子之根本也라하시니라

萬行이 不出六波羅密커늘 禪門은 但是六中之一이요 當其第五하니 豈可都目眞性하야 爲一禪行哉아 然이나 禪定一行이 最爲神妙하야 能發起性上의 無漏智慧[13]와 一切妙用[14]과 萬行萬德하며 乃至神通光明이 皆從定發하나니 故로 三乘學人이 欲求聖道인댄 必須

역이다. 즉, 여래장장식은 여래장과 장식을 합친 말이다. '如來藏藏識'이란 표현은『大乘入楞伽經』제5권(大正藏16, 619下)에 나온다. 賢首法藏은 여래장이 곧 阿賴耶識[藏識]의 본체라고 보았는데(『探玄記』제13권), 종밀도 이 견해에 따른 것으로 여겨진다. 如來藏에 대해서는 미주 제98항, 藏識에 대해서는 미주 제131항 참조.

13. 無漏智慧(anāsrava-jñāna)는 有漏智에 상대되는 것으로서 진리를 더욱 자라게 하고 모든 번뇌의 허물을 여의는 지혜를 말한다. 소승에서는 이를 욕계의 4제를 증득하는 法智와 색계·무색계의 4제를 증득하는 類智로 구분하였고, 대승 유식에서는 唯識性인 진여를 증득하는 根本智와 唯識相인 만상을 이해하는 後得智로 구분하였다.

14. 妙用은 어떤 것에도 구속되지 않는 득도인의 오묘한 機用을 말한다.『成唯識論述記』권10(大正藏43, 573下)에 "(所知障과 煩惱障 등) 두 가지 장애를 끊은 無分別智를 묘용이라 한다"라고 하였다.

修禪이니 離此無門이며 離此無路라 至於念佛하야 求生淨土에도 亦修十六觀禪[15]과 及念佛三昧[16]와 般舟三昧[17]하나니라 又眞性[18]은 卽不垢不淨하야 凡聖이 無差언마는 禪則有淺有深하야 階級이 殊等하니 謂帶異計[19]하야 欣上厭下[20]而修者는 是外道禪이요 正信因果호대 亦以欣厭而修者는 是凡夫禪[21]이요 悟我空偏眞之

---

15. 十六觀禪은 十六觀法·十六想觀·十六妙觀·十六正觀·十六觀門이라고도 한다. 아미타불의 몸과 정토를 억념하여 서방의 극락정토에 왕생하려는 16종의 觀法을 말한다.『觀無量壽經』(大正藏12, 342上~346上)에 설해진 16관법에 대해서는 미주 제86항 참조.
16. 念佛三昧는 염불을 통해 마음이 통일되고 잡념이 없어진 안정된 상태를 말한다. 念佛(buddhānusmṛti)은 마음속 법신불을 역념하고, 형상화된 부처님의 상호나 부처님의 공덕을 관찰하며, 나아가 입으로 아미타부처님의 명호를 칭념하는 등의 행위를 모두 염불이라 한다. 염불삼매는 因行念佛三昧와 果成念佛三昧의 두 종류로 구분하는데, 이에 대해서는 미주 제100항 참조.
17. 般舟三昧(pratyutpanna-samādhi)는 선정의 일종으로서 常行三昧·般舟定·諸佛現前三昧·佛立三昧라고도 한다. 般舟는 佛立으로 의역하기도 하며, 般舟三昧를 수행하면 모든 부처님이 눈앞에 나타난다고 한다. 미주 제33항 참조.
18. 眞性은 眞如·實際와 동의어로서 만법의 근원을 의미한다. 미주 제143항 참조.
19. 異計는 잘못된 견해, 즉 邪見을 말한다.
20. 欣上厭下는 천상에 태어남을 좋아하고 인간, 축생 등에 태어남을 싫어하는 것이다.
21. 凡夫禪은 인과법을 믿고 바른 수행을 한다는 점에 있어서 외도선과 다르지만 천상에 태어나기를 희구하는 점에 있어선 외도선과 동일하다.

理而修者는 是小乘禪[23]이요 悟我法二空所顯眞理[22]而修者는 是大乘禪[24]이어니와

上四類에 皆有四色四空[25]之異也라

若頓悟自心이 本來清淨하야 元無煩惱하며 無漏智性이 本自具足하야 此心이 卽佛이라 畢竟無異하야 依此而修者는 是最上乘禪[26]이며 亦名如來清淨禪[27]이며

---

22. 偏眞之理라 한 까닭은 대승의 입장에서 볼 때 소승들이 깨닫는 我空은 진리의 한 부분에 불과하기 때문이다.
23. 小乘禪은 我空만을 설하고 法空을 설하지 않은 소승의 교설을 받들어 수행하는 선으로 '灰身滅智'의 열반을 증득하여 아라한과를 성취하는 것으로 목표를 삼는다. 소승선의 대표적 수행체계인 4선8정 9차제정에 대해선 미주 제58항 참조.
24. 大乘禪은 菩薩禪이라고도 한다. 我法二空을 깨달아 증득하는 선으로서 觀想念佛을 비롯한 法相宗·天台宗·三論宗에서 실천하는 선이 이에 해당한다.
25. 四色四空은 색계 4선천과 무색계 4천으로서 4선8정의 수행 결과로 얻어진다.
26. 最上乘禪은 달마가 전한 禪法을 가리킨다. 大乘禪보다 뛰어난 達摩禪을 最上乘禪 또는 如來禪이라 한다.
27. 如來淸淨禪은 달마선을 일컫는 말이다. 『景德傳燈錄』 제28卷 「江西大寂道一禪師章」(大正藏51, 440中)에 "한번 깨달음에 영원히 깨달아서 다시 迷하지 않고 妄想이 나지 않는다. 망상이 나지 않으므로 곧 無生法忍이며 그 [眞性은] 본래부터 있었고 지금도 있으니 수행과 좌선을 필요로 하지 않는다. 닦지도 않고 좌선도 하지 않는 것, 이것이

亦名一行三昧[28]며 亦名眞如三昧[29]니 此是一切三昧의 根本이라 若能念念修習하면 自然漸得百千三昧하리니 達摩門下에 展轉相傳者가 是此禪也니라 達摩未到엔 古來諸家所解는 皆是前四禪八定[30]이라 諸高僧이 修之하야 皆得功用하니라 南岳天台[31]는 令依三諦[32]之理하야 修三止三觀[33]하니 教義는 雖最圓妙나 然이나 其趣入門戶次第는 亦只是前之諸禪行相[34]이어니와 唯達摩所傳者는 頓同佛體하야 迥

바로 여래청정선이다"라고 하였다.

28. 一行三昧는 行·住·坐·臥에 항상 眞心을 잃지 않는 삼매이다. 미주 제127항 참조.
29. 眞如三昧는 마음이 眞如에 머무는 삼매로서, 마음이 청정하고 고요하여 眞如無相의 진리를 관하여 망념과 미혹이 없어진 선정이다. 一行三昧라고도 한다. 미주 제144항 참조.
30. 四禪八定은 初禪·第二禪·第三禪·第四禪과 空無邊處定·識無邊處定·無所有處定·非想非非想處定이다. 미주 제58항 참조.
31. 南嶽天台는 南嶽慧思와 天台智顗를 가리킨다. 미주 제10항, 제152항 참조.
32. 三諦는 천태교학의 근본사상인 空諦·假諦·中諦(眞諦·俗諦·中道第一義諦)를 말한다. 미주 제66항 참조.
33. 三止三觀은 천태지의가 수립한 천태종의 대표적 수행법이다. 미주 제67항 참조.
34. 諸禪行相은 4선8정을 말한다.

異諸門故로 宗習者[35]가 難得其旨라 得卽成聖하야 疾證菩提[36]하고 失卽成邪하야 速入塗炭[37]하나니 先祖는 草昧防失[38]故로 且人傳一人이나 後代는 已有所憑故로 任千燈千照러니 洎乎法久成弊하야 錯謬者多故로 經論學人이 疑謗亦衆하니라 原夫佛說頓敎漸敎[39]와 禪開頓門漸門[40]컨댄 二敎二門이 各相符契어늘 今講者[41]는 偏彰漸義하고 禪者는 偏播頓宗하야 禪講이

35. 宗習者는 달마가 전한 최상승선을 종지로 삼아 익히는 자들이다.

36. 菩提(bodhi)는 覺으로 의역하기도 한다. 菩提는 선천적으로 구족한 性淨菩提와 후천적으로 수행해서 얻는 修成菩提로 구분된다. 覺도 온갖 번뇌에도 불구하고 본래 청정한 覺體인 것을 일컫는 말인 本覺과 이에 반해 무시이래의 미혹을 수행에 의해 차례차례로 깨뜨려 비로소 마음의 근원을 깨닫는 始覺으로 구분된다.

37. 塗炭은 水災와 火災를 일컫는 말로서 여기서는 생사윤회의 고통을 비유하였다.

38. '草'는 풀이 처음 돋아날 때의 연약한 모습이고, '昧'는 해가 뜨기 이전의 어두컴컴한 상태를 가리키는 말이므로, 草昧는 草創期를 의미한다. 달마·혜가·승찬·도신·홍인 등 선종 초기에 활동했던 이들은 最上乘禪法의 유실을 막기 위해 한 사람에게만 법을 전하였다.

39. 頓敎漸敎에 대해서는 미주 제14항 참조.

40. 頓門漸門에서 頓門은 수행과정을 거치지 않고 단박에 성품을 깨닫는 혜능 계통의 南宗禪을 가리키고, 漸門은 단계적 수행과정을 거쳐서 깨닫는 신수 계통의 北宗禪을 가리킨다.

41. 講者는 교학을 전문으로 연구하는 이들, 즉 講師를 말한다. 『高僧傳』에서는 「義解篇」

相逢에 胡越之隔[42]이로다 宗密은 不知케라 宿生何作으로 熏得此心이완대 自未解脫하고 欲解他縛가 爲法忘於軀命이요 愍人切於神情일새니라

亦知淨名이 云若自有縛하고 能解他縛이 無有是處[43]언마는 然이나 欲罷不能하니 驗是컨댄 宿習을 難改故로다

每歎人與法差하야 法爲人病故로 別撰經律論疏[44]하며 大開戒定慧門하야 顯頓悟가 資於漸修하고 證師說이 符於佛意하노라 意旣本末而委示나 文乃浩博而難尋이라 汎學이 雖多나 秉志者少온 況迹涉名相이어니 誰辨金鍮리오 徒自疲勞하야 未見機感[45]이로다 雖

에 수록된 이들을 '講者'라 하고, 「習禪篇」에 수록된 이들을 '禪者'라 하였다.

42. 胡越之隔에서 胡는 중국 북방, 越은 중국 남방을 가리킨다. 의사소통이 원활하지 못한 소원한 관계를 비유하는 말이다.

43. 若自有縛 能解他縛 無有是處는 『維摩詰所說經』 「文殊師利問疾品」(大正藏14, 545中)에 나온다.

44. 別撰經律論疏는 종밀이 선종과 교종을 회통하기 위해 경・률・논 삼장에 주석을 했던 것을 말한다. 종밀의 註疏에 대해서는 미주 제8항 참조.

佛說悲增이 是行이라하시나 而自慮愛見難防[46]하야 遂捨衆入山하야 習定均慧하야 前後息慮를 相繼十年[47]호니

云前後者는 中間에 被敕하야 追入內하야 住城二年코사 方却表請歸山也니라

微細習情起滅이 彰於靜慧하고 差別法義[48] 羅列이 現於空心하니 虛隙日光에 纖埃가 擾擾하고 清潭水底에

45. 機感은 知音者, 즉 종밀의 속뜻을 알고 받아들이는 사람을 뜻한다. 機란 根機, 感이란 感應. 듣는 사람의 기틀[機]이 교화하는 사람의 뜻을 제대로 알아차리고 받아들여 感應하는 것을 말한다.

46. 愛見은 愛煩惱, 見煩惱이다. 또는 愛見大悲의 준말이다. 漸敎 보살은 3아승기겁 동안 사홍서원을 일으켜 육도만행을 닦으면서 중생을 구제하나 중생이 실재한다는 견해를 바탕으로 하여 대비를 일으킨다.

47. 相繼十年은 終南山 草堂寺에서 수행한 기간을 말한다. 종밀은 長慶 원년(821) 정월에 종남산 초당사로 들어갔다가 太和 2년(828)부터 太和 3년(829)의 2년간 文宗皇帝의 칙명으로 궁궐에 주석하였고, 다시 초당사로 물러나 太和 6년(832)까지 주석하였다.

48. 法義에서 '法'은 내세우는 주제, '義'는 주제가 가지고 있는 차별적 내용이다. 또 '法'은 설명되어질 宗趣인 法體이고[所詮], '義'는 宗趣의 이치가 나타나도록 설명한 내용이다[能詮]. 法義에 대한 『大乘起信論』의 설명은 미주 제38항 참조.

影像이 昭昭어니 豈比夫空守默之癡禪과 但尋文之狂慧者也리오 然이나 本因了自心하야 而辨諸教故로 懇情於心宗[49]하고 又因辨諸教하야 而解修心故로 虔誠於教義호라 教也者는 諸佛菩薩의 所留經論也요 禪也者는 諸善知識의 所述句偈也언마는 但佛經은 開張하야 羅大千八部之衆이요 禪偈는 撮略이라 就此方一類之機[50]니 羅衆則莽蕩[51]難依하고 就機則指的易用이니 今之纂集이 意在斯焉이니라

問이라 夫言撮略者는 文雖簡約이나 義須周足하며 理應攝束多義하야 在少文中이니라 且諸佛說經은 皆具法(法體)義(義理)因(三賢十地三十七品十波羅蜜也[52])果(佛之德用)信(信法)解(解義)修(歷位修因)證(證果)하니

49. 心宗은 佛心을 밝히는 종, 즉 禪宗이다.

50. 一類之機는 한 종류의 근기, 여기에서는 선을 감당할 능력이 있는 사람을 말한다.

51. 莽蕩은 아주 넓고 넓다는 뜻이다. 넓고 크게 펼쳐졌을 뿐 거칠고 조잡한 상태를 가리킨다. 莽이란 풀이 우거진 모양을 나타내고, 蕩은 물이 출렁이며 넓고 크게 휩쓸고 가는 현상을 말한다.

52. 三賢・十地・三十七品・十波羅蜜에 대해서는 미주 제68항, 제88항, 제65항, 제85항 참조.

雖世界各異하며 化儀[53]不同이나 其所立教는 無不備此라 故로 華嚴每會每位[54]에 皆結云十方世界가 悉同此說이라하야시늘 今覽所集諸家禪述호니 多是隨問反質하며 旋立旋破[55]하야 無其倫序하며 不見始終이어니 豈得名爲撮略佛教리오

答이라 佛出世立教와 與師의 隨處度人이 事體各別하니 佛教는 爲萬代依憑이라 理須委示요 師訓은 在卽時度脫이라 意使玄通[56]이니 玄通은 必在忘言[57]故로 言下에 不留其迹하야 迹絕於意地하고 理現於心源이

---

53. 化儀는 부처님께서 교화하신 儀式을 말한다. 천태교학에서는 부처님의 교법을 化儀와 化法에 따라 각각 4교로 구분했다. 化儀四教는 교화하는 형식에 따라 불교를 분류한 頓教・漸教・秘密教・不定教이고, 化法四教는 교리의 내용에 따라서 분류한 藏教・通教・別教・圓教이다.
54. 華嚴每會每位에서 會와 位가 구역과 신역에 약간의 차이가 있다. 구역 『華嚴經(60권)』에서는 7處 8會에 41位이고, 신역 『華嚴經(80권)』에서는 7處 9會이다.
55. 旋立旋破는 殺活自在한 것이다. 긍정으로 물으면[立] 부정으로 답하고[破], 부정으로 물으면 긍정으로 답하는 방식으로 긍정과 부정을 유효적절하게 걸림없이 활용하는 것을 말한다.
56. 玄通의 '玄'은 玄妙한 眞理를 뜻하고 '通'은 通達과 悟道를 의미한다.
57. 忘言은 언어와 사려가 끊어진 言語道斷 心行處滅의 경지를 가리킨다.

니 卽信解修證을 不爲而自然成就하며 經律論疏를 不習而自然冥通이라 故로 有問修道어든 卽答以無修[58]라하고 有問求解脫이어든 卽反質誰縛[59]고하며 有問成佛之路어든 卽云本無凡夫[60]라하며 有問臨終安心이어든 卽云本來無事[61]라하며 或亦云此是妄이라하고 此是眞이라하며 如是用心하고 如是息業이라하나니 擧要而言컨댄 但是隨當時事하며 應當時機어니 何有定法이 名阿耨菩提며 豈有定行이 名摩訶般若리오 但得情無所念하며 意無所爲하며 心無所生하며 慧無所住하면 卽眞信眞解眞修眞證也니라 若不了自心하고 但執名敎[62]하야 欲求佛道者인댄 豈不現見가 識字看經이 元

---

58. 有問修道 卽答以無修의 전거는 미주 제118항 참조.

59. 有問求解脫 卽反質誰縛의 전거는 미주 제117항 참조.

60. 本無凡夫는 본래 청정한 마음의 바탕에는 성인과 범부의 차별이 없음을 말한다. 미주 제46항 참조.

61. 本來無事는 어떤 것도 일삼을 게 없는 자유롭고 편안한 경지를 나타내는 말이다. 선종 초기에는 주로 '無心'이란 용어를 사용했는데, 黃檗希運 이후로 '無事'라는 표현이 중시되었다. 미주 제45항 참조.

不證悟며 銷文釋義[63]가 唯熾貪嗔邪見이온 況阿難[64]은 多聞總持호대 積歲를 不登聖果라가 息緣返照[65]暫時코사 卽證無生[66]하니 卽知垂敎之益과 度人之方이 各有其由라 不應於文字而貴也니라

問이라 旣重得意하고 不貴專文인댄 卽何必纂集此諸句偈리오

答이라 集有二意하니 一은 雖有師授[67]나 而悟不決尤하며 又不逢善知識의 處處勘契[68]者로 令覽之하야 遍見諸師言意하야 以通其心하야 以絶餘念이요 二는 爲悟解了者가 欲爲人師로 令廣其見聞하고 增其善

---

62. 名敎는 문자로 가록된 경전을 말한다.
63. 銷文解義는 경문을 해석하는 것이다.
64. 阿難에 대해서는 미주 제92항 참조.
65. 息緣返照는 외부 경계를 반연하는 緣慮心을 끊고 안으로 관조하여 자각하는 것이다.
66. 無生은 無生法忍의 준말이다. 미주 제24항 참조.
67. 師授는 스승이 법을 전해줌, 즉 師資相承을 말한다.
68. 勘契는 善知識이 수행자의 공부를 살펴 인가하는 것이다.

巧[69]하야 解攝衆答問教授也니 卽上에 云羅千界라 莽蕩難依요 就一方이라 指的易用이 是也라 然이나 又非直資忘言之門이라 亦兼裨垂教之益[70]이며 非但令意로 符於佛이라 亦欲使文으로 合於經이니라 旣文이 似乖而令合이 實爲不易니 須判一藏經[71] 大小乘權實[72]와 了義不了義[73]하야사 方可印定諸宗禪門이 各有旨趣라 不乖佛意也리라 謂一藏經論을 統唯三種[74]이요 禪門言教도 亦統唯三宗[75]이니(各在下文列釋) 配對相符하

---

69. 善巧는 불・보살이 중생을 교화하기 위해 그들의 능력과 소질에 따라 운용하는 훌륭한 방법이란 뜻인 善巧方便(upāya-kauśalya, 傴和俱舍羅)의 준말이다.

70. 忘言之門은 선종을, 垂教之益은 교종을 가리킨다.

71. 一藏經은 一代藏經의 준말이다.

72. 權實은 權教와 實教를 말한다. 중생의 근기에 맞춰 방편으로 설한 법을 權教라 하고, 궁극의 가르침을 곧바로 설한 법을 實教라 한다. 阿含・方等・般若 등이 權教에 해당되고, 法華・華嚴・涅槃 등이 實教에 해당된다.

73. 了義不了義는 了義教와 不了義教를 말한다. 진실하고 극진한 이치를 분명하게 설한 실교를 了義教라 하고, 중생의 근기에 맞춰 방편으로 가르침을 설한 권교를 不了義教라 한다.

74. 三種은 如來三種教義, 즉 密意依性說相教・密意破相顯性教・顯示眞心卽性教이다.

75. 三宗은 禪宗三種門, 즉 息妄修心宗・泯絶無寄宗・直顯心性宗이다.

야사 方成圓見하리라

問이라 今集禪詮에 何關經論고

答이라 有十所以하니 須知經論權實하야사 方辨諸禪是非며 又須識禪心性相[76]하야사 方解經論理事니 一은 師有本末[77]이라 憑本印末故요 二는 禪有諸宗이라 互相違阻故요 三은 經如繩墨[78]이라 楷定邪正故요 四는 經有權實이라 須依了義故요 五는 量有三種이라 勘契須同[79]故요 六은 疑有多般이라 須具通決故요 七은 法義不同이라 善須辨識故요 八은 心通性相이라 名同義別故요 九는 悟修頓漸이 言似違反故요 十은 師授方便에 須識藥病故니라

---

76. 性相에서 '性'은 변하지 않고 평등하며 절대적인 본질을 말하고, '相'은 변하고 차별되며 상대적인 현상을 말한다.

77. 本末에서 '本'은 석가모니부처님을, '末'은 여러 종파의 종장들을 비롯한 선종의 조사들을 가리킨다.

78. 繩墨은 목수가 목재를 재단할 때 쓰는 먹줄로서 規則과 標準을 의미한다.

79. 勘契須同은 조사들의 체험과 견해를 불보살의 경론과 대조하여 감정했을 때 어긋나지 않아야 함을 말한다.

初言師有本末者는 謂諸宗始祖는 卽是釋迦시니 經是佛語요 禪是佛意라 諸佛心口가 必不相違시니라 諸祖相承하사대 根本은 是佛親付며 菩薩이 造論하사대 始末에 唯弘佛經이온 況迦葉[80]으로 乃至毱多[81]히 弘傳에 皆兼三藏이러니 提多迦[82]已下에 因僧起諍하야 律教別行하고 罽賓國[83]已來에 因王難[84]하야 經論이 分化하니라 中間에 馬鳴龍樹[85]는 悉是祖師로대 造論釋經을 數千萬偈하시니 觀風化物코 無定事儀[86]라 未有講者毁禪하고 禪者毁講이러니라 達摩가 受法天竺하시고 躬至中華하사 見此方學人이 多未得法하야 唯以名數[87]로

---

80. 迦葉은 大迦葉을 가리킨다. 미주 제12항 참조.

81. 毱多는 서천 제4조 優婆毱多尊者를 가리킨다. 미주 제111항 참조.

82. 提多迦는 서천 제5조 提多迦尊者이다. 미주 제138항 참조.

83. 罽賓國에 대해서는 미주 제3항 참조.

84. 王難은 서천 제24조 師子尊者를 계빈국의 왕이 살해한 사건이다. 미주 제60항 참조.

85. 馬鳴과 龍樹에 대해서는 미주 제19항, 제109항 참조.

86. 觀風化物 無定事儀는 그때그때 풍속에 맞추어 중생을 교화했기 때문에 특별한 형식을 고집하지 않았다는 의미이다.

87. 名數는 3법인·4성제·5온 등과 같이 명칭과 수에 따라 분류한 교법을 말하며 法數라

爲解하며 以事相[88]으로 爲行하시고 欲令知月不在指라 法是我心故로 但以心傳心하고 不立文字[89]하시니 顯宗破執故로 有斯言이언정 非離文字코 說解脫也라 故로 教授得意之者에는 卽頻讚金剛楞伽[90]云此二經은 是我心要라하시니라 今時弟子가 彼此[91]迷源하야 修心者는 以經論으로 爲別宗하고 講說者는 以禪門으로 爲別法하야 聞談因果修證하면 便推屬經論之家하고 不知修證이 正是禪門之本事며 聞說卽心卽佛하면 便推屬胸襟之禪[92]하고 不知心佛이 正是經論之本

고도 한다.

88. 事相은 형식적인 규범과 의례 등을 말한다.

89. 以心傳心 不立文字는 마음에서 마음으로 전할 뿐 언어와 문자를 주장하지 않는다는 뜻이다. 이심전심과 불립문자에 대해서는 미주 제123항, 제49항 참조.

90. 金剛楞伽는 『金剛般若波羅蜜經』과 『楞伽經(4권)』 등을 가리킨다. 『楞伽經』은 후기 대승불교 경전으로서 阿賴耶識과 如來藏思想이 설해져 있고, 특히 제3권(大正藏16, 602中)에 4種禪(愚夫所行禪 · 觀察義禪 · 攀緣眞如禪 · 諸如來禪)이 설명되어 있다. 달마가 혜가에게 전했다는 설이 있어 선문에서 특히 중시되었으나 오조 홍인, 육조 혜능 이후에는 『金剛經』이 중시되었다.

91. 彼此는 교종과 선종을 가리킨다.

92. 胸襟之禪은 개인적 체험만을 중시하고 경론을 무시하는 선을 말한다.

意하나니

有人이 難云禪師가 何得講說고할새 余今此答也라

今若不以權實經論으로 對配深淺禪宗이면 焉得以教照心하며 以心解教리오

二는 禪有諸宗이라 互相違反者는 今集所述이 殆且百家나 宗義別者를 猶將十室호리니 謂江西[93] 荷澤[94]과 北秀[95] 南侁[96]과 牛頭[97] 石頭[98]와 保唐[99] 宣什[100]과 及稠那[101] 天台[102] 等이라 雖皆通達하야 情無所違나 而立宗傳法은 互

---

93. 江西는 馬祖道一을 가리킨다. 미주 제20항 참조.

94. 荷澤은 荷澤神會를 가리킨다. 미주 제157항 참조.

95. 北秀는 北方의 大通神秀를 가리킨다. 미주 제13항 참조.

96. 南侁은 南方의 資州智詵을 가리킨다. 미주 제130항 참조.

97. 牛頭는 牛頭法融을 가리킨다. 미주 제110항 참조.

98. 石頭는 石頭希遷을 가리킨다. 미주 제69항 참조.

99. 保唐은 保唐無住를 가리킨다. 미주 제43항 참조.

100. 宣什은 果閬宣什을 가리킨다. 미주 제5항 참조.

101. 稠那는 慧稠와 求那跋陀羅로서 두 사람 모두 北魏의 佛陀跋陀羅에게서 禪法을 수학하였다. 혜조와 구나발타라에 대해서는 미주 제160항, 제7항 참조.

102. 天台는 天台智顗를 가리킨다. 미주 제152항 참조.

相乖阻하니 有以空으로 爲本[103]하며 有以知로 爲源[104]하며 有云寂默이라사 方眞[105]이라하며 有云行坐皆是[106]라하며 有云現今朝暮分別爲作이 一切皆妄[107]이라하며 有云分別爲作이 一切皆眞이라하며 有萬行悉存하며 有兼佛亦泯하며 有放任其志하며 有拘束其心하며 有以經律로 爲所依하며 有以經律로 爲障道라하야 非唯汎語라 而乃確言하야 確弘其宗하고 確毁餘類어든 後學이 執言迷意하야

---

103. 以空爲本은 牛頭宗의 교설이다. 우두종은 '一切皆空', 즉 '畢竟空'을 종지로 삼는다. 종밀은 우두종을 泯絶無寄宗이라고 하였다.

104. 以知爲源은 荷澤宗의 교설이다. 『禪門師資承襲圖』에서 하택종의 종지를 '知之一字 衆妙之門'이라 하였다. 종밀은 하택종을 直顯心性宗이라고 밝혔다.

105. 寂默方眞은 北宗의 교설이다. '寂默'은 번뇌를 제거하기 위해 마음을 가라앉혀 통일시키고 언행을 삼가는 것이다. 종밀은 북종을 息妄修心宗으로 분류하였다.

106. 行坐皆是는 馬祖道一을 종조로 하는 洪州宗의 교설이다. 『傳燈錄』 제6권 越州大珠慧海禪師章(大正藏51, 247下)에 "도를 아는 사람에겐 가고 서고 앉고 눕는 것이 모두 도며, 법을 깨달은 사람에겐 시간과 장소에 걸림 없이 마음대로 하는 것이 모두 법이다"라고 하였다. 대주혜해는 마조도일의 제자이다. 원문의 이하에 언급되고 있는 말들은 어느 종파의 교설을 지칭한 것인지 분명히 구분하기가 힘들다.

107. 現今朝暮分別爲作 一切皆妄은 保唐宗의 교설로 추측된다. 『圓覺經大疏抄』에서는 보당무주를 숭악혜안의 법계로 보았는데, 『宋高僧傳』 제18권 唐嵩嶽少林寺慧安傳(大正藏50, 823下)에 이와 비슷한 내용이 나온다. 미주 제158항 참조.

情見이 乖張하니 爭不和會也리오 問이라 是者는 卽收하고 非者는 卽揀이어늘 何須委曲和會리오 答이라 或空或有와 或性或相이 悉非邪僻이언마는 但緣各皆黨己爲是하고 斥彼爲非하야 彼此確定일새 故須和會니라 問이라 旣皆非邪인댄 卽各任確定커늘 何必會之리오 答이라 至道[108]는 歸一이요 精義는 無二니 不應兩存이며 至道는 非邊이요 了義는 不偏이니 不應單取라 故로 必須會之爲一하야 令皆圓妙니라 問이라 以氷雜火에 勢不俱全하고 將矛刺盾에 功不雙勝인달하여 諸宗所集이 旣互相違하야 一是則一非어니 如何會令皆妙리오 答이라 俱存其法하고 俱遣其病이면 卽皆妙也라 謂以法就人하면 卽難이요 以人就法하면 卽易니 人多隨情互執이라 執卽相違하야 誠如氷火相和하며 矛盾相敵故로 難也요 法本稱理互通이라 通卽互順하야 自然凝流皆水며 鐶釧皆

108. 至道는 심오한 궁극의 도라는 뜻이다.

金故로 易也니라 擧要而言컨댄 局之卽皆非요 會之卽皆是니 若不以佛語로 各示其意하고 各取其長하야 統爲三宗[109]하야 對於三教[110]면 則何以會爲一大善巧하야 俱成要妙法門하야 各忘其情하고 同歸智海리오

唯佛所說은 卽異而同故로 約佛經하야 會三爲一이니라

三은 經如繩墨이라 楷定邪正者는 繩墨이 非巧어니와 工巧者가 必以繩墨으로 爲憑하고 經論이 非禪이어니와 傳禪者가 必以經論으로 爲準[111]이니라 中下根者는 但可依師어든 師自觀根하야 隨分指授어니와 上根之輩는 悟雖圓通이나 未窮佛言이면 何同佛見이리오 間이라 所在에 皆有佛經이라 任學者轉讀勘會[112]어늘 今集禪要

---

109. 三宗은 禪宗三種門, 즉 息妄修心宗·泯絶無寄宗·直顯心性宗이다.

110. 三教는 如來三種教義, 즉 密意依性說相教·密意破相顯性教·顯示眞心卽性教이다.

111. 傳禪者 必以經論爲準은 조사들이 반드시 경론으로 기준을 삼았음을 말한다. 이는 『宗鏡錄』 제1권(大正藏48, 418中)에서도 자세히 밝히고 있는데, 그 내용은 미주 제133항 참조.

112. 勘會는 실제의 수행을 경전의 말씀과 대조하여 확실하게 체득하는 것이다.

에 何必辨經이리오 答이라 此意는 卽其次之文이 便是答此問也라

文에 云四는 經有權實이라 須依了義者는 謂佛說諸經이 有隨自意語하며 有隨他意語[113]하며 有稱畢竟之理하며 有隨當時之機하며 有詮性詮相하며 有頓漸大小하며 有了義不了義라 文或敵體相違나 義必圓融無礙언마는 龍藏[114]이 浩瀚커니 何見指歸[115]리오 故로 今에 但以二十餘紙로 都決擇之하야 令一時圓見佛意하노니 見佛意後에 備尋一藏하면 卽句句知宗하리라

113. 有隨自意語 有隨他意語에서 隨自意語는 묻는 사람 없이 부처님께서 스스로 말씀하신 우다나(憂陀那; udāna), 즉 無問自說 따위를 말하며, 隨他意語는 질문에 따라 설하신 가르침을 말한다. 『大般涅槃經』「迦葉菩薩品」(大正藏12, 820上)에 “선남자야, 내가 설한 12부경에는 내 뜻에 따라 설한 것도 있고, 다른 이의 뜻에 따라 설한 것도 있으며, 또 나와 남 모두의 뜻에 따라 설한 것도 있느니라”라고 하셨다.

114. 龍藏은 一切藏經을 가리킨다. 梵書의 모양이 용과 뱀이 서린 것 같다는 뜻에서 龍藏이라 하기도 하고, 용수보살이 용궁에서 대승경을 가져왔다 하여 龍藏이라 하기도 한다.

115. 指歸는 가르침의 귀결점, 즉 근본 취지를 뜻한다.

五는 量有三種이라 勘契須同者는 西域諸賢聖所解法義가 皆以三量[116]으로 爲定하니 一은 比量이요 二는 見量[117]이요 三은 佛言量이라 量者는 量度이니 如升斗로 量物知定也라 比量者는 以因由譬喩로 比度也니 如遠見烟에 必知有火라 雖不見火나 亦非虛妄이요 見量者는 親自現見하야 不假推度하고 自然定也요 佛言量者는 以諸經으로 爲定也니라 勘契須同者는 若但憑佛語하고 不自比度이면 證悟者가 只是汎信[118]이라 於己에 未益이요 若但取現量하야 自見爲定하고 不勘佛語면 焉知邪正이리오 外道도 亦親見所執之理하야 修之에 亦得功用하야 自謂爲主어니 豈知是邪리오 若但用比量者는 旣無聖教와 及自所見이어니 約何比度이며 比度何法이리오 故로 須三量을 勘同하야사

116. 三量에 대해서는 미주 제64항 참조.

117. 見量이 龍興寺本과 金陵刻經處本에는 現量으로 되어 있다. 見과 現은 서로 통용된다.

118. 汎信은 부처님의 가르침을 맹목적으로 믿는 경박한 신념을 말한다.

方爲決定이라 禪宗에 已多有現比二量하니 今更以經論으로 印之則三量이 備矣리라

六은 疑有多般이라 須具通決者는 數十年中에 頻有經論大德이 問余曰四禪八定[119]이 皆在上界[120]하고 此界[121]엔 無禪하니 凡修禪者는 須依經論하야 引取上界禪定하야 而於此界修習이니 修習成者는 皆是彼禪이라 諸教具明이 無出此者하니 如何離此코 別說禪門이리오 旣不依經論인댄 卽是邪道라하며 又有問曰經에 云漸修祇劫[122]하야사 方證菩提라하야시늘 禪稱頓悟하면 刹那에 便成正覺[123]이라하니 經是佛語요 禪是僧言이라 違佛遵僧이 切疑未可라하며 又有問曰禪門要旨는

119. 四禪八定에 대해서는 미주 제58항 참조.

120. 上界는 색계(四禪天)와 무색계(四無色天)를 가리킨다.

121. 此界는 욕계를 가리킨다.

122. 祇劫은 阿僧祇劫(asaṃkhya)의 준말로서 無量數 혹은 極大數를 의미한다. 阿僧伽·阿僧企耶·阿僧·僧祇라고도 하며, 不可算計·無量數·無央數로 의역하기도 한다.

123. 刹那便成正覺은 돈교의 교설로서 『華嚴經』(大正藏10, 443下)에서 "한 찰나에 정각을 이룬다[於一刹中成正覺]"라고 한 것 등을 말한다.

無是無非라 塗割冤親에 不瞋不喜[124]어늘 何以南能
北秀[125]는 水火之嫌이며 荷澤洪州[126]는 參商之隙[127]고하며
又有問曰六代師資[128]가 傳授禪法에 皆云內授密語
하고 外傳信衣라하니 衣法이 相資하야사 以爲符印[129]이어늘
曹溪已後에 不聞此事[130]하니 未審케라 今時에 開禪化
人도 說密語否아 不說則所傳者가 非達摩之法이요
說則聞者가 盡合得衣라하며 又有禪德이 問曰達摩는

---

124. 塗割冤親 不瞋不喜는 석가모니부처님께서 忍辱仙人으로 인행을 닦을 때, 포악한 가리왕이 사지를 칼로 갈가리 베었으나 성내지 않았고 신통력 있는 범지가 사지를 붙여 원래대로 회복시켜주었으나 기뻐하지 않았다는 고사에서 나온 말이다.

125. 南能北秀는 남종의 慧能과 북종의 神秀를 가리킨다.

126. 荷澤洪州는 荷澤神會와 馬祖道一을 가리킨다. 荷澤宗은 頓悟漸修를 주창하며 '知之一字 衆妙之門(知는 깨달은 자와 깨닫지 못한 자 누구에게나 있는 마음의 본체라는 뜻)'을 종지로 삼았고, 洪州宗은 마음을 일으키고 생각을 움직이며 눈썹을 치켜뜨고 눈을 깜빡이는 것 따위의 미세한 마음의 작용까지 모두 불성의 작용이라 주창하며 '一切皆眞'을 종지로 삼았다.

127. 參商之隙에서 '商'은 동방에 위치한 商星(火星)을, '參'은 서방에 위치한 參星(水星)을 가리킨다. 하택종과 홍주종이 등을 돌리고 서로 멀리하는 것을 비유한 말이다.

128. 六代師資는 達摩에서 慧可－僧璨－道信－弘忍－慧能의 순으로 선법을 이어간 것을 말한다.

129. 符印은 符信을 맞추어 인증하는 것으로 인가한다는 뜻이다.

130. 此事는 禪法을 전할 때에 衣鉢을 함께 전해 신표로 삼은 것을 가리킨다.

傳心하시고 不立文字어늘 汝何違背先祖하고 講論傳經고하며 近復問曰淨名은 已呵宴坐[131]하시며 荷澤은 每斥凝心[132]하시며 曹溪는 見人結跏하고 曾自將杖打起[133]어시늘 今聞호니 汝每因教誡하야 卽勸坐禪에 禪庵이 羅列하야 遍於岩壑이라하니 乖宗違祖를 吾切疑焉이라할새 余雖隨時하야 各已酬對나 然이나 疑者千萬이라 愍其未聞이온 況所難之者가 情皆偏執이라 所執이 各異하야 彼此互違일새 因決甲疑하야는 復增乙病故로 須開三門義하야 評一藏經하야 總答前疑하야사 無不通徹하리라

下에 隨相當文義하야 一一注脚指之하야 答此諸難하노니 欲見答處인댄 須檢注文이니라

131. 淨名已呵宴坐의 전거는 미주 제137항 참조.

132. 荷澤每斥凝心의 전거는 미주 제156항 참조.

133. 曹溪見人結跏 曾自將杖打起와 관련하여 『法寶壇經』(大正藏48, 353上)에서는 "항상 앉아서 움직이지 않는 것이 옳다고 한다면, 그것은 숲 속에서 좌선하다가 오히려 유마힐의 꾸지람을 들은 사리불과 똑같다"라고 한 내용이 나온다.

七은 法義不同이라 善須辨識者는 凡欲明解諸法性相인댄 先須辨得法義니 依法解義하면 義卽分明하고 以義詮法하면 法卽顯著하리니 今且約世物明之호리라 如眞金이 隨工匠等緣하야 作鐶釧椀盞種種器物이나 金性은 必不變爲銅鐵이니 金卽是法이요 不變隨緣은 是義라 設有人이 問說何物이 不變하며 何物이 隨緣고하면 只合答云金也라호리라 以喩一藏經論義理컨댄 只是說心이니 心卽是法이요 一切는 是義라 故로 經에 云無量義者가 從一法生이라하시니라 然이나 無量義를 統唯二種이니 一은 不變이요 二는 隨緣이라 諸經에 只說此心이 隨迷悟緣하야 成垢淨凡聖煩惱菩提有漏無漏等이라하며 亦只說此心이 垢淨等時에

134. 諸法性相은 모든 존재의 本性과 形相을 말한다. 性은 변하지 않고 평등하며 절대적인 진실 또는 본질을 의미하고, 相은 변하고 차별이 있으며 상대적인 현상계의 모습을 의미한다.

135. 不變과 隨緣은 변하지 않는 본체인 眞如와 조건에 따라 드러나는 일체 현상을 말한다. 종밀은 금으로 여러 종류의 세공품을 만드는 것으로 이를 비유하였다.

136. 無量義者 從一法生은 『無量義經』(大正藏9, 385下)에서 인용하였다.

元來不變이라 常自寂滅하야 眞實如如[137] 等이라하시니라 設有人이 問說何法이 不變하며 何法이 隨緣고하면 只合答云心也라호리라 不變은 是性이요 隨緣은 是相이니 當知性相이 皆是一心[138] 上義어늘 今性相二宗[139]이 互相非者는 良由不識眞心[140]하야 每聞心字에 將謂只是八識[141]이라하고 不知八識이 但是眞心上隨緣之義로다 故로 馬鳴菩薩[142]이 以一心으로 爲法하고 以眞如生

137. 眞實如如는 절대적이고 불변한 眞如를 말하며, 『入楞伽經』 제7권(大正藏16, 557中)에서 설한 5法(名・相・分別・正智・眞如(如如)) 가운데 하나이다. 如如에 대한 여러 경론의 설명은 미주 제99항 참조.

138. 一心(eka-citta)은 우주만유의 근본원리이고 절대적인 心性인 眞如・如來藏心을 말하기도 하고, 만유를 현현하는 阿賴耶識을 一心이라고도 한다. 미주 제124항 참조.

139. 性相二宗에서 性宗에는 三論宗・天台宗・華嚴宗이 해당되고, 相宗에는 法相宗이 해당된다.

140. 眞心은 本覺眞心으로서 어느 곳에도 치우침이 없는 평등한 마음이다. 예를 들면 摩尼珠는 흰 비단 위에 놓으면 흰색으로 변하고 붉은 비단 위에 놓으면 붉은 색으로 변하여 고정불변한 색깔이 없는 것처럼, 진심도 어느 하나로 고정되는 일이 없다.

141. 八識은 唯識에서 마음을 여덟 종류로 분류한 것으로서, 즉 眼識・耳識・鼻識・舌識・身識・意識・末那識・阿賴耶識이다. 미주 제155항 참조.

142. 馬鳴菩薩에 대해서는 미주 제19항 참조.

滅二門[143]으로 爲義하시니 論에 云依於此心하야 顯示摩訶衍義[144]라하시니라 心眞如는 是性體요 心生滅은 是相用이라 只說此心이 不虛妄故로 云眞이요 不變易故로 云如라 是以로 論[145]中에 一一云心眞如心生滅이라하시니라 今時禪者는 多不識義故로 但呼心爲禪하고 講者는 多不識法故로 但約名說義하나니 隨名生執이라 難可會通이로다 聞心謂淺하고 聞性謂深하며 或却以性으로 爲法하고 以心으로 爲義하나니 故로 須約三宗經論하야 相對照之하면 法義旣顯이라 但歸一心하야 自然無諍하리라

143. 眞如生滅二門은 곧 眞如門과 生滅門이다. 『大乘起信論』에서 如來藏의 一心을 眞如門과 生滅門의 2문으로 나누었는데, 그 體性이 평등하고 生滅이 없고 한결같아 차별이 없고 변하지 않는 것을 眞如門이라 하고, 인연을 따라 생멸하며 차별적인 모습을 나타내는 것을 生滅門이라 하였다.

144. 依於此心 顯示摩訶衍義은 『大乘起信論』(大正藏32, 575下)에서 인용하였다.

145. 論은 『大乘起信論』을 말한다. 『대승기신론』(大正藏32, 576上)에서 "일심에 의지해 두 문이 있으니, 무엇이 두 가지인가? 하나는 心眞如門이고 다른 하나는 心生滅門이다. 이 두 문이 다 제각기 모든 법을 포섭하나니, 어째서 그러한가? 이 두 문은 따로 가를 수 없기 때문이다"라고 하였다.

八은 心通性相이라 名同義別者는 諸經에 或毀心是賊이라하야 制令斷除[146]하며 或讚心是佛이라하야 勸令修習[147]하며 或云善心惡心淨心垢心貪心瞋心慈心悲心[148]이라하며 或云心托境生[149]이라하며 或云心生於境[150]이라하며 或云寂滅이 爲心이라하며 或云緣慮가 爲心[151]이라하여 乃至種種相違하니 若不以諸宗으로 相對顯示則看經者가 何以辨之리오 爲當有多種心가 爲復只是一般心耶아 今且略示名體호리라 汎言心者가 略有四種하니 梵語가 各別하고 飜譯이 亦殊라 一은 紇利陁耶[152]니 此云肉

---

146. 毁心是賊 制令斷除에 대해서는 미주 제163항 참조.

147. 讚心是佛 勸令修習에 대해서는 미주 제148항 참조.

148. 善心으로부터 悲心까지는 현상으로 드러나는 마음의 다양한 양상[心相]을 말한 것이다. 心相에 대해서는 미주 제79항 참조.

149. 心托境生은 識이 변현한 경계를 의탁해 마음이 발생한다는 주장이다. 미주 제83항 참조.

150. 心生於境은 마음이 대상을 발생시켰다는 주장이다.

151. 緣慮爲心에서의 마음은 경계를 반연하여 사물을 사려하는 마음으로서, 이를 慮知心 또는 慮知緣慮心이라 한다.

152. 紇利陀耶(hṛdaya)는 汗栗馱라고도 하며 肉團心·肉心으로 의역한다. 육신의 5장 중

團心이라 此是身中五藏心也니라

具如黃庭經[153] 五藏論說也니라

二는 緣慮心이니 此是八識이 俱能緣慮自分境[154]故라

色은 是眼識境이며 乃至根身種子와 器世界[155]는 是阿賴耶識之境이니 各緣一分故로 云自分也라

此八이 各有心所[156]호대 於中에 或唯無記[157]며 或通善

심장을 말하며, 『瑜伽論記』 등에서 아뢰야식이 최초에 의탁하고 마지막에 버리는 곳으로서 8개의 꽃잎 형태라고 설명하고 있다.

153. 黃庭經은 곧 『黃庭五臟六腑眞人玉軸經』으로서 도가의 양생법을 설한 책이다.

154. 自分境은 8식이 제각기 인식하는 대상을 말한다.

155. 根身(sendriya-kāya)은 正報인 有根身, 즉 사람의 신체를 말한다. 種子(bīja)는 色法(물질)과 心法(정신) 등 일체 현상의 원인이 곡식의 종자처럼 아뢰야식에 내장되어 있는 것을 말한다. 器世界(bhājana-loka)는 依報, 즉 중생들이 거주하는 국토를 말한다. 종자에 대해서는 미주 제140항, 기세계에 대해서는 미주 제9항 참조.

156. 心所(caitta, caitasika)는 心數·心所有法·心所法·心數法이라고도 한다. 5위(色法·心法·心所法·心不相應行法·無爲法)의 하나로 심왕인 8식에 종속되어 객관대상의 總相과 別相을 사량 분별하는 정신작용을 말한다. 자세한 내용은 미주 제81항 참조.

157. 無記(avyākṛta)는 善도 不善도 아닌 것을 말한다. 미주 제22항 참조.

染之殊라 諸經之中에 目諸心所하야 總名心也니 謂善心惡心等이니라 三은 質多耶[158]니 此云集起心이라 唯第八識이 積集種子하야 生起見行[159]故니라

黃庭經五藏論에 目之爲神하고 西國外道는 計之爲我하니 皆是此識也라

四는 乾栗陁耶[160]니 此云堅實心이며 亦云貞實心이니 此是眞實心也니라 然이나 第八識이 無別自體요 但是眞心이언마는 以不覺故로 與諸妄想으로 有和合不和合義라 和合義者는 能含染淨하니 目爲藏識[161]이요 不和合者는 體常不變하니 目爲眞如라 都是如來藏이니 故로 楞伽에 云寂滅者는 名爲一心이요 一心

158. 質多耶(citta)는 質多耶・只多・指多・質帝・彼荼라고도 하며, 心으로 의역한다. 미주 제146항 참조.

159. 見行은 現行이다.

160. 乾栗陀耶(hṛdaya)는 乾栗馱・汗栗馱・紇哩娜野・紇利陀라고도 한다. 중생들이 본래부터 모두 갖추고 있는 절대불변하고 진실한 마음을 가리킨다.

161. 藏識에 대해서는 미주 제131항 참조.

者는 卽如來藏[162]이라하시니라 如來藏者는 亦是在纏法身이니 如勝鬘經說[163]하니라 故知四種心이 本同一體로다 故로 密嚴經에 云佛說如來藏이 法身在纏之名 以爲阿賴耶어늘 藏識 惡慧는 不能知藏卽賴耶識이로다

有執眞如가 與賴耶로 體別者가 是惡慧也라

如來淸淨藏이 世間阿賴耶임이 如金與指鐶이 展轉無差別[164]이라하시니라

指鐶等은 喩賴耶하고 金은 喩眞如니 都名如來藏也라

然雖同體나 眞妄義別하고 本末亦殊하니 前三[165]은 是

---

162. 寂滅者 名爲一心 一心者 卽如來藏은 『入楞伽經』 제1권(大正藏16, 519上)에 나온다.

163. 如勝鬘經說이란 『勝鬘師子吼一乘大方便方廣經』 法身章(大正藏12, 221下)에서 "세존이시여, 이러한 여래의 법신이 번뇌장을 여의지 않은 것을 여래장이라 합니다"라고 한 것을 가리킨다.

164. 佛說如來藏으로부터 展轉無差別까지는 『大乘密嚴經』 하권(大正藏16, 776上)에서 인용하였다.

165. 前三은 紇利陀耶(肉團心)·緣慮心·質多耶(集起心)를 가리킨다.

相이요 後一[166]은 是性이라 依性起相도 蓋有因由하고 會相歸性[167]도 非無所以니 性相이 無礙하야 都是一心이라 迷之則觸向面墻이요 悟之則萬法이 臨鏡이어니와 若空尋文句하며 或信胸襟[168]하면 於此一心性相에 如何了會리오

九는 悟修頓漸이 似反而符者는 諸經論과 及諸禪門에 或云先因漸修功成하야 豁然頓悟[169]라하며 或云先因頓悟코사 方可漸修[170]라하며 或云由頓修故로 漸悟[171]라하며 或云悟修皆漸[172]이라하며 或云皆頓[173]이라하며 或云

---

166. 後一은 乾栗陀耶(眞實心)을 가리킨다.

167. 會相歸性은 相인 肉團心·緣慮心·集起心을 모아서 性인 堅實心(眞實心)으로 귀결시키는 것이다.

168. 空尋文句는 문자에만 집착하는 교종의 병폐를 지적한 것이고, 或信胸襟은 나름대로의 체험만을 중시하며 합리적인 표현과 典據를 부인하는 선종의 병폐를 지적한 것이다.

169. 先因漸修功成 豁然頓悟는 漸修頓悟의 입장이다. 미주 제135항 참조.

170. 先因頓悟 方可漸修는 頓悟漸修의 입장이다. 미주 제17항 참조.

171. 由頓修故 漸悟는 頓修漸悟의 입장이다. 미주 제16항 참조.

172. 悟修皆漸은 漸修漸悟의 입장이다. 미주 제136항 참조.

173. 皆頓은 頓修頓悟의 입장이다. 미주 제15항 참조.

法無頓漸이언마는 頓漸이 在機라하니 如上等說이 各有意義니라 言似反者는 謂旣悟卽成佛이라 本無煩惱를 名爲頓者인댄 卽不應修斷이어늘 何得復云漸修리요 漸修는 卽是煩惱未盡이며 因行이 未圓이며 果德이 未滿이어니 何名爲頓이리오 頓卽非漸이요 漸卽非頓일새 故로 云相反이어니와 如下對會하면 卽頓漸이 非唯不相乖反이라 而乃互相資也[174]니라

十은 師資傳授에 須識藥病[175]者는 謂承上傳授方便이 皆先開示本性코사 方令依性修禪이니 性不易悟는 多由執相이라 故로 欲顯性인댄 先須破執이니 破執方便은 須凡聖俱泯[176]하고 功過齊祛[177]하야 戒卽無犯無持

---

174. 悟와 修의 頓·漸에 대해 여러 가지 설들이 있다. 이에 대한 『圓覺經疏抄』의 八對頓漸說과 『都序』의 입장을 비교 정리한 도표는 미주 제105항 참조.

175. 藥病은 應病與藥의 의미이다. 환자에게 병에 맞는 치료약을 주듯이 사람의 근기에 맞춰 설법하는 것을 말한다.

176. 凡聖俱泯은 범부와 성인을 구별하는 것이 터무니없는 분별망상에 기인한 것임을 밝혀 한쪽을 혐오하고 한쪽을 추구하던 갈망을 쉬는 것을 말한다. 達摩의 『二入四行論』에는 '凡聖雙絶'이라고 표현하였다.

며 禪卽無定無亂이라 三十二相이 都是空花[178]요 三十七品[179]이 皆爲夢幻이라 意使心無所著하야사 方可修禪이라하니 後學淺識이 便但執此言하야 爲究竟道라하며 又以修習之門에 人多放逸故로 復廣說欣厭하며 毁責貪嗔하며 讚歎勤儉하며 調身調息하야 麤細次第어든 後人이 聞此코 又迷本覺之用하야 便一向執相이라 唯根利志堅者라사 始終事師하야 方得悟修之旨어니와 其有性浮淺者는 纔聞一意하고 卽謂已足이라하야 仍恃小慧하야 便爲人師하고 未窮本末하야 多成偏執일새 故로 頓漸門下에 相見을 如仇讎하고 南北宗中에 相敵을 如楚漢하니 洗足之悔[180]와 摸象之諭[181]를 驗

177. 功過齊祛는 功德과 過失, 즉 선업과 악업을 분별하는 생각마저 초월하는 것이다.

178. 空花는 본래 실체가 없는 현상계를 妄見에 사로잡혀 실체가 있는 것처럼 착각·집착하는 것을, 눈병에 걸린 사람이 아무 것도 없는 허공에서 꽃을 보는 현상에 비유한 것이다.

179. 三十七品에 대해서는 미주 제65항 참조.

180. 洗足之悔는 楚漢時代(『通鑑節要』 卷二, 『資治通鑑』 卷十)에 英布(黥布)가 隨何를 따라와서 漢王(漢高祖劉邦)을 볼 때에 漢王이 평상에 걸터앉아 洗足하면서 영포를 接見

於此矣로다 今之所述은 豈欲別爲一本이리오 集而會之는 務在圓伊三點[182]이라 三點이 各別하면 旣不成伊니 三宗이 若乖하면 焉能作佛이리오 故知欲識傳授藥病인댄 須見三宗不乖요 欲見三宗不乖인댄 須解三種佛敎니라

前敍에 有人이 難云禪師가 何以講說고할새 余今에 總以十意로 答之호니 故로 初에 已敍西域祖師가 皆弘經論也니라

하니, 英布가 大努하여 거기에 왔던 것을 후회하면서 자살하려고 하였다. 그 다음 官舍에 들어가 보니 帳御, 飮食, 從官이 漢王의 居處와 똑같았다. 英布는 그를 보고 過望하여 大喜하였다. 그러므로 세족지회는 진실을 올바로 파악하지 못한 어리석음을 비유한 말이다. 『蓮潭私記』에서는 洞山良价화상의 어머니가 아들의 발을 씻어주고도 아들인줄 몰랐다가 나중에야 알고서 후회한 사건을 가리킨다고 하였지만, 宗密(841에 입적)과 良价(869에 입적)의 연대를 고려해 볼 때 믿기 힘든 주장이다. 서천 제24조 師子尊者의 제자 達摩達에 얽힌 고사를 가리킨다는 주장도 있다. 미주 제74항 참조.

181. 摸象之論는 소경들이 코끼리의 일부분을 만져 보고는 제각기 자기가 만진 부분이 코끼리의 전체 모양인 줄 착각하는 것으로, 중생의 어리석음을 비유한 말이다. 미주 제21항 참조.

182. 圓伊三點은 悉曇의 伊 자가 세로줄도 가로줄도 아닌 세 개의 점으로 이루어져 어느 하나라도 결여되면 의미를 상실하게 되는 것을 말한다. 미주 제115항 참조.

上之十意가 理例昭然하니 但對詳禪之三宗과 教之三種하면 如經斗稱하야 足定淺深하리니 先敍禪門하고 後以教證호리라

禪三宗者는 一은 息妄修心宗이요 二는 泯絶無寄宗이요 三은 直顯心性宗이라

教三種者는 一은 密意依性說相教요 二는 密意破相顯性教요 三은 顯示眞心卽性教라 右此三教를 如次同前三宗하야 相對一一證之然後에 總會爲一味리니 今且先敍禪宗호리라

初는 息妄修心宗者는 說衆生이 雖本有佛性이나 而無始無明[183]이 覆之不見故로 輪迴生死하고 諸佛은 已斷妄想故로 見性了了하사 出離生死하야 神通自在하시니 當知凡聖功用이 不同하고 外境內心이 各有分限이라 故로 須依師言教하야 背境觀心[184]하야 息滅妄念

183. 無始無明은 根本無明을 말한다. 미주 제25항 참조.

184. 觀心은 자기의 마음을 관조하여 마음의 본성을 밝히는 것이다. 미주 제6항 참조.

이니 念盡에 卽覺悟하야 無所不知함이 如鏡昏塵을 須勤拂拭[185]하야 塵盡明現하면 卽無所不照니라 又須明解趣入禪境方便인댄 遠離憒鬧[186]하고 住閑靜處하야 調身調息하며 跏趺宴默하야 舌柱上齶하고 心注一境이라하시니 南侁北秀[187]와 保唐宣什[188] 等門下가 皆此類也라 牛頭天台[189]와 慧稠求那[190] 等進趣方便은 迹卽大同이나 見解卽別하니라

二는 泯絶無寄宗[191] 者는 說凡聖等法이 皆如夢幻[192]하야

---

185. 如鏡昏塵 須勤拂拭은 "몸이 곧 보리수요 마음은 밝은 거울과 같으니, 때때로 부지런히 털고 닦아 더러운 때가 끼지 않게 하라"는 대통신수의 게송을 가리킨다.

186. 遠離憒鬧에 대해서는 미주 제113항 참조.

187. 南侁北秀는 資州智詵과 大通神秀를 가리킨다. 미주 제130항, 제13항 참조.

188. 保唐宣什은 保唐無住와 果閬宣什을 가리킨다. 미주 제43항, 제5항 참조.

189. 牛頭天台는 牛頭法融과 天台智顗를 가리킨다. 미주 제110항, 제152항 참조.

190. 慧稠求那는 北魏의 佛陀跋陀羅에게서 禪法을 수학한 慧稠禪師와 求那跋陀羅를 가리킨다. 미주 제160항, 제7항 참조.

191. 泯絶無寄宗은 모든 존재를 공하다고 보고 부정하는 종이다. 杜順의 『華嚴法界觀門』과 이에 대한 주석인 澄觀의 『華嚴法界玄鏡』 등에 '泯絶無寄'란 표현이 나온다. 미주 제31항 참조.

192. 凡聖等法 皆如夢幻의 전거로, 牛頭法融의 『絶觀論』에 "범부와 성인 어느 쪽에도 치우

都無所有하야 本來空寂이요 非今始無며 卽此達無之智도 亦不可得이라 平等法界[193]에 無佛無衆生[194]이며 法界도 亦是假名이라 心旣不有어니 誰言法界리오 無修不修며 無佛不佛이라 設有一法이 勝過涅槃이라도 我說亦如夢幻[195]이라호리라 無法可拘며 無佛可作이라 凡有所作이 皆是迷妄[196]이니 如此了達本來無事하야 心無所寄하야사 方免顚倒며 始名解脫이라하나니 石頭牛頭로 下至徑山[197]히 皆示此理하사 使令心行으로 與此相應하야 不令滯情於一法上케하고 日久功至하야 塵

치지 않는 것이 中道이다. 범부와 성인은 본래 없는 것이라 차별할 수 없으니, 마치 거북이의 털이나 토끼의 뿔과 같다"라고 한 내용이 있다.

193. 法界에 대해서는 미주 제36항 참조.

194. 無佛無衆生의 전거로, 우두법융의 『絶觀論』에 "'중생의 本法은 무엇입니까' 하고 묻자, '부처도 없고 중생도 없고, 너다 나다 하는 견해도 없는 것이 本法이다'라고 하셨다"라고 한 내용이 있다.

195. 設有一法 勝過涅槃 我說亦如夢幻은 『大般若經』에 나오는 말이다. 미주 제71항 참조.

196. 凡有所作 皆是迷妄의 전거로, 『金剛般若波羅蜜經』(大正藏8, 749上)에 "존재하는 相이 모두 허망하나니 만일 모든 相이 相이 아님을 본다면 곧 여래를 보리라"라고 한 내용이 있다.

197. 徑山은 徑山道欽을 가리킨다. 미주 제2항 참조.

習[198]이 自亡하면 則於寃親苦樂에 一切無事라하야시늘 因此하야 便有一類道士[199]와 儒生閑僧과 汎參禪理者가 皆說此言이 便爲臻極이라하고 不知此宗은 不但以此言으로 爲法이로다 荷澤江西[200]와 天台等門下도 亦說此理나 然非所宗이니라

三은 直顯心性宗者는 說一切諸法이 若有若空이 皆唯眞性이라 眞性은 無爲하야 體非一切니 謂非凡非聖非因非果非善非惡等이라 然이나 卽體之用[201]이라 而能造作種種하나니 謂能凡能聖하며 現色現相等이

---

198. 塵習은 眞性을 오염시키는 번뇌와 습기를 말한다.

199. 一類道士는 道敎 茅山派를 지칭한 것으로 추측된다. 우두법융이 주석했던 牛頭山은 도교 茅山派가 번성했던 곳이다. 당나라 초기에 만들어진 도교경전인 『本際經』은 無所得空을 주로 설한 점에서 泯絶無寄宗의 사상과 매우 비슷하다.

200. 荷澤江西는 荷澤神會와 馬祖道一을 가리킨다. 미주 제157항, 미주 제20항 참조.

201. 卽體之用은 본체에 相卽한 작용을 말한다. 홍주종에서는 가고 서고 앉고 눕는 일상생활의 모든 행위를 불성의 작용으로 보았고, 『神會語錄』에 "말하고 생각하는 것은 진여의 작용이고, 진여는 생각의 본체다. 이러한 이치로 無念을 세워 宗으로 삼는다"라고 한 내용이 있다. 華嚴敎學에서는 이를 '擧體全眞'이라 한다.

라하시니라 於中에 指示心性[202]이 復有二類하니 一은 云[203]卽今에 能語言動作과 貪嗔慈忍과 造善惡과 受苦樂等이 卽汝佛性이라 卽此本來是佛이니 除此코 無別佛也니라 了此天眞自然[204] 故로 不可起心修道라 道卽是心이니 不可將心하야 還修於心이며 惡亦是心[205]이니 不可將心하야 還斷於心이라 不斷不修하고 任運自在[206]하야사 方名解脫이라 性如虛空하야 不增不減이어니 何假添補리오 但隨時隨處하야 息業養神[207]하면 聖胎[208]增長하

---

202. 心性에 대해서는 미주 제80항 참조.
203. 一云 이하는 홍주종의 사상이다.
204. 天眞自然은 인위적인 조작을 가하지 않은 그대로 본래 法身佛임을 말한다. 미주 제150항 참조.
205. 惡亦是心은 천태종의 '性惡不斷' 사상과 공통된 일면이 있다. 악을 버리고 선을 행하는 도덕적인 행동도 天眞自然의 입장에서 보면 군더더기 같고 미혹한 일에 불과한 것이므로, 선과 악을 분별하지 않고 있는 그대로 자유자재한 것이 眞心이라는 말이다. 『馬祖語錄』에 "선을 취하고 악을 버리며 空을 관찰하여 定에 들어가는 것은 의도적인 조작이다"라는 내용이 나온다.
206. 任運自在에서 任運은 아무런 집착이 없이 인연을 따른다는 뜻이다. 즉 모든 것을 인연에 맡겨 자유자재한 경지를 말한다. 안팎의 모든 것을 자연스럽게 일어나는 그대로[運] 일임해도[任] 근본에 어긋나지 않는 경지를 나타낸다. 미주 제128항 참조.

야 顯發自然神妙하리니 此卽是爲眞悟眞修眞證也라하니라 二는 云諸法이 如夢을 諸聖이 同說하시니 故로 妄念이 本寂하고 塵境이 本空이라 空寂之心이 靈知不昧하나니 卽此空寂之知가 是汝眞性이라 任迷任悟하야 心本自知요 不籍緣生하며 不因境起라 知之一字가 衆妙之門이니라 由無始迷之故로 妄執身心爲我하야 起貪嗔等念이어니와 若得善友開示하야 頓悟空寂之知하면 知且無念無形이어니 誰爲我相人相이리오 覺諸相空하면 心自無念이라 念起卽覺이니 覺之卽無라 修行妙門이 唯在此也니라 故로 雖備修萬行이나

[209] [210] [211]

207. 息業養神은 생사에 윤회케 하는 업을 쉬고 해탈의 精神을 기르는 것이다. '養神'은 『莊子』 外篇 「刻意」에 나오는 말이다.

208. 聖胎는 성인이 될 원인이다. 10주·10행·10회향의 3현위에서 부지런히 因行을 닦는 것을 두고 "성태를 기른다"고 표현한다. 『仁王護國經』(大正藏 8, 836中)에서 "보살이 처음 마음을 기르고 보양하는 것이 聖胎이다"라고 하였다.

209. 二云 이하는 하택종의 사상이다.

210. 靈知不昧에서의 '知'는 本覺眞心을 가리킨다. 미주 제104항 참조.

211. 知之一字 衆妙之門은 하택종의 종지로서 '知'는 깨달은 자와 깨닫지 못한 자 누구에게나 있는 마음의 본체를 가리킨다.

唯以無念으로 爲宗[212]이니 但得無念知見하면 則愛惡自然淡薄하고 悲智自然增明하며 罪業이 自然斷除하고 功行이 自然增進하리라 旣了諸相非相하면 自然修而無修하야 煩惱盡時에 生死卽絶이요 生滅滅已[213]에 寂照現前[214]하야 應用無窮하리니 名之爲佛이라하시니라 然이나 此兩家가 皆會相歸性[215]일새 故同一宗이니라 然이나 上三宗中에 復有遵敎慢敎와 隨相毁相과 拒外難之門戶와 接外衆之善巧와 敎弟子之儀軌가 種種不同하니 皆是二利行門[216]에 各隨其便이라 亦無所失이어니와 但所宗之理는 卽不合有二니 故로 須約佛和

212. 無念爲宗에 대해서는 미주 제23항 참조.

213. 生滅滅已는 『大般涅槃經』에 나오는 게송의 한 구절이다. "모든 행은 무상하나니 이는 생기고 사라지는 법이다. 생기고 사라짐이 다하고 나면 그 고요함이 즐거움이니라[諸行無常 是生滅法 生滅滅已 寂滅爲樂]"라고 하였다.

214. 寂照現前은 깨달음의 경지를 말한다. 미주 제132항 참조.

215. 會相歸性은 모든 현상을 본성인 自性淸淨心으로 귀결시키는 것으로서 이를 '攝相歸性'이라고도 한다. 미주 제162항 참조.

216. 二利行門은 自利와 利他의 보살만행을 말한다.

會也니라

次下에 判佛敎[217]하야 總爲三種者는

一은 密意依性說相敎니

佛이 見三界六道가 悉是眞性之相이라 但是衆生이 迷性而起요 無別自體故로 云依性이라 然이나 根鈍者는 卒難開悟故로 且隨他所見境相說法하야 漸漸度故로 云說相이요 說未彰顯故로 云密意也라

此一敎中에 自有三類라

一은 人天因果敎니 說善惡業報하사 令知因果不差하야 懼三途苦하고 求人天樂하야 修施戒禪定等一切善行하야 得生人道天道와 乃至色界無色界故로 云人天敎니라

217. 判佛敎, 즉 부처님의 가르침을 구분함에 있어 종밀은 세 가지, 혹은 다섯 가지로 분류하고 있다. 다섯 가지로 분류한 『原人論』의 교판은 미주 제116항 참조.

二는 斷惑滅苦教[218]니 說三界不安이 皆如火宅之苦[219]하사 令斷業惑之集하고 修道證滅케하시니라 以隨機故로 所說法數[220]가 一向差別하사 以揀邪正하고 以辨凡聖하며 以分欣厭하고 以明因果하사 說衆生五蘊이 都無我主요 但是形骸之色과 思慮之心이니 從無始來 因緣力故로 念念生滅하야 相續無窮이 如水涓涓하며 如燈焰焰이라 身心이 假合하야 似一似常커늘 凡愚는 不覺하야 執之爲我하고 保此我故로 卽起貪(貪名利以榮我) 瞋(瞋違情境恐侵害我) 癡(觸向錯解非理計校)等三毒하며 三毒이 擊於意識하야 發動身口하야 造一切業하나니 業成難逃라(影隨形響應聲) 故로 受五道苦樂等身과(此是別業所感) 三界勝劣等處하야(此是共業所感處也) 於所

---

218. 斷惑滅苦教에서 斷은 道諦, 惑은 集諦, 滅은 滅諦, 苦는 苦諦로서 四諦教 또는 小乘教라고도 한다. 종밀은 『阿含經』·『婆沙論』·『俱舍論』 등의 교설이 이에 해당한다고 보았다.

219. 火宅之苦는 삼계에 윤회하는 고통을 불타는 집에 비유한 것으로서, 『法華經』「譬喩品」(大正藏9, 14下)에 나온다.

220. 法數는 모든 법을 분류하는 法門의 數로서, 俱舍에서는 5位 75法을, 唯識에서는 5位 100法을 法數로 하였다.

受身에 還執爲我하며 還起貪等하야 造業受報하나니 身則生老病死라 死而復生하고 界則成住壞空이라 空而復成[221]하야 劫劫生生에 輪迴不絶하야 無終無始가 如汲井輪[222]하나니 都由不了此身이 本不是我니라

此上은 皆是前人天敎中世間因果也라 前엔 但令厭下欣上하고 未說三界가 皆可厭患이며 又未破我러니 今具說之하시니 卽苦集二諦也요 下엔 破我執하고 令修道滅二諦하야 明出世因果故로 名四諦敎也니라

不是我者는 此身이 本因色心和合爲相이라 今推尋分析컨댄 色有地水火風之四類하고 心有受領納好惡之事 想取像

221. 身則부터 空而復成까지에서 생·노·병·사의 고통 속에서 끝없이 생멸하는 중생의 몸을 正報라 하고, 중생들이 의탁하고 있는 성·주·괴·공의 세계를 依報라 한다.
222. 汲井輪은 오랜 세월 동안 생사윤회를 벗어나지 못하는 모양을 우물에서 물을 긷는 도르래(고패)에 비유한 말이다. 『原人論』(大正藏45, 709中)에도 동일한 용어가 나오며, 汲水輪과 같은 뜻이다. 『楞伽經』 권1(大正藏16, 487下)에 "시작도 없는 허망한 習氣의 원인은 마치 汲水輪과 같으니 생사윤회를 돌고 도는 중생에게도 이와 같은 바퀴가 있다"라고 하였고, 『法堂玄要廣集』(卍續藏118, 637中)에는 "무수한 겁 이래 생사를 유랑하는 것이 마치 汲井輪과 같아서 멈추려 해도 정지하지 않는다"라고 하였다.

行造作一切 識一一了別 之四類하니 此四與色都名五蘊 若皆是我인댄 卽成八我[223]로다 況色中에 復有三百六十段骨하야 段段各別하며 皮毛筋肉과 肝心脾腎이 各不相是며 皮不是毛等 諸心數等도 亦各不同하야 見不是聞이며 喜不是怒라 旣有此衆多之物이어니 不知커라 定取何者하야 爲我오 若皆是我인댄 我卽百千이라 一身之中에 多主紛亂이요 離此之外엔 復無別法하니 翻覆推我컨댄 皆不可得이로다 便悟此身心等이 但是衆緣으로 似和合相이나 元非一體며 似我人相이나 元無我人이어니 爲誰貪嗔이며 爲誰殺盜며 誰修施戒며 誰生人天고하야 知苦集也 遂不滯心於三界有漏善惡하고 斷集諦也 但修無我觀智하야 道諦 以斷貪等하고 止息諸業하야 證我空眞如[224]하야 得須陀洹果[225]하며 乃至滅盡患累하야 得阿羅漢果[226]하며 滅諦 灰

223. 八我에서 여덟 가지는 앞에서 분류한 4대와 수 · 상 · 행 · 식 4온 낱낱을 말한다.

224. 我空眞如는 성문 · 연각인 二乘이 깨달는 진리로서 法空은 알지 못하고 我空만 아는 불완전한 眞如를 말한다. 미주 제91항 참조.

225. 須陀洹果는 성문 4과 중 최초의 聖果로서 預流果로 의역한다. 미주 제75항 참조.

身滅智[227]하야 永離諸苦라하시니라 諸阿含等經六百一十八卷[228]과 婆沙等論[229]六百九十八卷이 皆唯說此小乘과 及前人天因果라 部帙이 雖多나 理不出此니라

三은 將識破境教[230]니

說前所說境相의 若起若滅이 非唯無我라 亦無如上等法이요 但是情識이 虛妄變起故로 云將識破境也니라

說上生滅等法은 不關眞如코 但各是衆生이 無始已來로 法爾有八種識[231]호대 於中에 第八藏識[232]이 是其

226. 阿羅漢果는 성문 4과 중 마지막 聖果로서 應供・應眞・殺賊・無生 등으로 의역한다. 미주 제93항 참조.

227. 灰身滅智는 二乘이 궁극적 목표로 삼는 無餘涅槃의 경지로서 無餘灰斷・焚身灰智라고도 한다. 약칭하여 灰滅・灰斷이라 한다. 미주 제164항 참조.

228. 阿含等經六百一十八卷에서 阿含等經은 원시불교의 성전인 4아함을 비롯한 아함부의 경전들을 가리킨다. 『開元釋教錄』 제13권(大正藏55, 610中～下)에 "성문의 契經藏(經藏)은 240부 618권 48질, 성문의 調伏藏(律藏)은 54부 446권 45질, 성문의 對法藏(論藏)은 36부 698권이다"라고 하였다. 阿含이란 전승된 교설 또는 교설을 모아 놓은 성전이라는 뜻이다.

229. 婆沙等論은 『阿毘達磨大毘婆沙論』・『俱舍論』 등을 말한다.

230. 將識破境教는 유식의 교설을 가리킨다.

根本이라 頓變根身器界種子하야 轉生七識하야 各能變現自分所緣하나니

眼緣色하고 乃至七緣見[233]하며 八緣根種器界[234]也라

此八識外에는 都無實法이니라 問이라 如何變耶오 答이라 我法分別熏習力故로 諸識이 生時에 變似我法[235]커든 六七二識이 無明이 覆故로 緣此하야 執爲實我

---

231. 法爾有八種識에서 '法爾'는 본래부터 · 당연히 · 으레 등의 의미로서 因力이나 業力과 구별하여 어떤 법이 천연적으로 타고나거나 가지게 되는 힘을 法爾力이라 한다. 모든 유정은 8식, 즉 안식 · 이식 · 비식 · 설식 · 신식 · 의식 · 말나식 · 아뢰야식을 타고난다. 미주 제39항 참조.

232. 第八藏識에 대해서는 미주 제131항 참조.

233. 七緣見은 제7末那識이 제8阿賴耶識의 見分, 즉 대상을 관찰하는 인식의 주체를 所緣으로 삼는다는 뜻이다. 제7식이 제8식의 어떤 부분을 소연으로 삼는가에 대한 여러 논사의 주장이 『成唯識論』에 소개되고 있는데, 제8식의 견분을 소연으로 삼는다는 주장은 護法의 주장이다. 미주 제154항 참조.

234. 八緣根種器界는 제8식이 根身과 種子와 器世間을 所緣으로 삼는다는 말이다.

235. 我法分別로부터 變似我法까지는 『成唯識論』(大正藏31)에 나오는 내용이다. 我와 法으로 분류되는 일체만유는 識이 변해 나타난 현상일 뿐 실재하는 법이 아님을 『成唯識論』은 권두에서 자세히 밝히고 있다. 미주 제95항 참조.

法[236]하나니 如患病重心昏見異色人物 夢夢想所見可知 者가 患夢力故로 心似種種外境相이 現커든 夢時에 執爲實有外物이라가 寤來에 方知唯夢所變인달하야 我此身相과 及外世界도 亦復如是하야 唯識所變이어늘 迷故로 執有我及諸境이라가 旣悟에 本無我法이요 唯有心識이니라 遂依此二空之智[237]하야 修唯識觀[238]과 及六度四攝[239]等行하야 漸漸伏斷煩惱所知二障[240]하고 證二空所顯眞如[241]하야 十地[242] 圓

---

236. 實我實法은 가상으로 존재하는 我와 法을 범부는 실제 존재하는 것으로 집착한다는 의미이다. 이에 대한『成唯識論』의 설명은 미주 제78항 참조.

237. 二空之智는 我空과 法空을 체득하는 지혜로서, 我空智에 의해 我執을 타파하고 法空智에 의해 法執을 타파한다.

238. 唯識觀은 우주 만법이 모두 識으로 이루어졌다는 관찰, 즉 일체만법의 三性인 遍計所執性・依他起性・圓成實性을 관찰하는 방법이다. 窺基는 淺・深・粗・細의 정도에 따라 다섯 단계로 분류하였는데, 규기의 五重唯識觀에 대해서는 미주 제107항 참조.

239. 六度四攝은 六波羅蜜과 四攝法을 말한다.

240. 煩惱所知二障은 我執에 의거하여 일어나는 煩惱障과 法執에 의거하여 일어나는 所知障을 말한다. 미주 제35항 참조.

241. 二空所顯眞如는 4종의 勝義諦(世間勝義諦・道理勝義諦・證得勝義諦・勝義勝義諦) 중 證得勝義諦에 속하는 것으로서 我空과 法空을 증득했을 때 드러나는 진여를 말한다.『成唯識論』제10권에서는 證得勝義諦를 다시 열 가지로 설명하고 있는데, 이에 대해서는 미주 제122항 참조.

滿에 轉八識하야 成四智菩提也[243]며 眞如障盡에 成法性身大涅槃也[244]라하시니 解深密等數十本經과 瑜伽唯識數百卷論[245] 所說之理가 不出此也[246]니라

此上三敎[247]가 都爲第一密意依性說相敎라 然이나 唯第三將識破境이 與禪門息妄修心宗으로 而相符會니 以知外境이 皆空故로 不修外境事相하고 唯息妄修心也라 息妄[248]者는 息我法之妄이요 修心者는

---

242. 十地는 보살이 수행하는 열 단계를 말한다. 地(bhūmi)는 住處·住持·生成의 뜻이다. 대지가 만물을 키우듯 법을 보호하고 길러 果를 낳게 한다는 의미가 있다. 10지의 명칭은 미주 제88항 참조.
243. 轉八識 成四智菩提는 수행으로 미혹의 근원인 제8식을 전환하여 청정한 大圓鏡智를 증득하고, 제7식을 전환하여 平等性智를 증득하고, 제6식을 전환하여 妙觀察智를 증득하고, 전5식을 전환하여 成所作智를 증득하는 것을 말한다.
244. 成法性身大涅槃에 대한 『成唯識論』의 설명은 미주 제72항 참조.
245. 解深密等數十本經 瑜伽唯識數百卷論은 法相宗의 所依 經論인 6경 11론을 가리킨다. 6경은 『華嚴經』·『解深密經』·『如來出現功德莊嚴經』·『阿毘達磨經』·『楞伽經』·『厚嚴經』이고, 11론은 『瑜伽論』·『顯揚聖敎論』·『大乘莊嚴經論』·『集量論』·『攝大乘論』·『十地經論』·『分別瑜伽論』·『觀所緣論』·『二十唯識論』·『辨中邊論』·『阿毘達磨雜集論』이다. 그러나 규봉의 견해에는 『華嚴經』이 제외된다.
246. 不出此의 此는 '將識破境敎'를 가리킨다.
247. 三敎는 人天因果敎·斷惑滅苦敎·將識破境敎이다.

修唯識之心이니 故로 同唯識之敎니라 既與佛同커늘 如何毁他漸門에 息妄看淨하야 時時拂拭하며 凝心住心하야 全注一境과 及跏趺調身調息等也리오 此等種種方便은 悉是佛所勸讚이라 淨名이 云不必坐[249]라하고 不云必不坐하시니 坐與不坐는 任逐機宜요 凝心運心은 各量習性이니라 當高宗大帝로 乃至玄宗朝時[250]히 圓頓本宗[251]은 未行하고 北地에 唯有神秀禪師가 大揚漸敎하야 爲二京法主와 三帝門師[252]하야 全稱達摩之宗호대 又不顯卽佛之旨일새 曹溪荷澤이 恐圓宗이 滅絶하야 遂呵毁住心調伏等事[253]하시니 但是

---

248. 息妄은 我와 法을 실체라고 집착하는 허망한 생각을 쉬는 것이다.

249. 淨名云不必坐에 대해서는 미주 제137항 참조.

250. 當高宗大帝 乃至玄宗朝時는 唐의 제3대 高宗皇帝・제4대 中宗皇帝・제5대 睿宗皇帝・제6대 玄宗皇帝를 말한다.

251. 圓頓本宗은 달마로부터 전해진 禪法을 가리킨다.

252. 二京法主 三帝門師는 신수대사가 東京(洛陽)과 西京(長安)에서 高宗・則天武后・中宗 세 황제의 국사를 지낸 사실을 말한다.

253. 遂呵毁住心調伏等事는 북종에 대한 남종의 비판을 말한다. 북종 비판에 누구보다 앞장섰던 신회는 『壇語』에서 북종의 '凝心住心'을 다음과 같이 통렬히 비판하였다. "일

除病이요 非除法也라 況此之方便[254]은 本是五祖大師[255]가 教授하사 各皆印可하야 爲一方師라하시고 達摩는 以壁觀[256]으로 教人安心云하사대 外止諸緣하고 內心無喘하야 心如墻壁하야사 可以入道라하시니 豈不正是坐禪之法이리오 又廬山遠公이 與佛陁耶舍二梵僧으로 所譯達摩禪經兩卷[257]에 具明坐禪門戶次第方便이

체 선과 악, 그 모두를 사량하지 말라. 사량하는 마음은 응집시켜 머물게 할 수가 없고, 사량하는 마음을 가지고서 眞體를 직시할 수는 없다. …… 마음을 안정시켜 청정함을 살피고 마음을 일으켜 밖을 관조하며 마음을 거두어 안으로 증득한다는 것은 해탈한 마음이 아니라 법에 결박된 마음이므로 절대로 옳지 못한 일이다"라고 하였다.

254. 此之方便은 신수대사의 漸修方便을 말한다.

255. 五祖大師는 五祖弘忍을 말한다. 홍인에 대해서는 미주 제106항 참조.

256. 壁觀은 面壁觀心을 의미한다. 미주 제40항 참조.

257. 廬山遠公으로부터 所譯達磨禪經兩卷까지는 『達摩多羅禪經』의 번역에 관해 기술한 부분이다. 『달마다라선경』은 佛大先이 설한 禪法을 수집한 책으로 여산혜원의 요청에 의해 佛馱跋陀羅가 413년경에 번역한 것으로 알려져 있다. 종밀은 『都序』에서 『달마다라선경』의 번역자로 慧遠·佛陀耶舍·佛馱跋陀羅 3인을 지목하였는데, 이는 『歷代法寶記』의 설을 따른 것으로 추측된다. 『역대법보기』에서 "선종의 초조는 菩提達摩多羅이고, 그의 제자로 佛陀·耶舍 2인이 있다. 이 두 사람은 廬山 東林寺에서 慧遠과 함께 『禪門經』 1권을 역출하였다"라고 하였다. 慧遠과 불타발타라와 불타야사에 대해서는 미주 제102항, 제54항, 제55항 참조.

與天台及侁秀門下意趣[258]로 無殊라 故로 四祖가 數十年中에 脇不至席[259]하시니라 卽知了與不了之宗[260]은 各由見解深淺이요 不以調與不調之行[261]으로 而定法義偏圓이니 但自隨病對治언정 不須讚此毁彼니라

前敍에 有人이 問難余云何以勸坐禪者오할새 余今以此答也니라

二는 密意破相顯性敎[262]니

---

258. 天台及侁秀는 天台智顗와 南方의 智詵, 北方의 神秀를 가리킨다.

259. 四祖 數十年中 脇不至席의 전거로 『歷代法寶記』 道信條에 "밤이건 낮이건 항상 앉아 눕지 않았으니 60여 년 간 허리를 땅에 붙이지 않았다"라고 한 내용이 있다. 『續高僧傳』과 『楞伽師資記』의 道信條에는 위의 내용이 나오지 않는다. 도신에 대해서는 미주 제61항 참조.

260. 了與不了之宗은 頓悟를 주장한 남종과 漸修를 주장한 북종 등의 선법을 가리킨다. 了는 깨달음이 완전한 것, 不了는 아직 완전하지 못하다는 뜻을 나타낸다.

261. 調與不調之行 역시 북종을 비롯한 그 외의 선법과 남종을 가리킨다. 북종은 調身·調息을 위주로 하여 조용한 곳에서 좌선하는 것으로 깨달음의 수단을 삼았지만, 홍주종을 비롯한 남종은 일상생활 그대로가 불성의 작용이라 하여 좌선에 구애받지 않았다.

262. 密意破相顯性敎는 곧 空宗으로서 인도불교에서는 龍樹·提婆의 중관파가, 중국불교에서는 吉藏에 의해서 성립된 鳩摩羅什 계통의 三論宗이 이에 해당한다. '破相'이라는

據眞實了義컨댄 則妄執이 本空이라 更無可破요 無漏諸法이 本是眞性의 隨緣妙用이라 永不斷絶이며 又不能破언마는 但爲一切衆生이 執虛妄想하고 障眞實性[263]하야 難得玄悟故로 佛且不揀善惡垢淨性相하시고 一切呵破하시니 以眞性及妙用이 不無어늘 而且云無故로 云密意요 又意在顯性이나 語乃破相이라 意不形於言中故로 云密也니라

此教는 說前教[264]中所變之境이 旣皆虛妄인댄 能變之識인달 豈獨眞實이리오 心境이 互依하야 空而似有故也라 且心不孤起코 託境方生이며 境不自生코 由心故로 現이니 心如에 卽境謝요 境滅에 卽心空이라 未

용어는 『大乘法苑義林章』 제1권 唯識義林(大正藏45, 249下)에서 4宗(立性宗·破性宗·破相宗·顯實宗)을 설명하는 가운데 "세 번째는 破相宗으로 中論·百論 등이 이에 해당한다"라고 한 것에 의거한 것이다.

263. 眞實性은 pariniṣpanna-svabhāva의 한역으로서, 眞諦는 이를 '眞實性'으로 번역하였고 玄奘은 '圓成實性'으로 번역하였다. 원성실성에 대해서는 미주 제114항 참조.

264. 前敎는 密意依性說相敎 중 將識破境敎를 가리킨다.

有無境之心이며 曾無無心之境이니라 如夢見物에 似能見所見之殊나 其實은 同一虛妄이며 都無所有하야 諸識諸境도 亦復如是하야 以皆假託衆緣코 無自性故라 未曾有一法도 不從因緣生이니[265] 是故一切法이 無不是空者며 凡所有相이 皆是虛妄이라[266] 是故로 空中에 無眼耳鼻舌身意하며 無十八界十二因緣四諦하며 無智亦無得하며 無業無報하며 無修無證하며 生死涅槃이 平等如幻이니 但以不住一切하야 無執無著으로 而爲道行이라하시니 諸部般若千餘卷經과 及中百門等三論과 廣百等이 皆說此也니라

智度論百卷에도 亦說此理나 但論主는 通達不執故로 該收大小乘法相하야 潛同後眞性宗也니라[267]

---

265. 未曾有一法 不從因緣生은 『中論』 제4권 「觀四諦品」 제19게(大正藏30, 33中)에 나온다.

266. 凡所有相 皆是虛妄은 『金剛般若波羅蜜經』(大正藏8, 749上)에 나온다.

此敎는 與禪門泯絶無寄宗으로 全同하니 旣同世尊所說과 菩薩所弘이어니 云何漸門禪主와 及講習之徒는 每聞此說에 卽謗云撥無因果[268]오 佛이 自云無業無報라하시니 豈邪見乎아 若云佛說此言이 自有深意者인댄 豈禪門此說인달 無深意耶아 若云我曾推徵하야 覺無深意者인댄 自是汝遇不解之流라 但可嫌人이언정 豈可斥法이리오 此上二敎는 據佛本意컨댄 雖不相違나 然이나 後學所傳은 多執文迷旨라야 或各執一見하야 彼此相非하며 或二皆泛信하야 混鈍不曉故로 龍樹提婆[269] 等菩薩은 依破相敎하야 廣說空義하사 破其執有하야 令洞然解於眞空케하시니 眞空者는 是不違有之空也요 無着天親[270] 等菩薩은 依

---

267. 眞性宗은 顯示眞心卽性敎를 가리킨다.

268. 撥無因果는 인과를 부정하는 斷見을 말한다. 미주 제165항 참조.

269. 龍樹提婆는 龍樹菩薩과 迦那提婆를 가리킨다. 가나제바에 대해서는 미주 제1항 참조.

270. 無着과 天親에 대해서는 미주 제30항, 제151항 참조.

唯識教하야 廣說名相하사 分析性相不同과 染淨各別하야 破其執空하야 令歷然解於妙有케하시니 妙有者는 不違空之有也라 雖各述一義나 而擧體圓具[271]故로 無違也니라 問이라 若爾인댄 何故로 已後에 有淸辯護法[272] 等諸論師가 互相破耶아 答이라 此乃相成이요 不是相破라 何者오 以末代學人이 根器漸鈍하야 互執空有故로 淸辯等은 破定有之相하야 令盡徹至畢竟眞空케하시니 方乃成彼緣起妙有요 護法等은 破斷滅偏空하시니 意在妙有라 妙有存故로 方乃成彼無性眞空이니 文卽相破나 意卽相成이니라

前敍에 疑南北禪門이 相競일새 今於此에 決也노라

由妙有眞空에 有二義故라 一은 極相違義니 謂互

---

271. 擧體圓具는 현상이 본체에서 나타난 것이므로 본체의 성질을 완전히 갖추고 있다는 의미이다. 法藏은 '擧體全眞' '擧體全攝' '擧體全空' 등의 표현을 즐겨 사용했다.

272. 清辨과 護法에 대해서는 미주 제153항, 제161항 참조.

相害하야 全奪永盡이요 二는 極相順義니 謂冥合一相하야 擧體全攝이라 若不相奪全盡이면 無以擧體全收故로 極違라사 方極順也니 龍樹無着等은 就極順門故로 相成이요 淸辯護法等은 據極違門故로 相破니 違順自在하며 成破無礙하야사 卽於諸法에 無不和會耳니라 哀哉라 此方兩宗後學經論之者가 相非相斥을 不異仇讎하니 何時에 得證無生法忍[273]이리오 今頓漸禪者도 亦復如是하니 努力通鑑하야 勿偏局也어다 問이라 西域先賢相破가 旣是相成인댄 豈可此方相非인달 便成相嫉이리오 答이라 如人飮水에 冷暖을 自知라 各各觀心하며 各各察念이어다 留藥은 防病이라 不爲健人이요 立法은 防奸이라 不爲賢士니라

三은 顯示眞心卽性教[274]니

273. 無生法忍에 대해서는 미주 제24항 참조.

274. 顯示眞心卽性教는 방편을 사용하지 않고 眞心이 곧 眞性이라는 이치를 분명히 가리켜 보이는 교이다. 이는 화엄학 四宗教判(隨相法執宗 · 眞空無相宗 · 唯識法相宗 · 如

直指自心이 即是眞性하고 不約事相而示며 亦不約破相而示故로 云卽性이요 不是方便隱密之意故로 云顯示也라

此教는 說一切衆生이 皆有空寂眞心하니 無始本來로 性自淸淨하야

不因斷惑成淨故로 云性淨[275]이라 寶性論에 云淸淨이 有二하니 一은 自性淸淨이요 二는 離垢淸淨[276]이라하시며 勝鬘에 云自性淸淨心을 難可了知며 此心이 爲煩惱所染도 亦難可了知[277]라하시니 釋云此心이 超出前空有二宗之理故로 難可了知也라

來藏緣起宗)의 如來藏緣起宗에 해당되고, 『原人論』의 분류에서는 一乘顯性教에 해당된다.

275. 不因斷惑成淨故云性淨의 전거는 미주 제50항 참조.

276. 淸淨有二로부터 離垢淸淨까지는 『究竟一乘寶性論』 제3권(大正藏31, 838下)에서 요약 발췌하였다.

277. 自性淸淨心으로부터 亦難可了知까지는 『勝鬘師子吼一乘大方便方廣經』(大正藏12, 222下)에 나온다.

明明不昧하야 了了常知라 (下引佛說) 盡未來際히 常住不滅하나니 名爲佛性이며 亦名如來藏이며 亦名心地라[278] (達摩所傳是此心也) 從無始際로 妄想이 翳之하야 不自證得하고 耽着生死할새 大覺이 愍之하사 出現於世하야 爲說生死等法이 一切皆空이라하사 開示此心이 全同諸佛하시니 如華嚴經出現品에 云佛子여 無一衆生도 而不具有如來智慧언마는 但以妄想執着으로 而不證得이니 若離妄想하면 一切智와 自然智와 無礙智[279]가 卽得現前하리라 譬如有大經卷이 (喩佛智慧) 量等三千大千世界하야 (智體無邊廓周法界) 書寫三千大千世界中事하야 一切皆盡이라

喩體上에 本有恒沙功德과 恒沙妙用也라

此大經卷이 雖復量等大千世界나 而全住在一微塵中이니

278. 佛性과 如來藏과 心地에 대해서는 각각 미주 제51항, 제98항, 제82항 참조.
279. 一切智와 自然智와 無礙智에 대해서는 각각 미주 제126항, 제129항, 제28항 참조.

喩佛智가 全在衆生身中하야 圓滿具足也라

如一微塵하야 (擧一衆生爲例) 一切微塵도 皆亦如是하니라 時有一人이 智慧明達하야 (喩世尊也) 具足成就淸淨天眼하야 見此經卷이 在微塵內호대

天眼은 方隔障見色하나니 喩佛眼이라사 方隔煩惱見佛智也라

於諸衆生에 無少利益하고

喩迷時에 都不得其用이 與無로 不別이라 云云乃至

卽起方便하야 破彼微塵하고 (喩說法破障也) 出此大經하야 令諸衆生으로 普得饒益(云云) 인달하야 如來智慧도 亦復如是하야 無量無礙하야 普能利益一切衆生이라 (合書寫三千界中事) 具足在於衆生身中이언마는 (合微塵中) 但諸凡愚가 妄想執着으로 不知不覺하야 不得利益일새 爾時에 如來以無障礙

淸淨智眼으로 普觀法界一切衆生하시고 而作是言하사대 奇哉奇哉라 此諸衆生이 云何具有如來智慧언마는 愚痴迷惑하야 不知不見고 我當敎以聖道하야 令其永離妄想執着하야 自於身中에 得見如來廣大智慧가 與佛無異케호리라하시고 卽敎彼衆生하야 修習聖道하사 六波羅密三十七道品 令離妄想하고 離妄想已하야는 證如來無量智慧하야 利益安樂一切衆生이라하시니라[280]

問이라 上에 旣云性自了了常知어니 何須諸佛開示리오

答이라 此言知者는 不是證知요 意說眞性이 不同虛空木石故[281]로 云知也니 非如緣境分別之識[282]이며 非如照體了達之智요 直是眞如之性이 自然常知라

280. 佛子로부터 利益安樂一切衆生까지는 『華嚴經(80권)』(大正藏10, 272下~273上)에서 요약 발췌하였다. 전문은 미주 제53항 참조.

281. 眞性不同虛空木石과 관련된 글로 『大方廣佛華嚴經隨疏演義鈔』 제34권(大正藏36, 261中)에 "靈知眞心은 목석과는 다르다고 바로 말하는 까닭은 能證과 所證에 다 통하기 때문이다"라고 한 것이 있다.

282. 緣境分別之識은 안식 · 이식 · 비식 · 설식 · 신식 · 의식의 6식을 말한다.

故로 馬鳴菩薩이 云眞如者는 自體眞實識知[283]라하시며 華嚴迴向品에 亦云眞如는 照明으로 爲性[284]이라하시며 又據問明品說컨댄 知與智異하니 智局於聖하고 不通於凡이어니와 知卽凡聖이 皆有하야 通於理智라 故로 覺首等九菩薩이 問文殊師利言하사대 云何佛境界智며 證悟之智 云何佛境界知[285]닛고 本有眞心 文殊答智云諸佛智는 自在하야 三世無所礙라하시고

過去未來現在에 無事不了達故로 自在無礙라

答知云非識所能識이며

283. 眞如者 自體眞實識知라는 문구가 『大乘起信論』에 그대로 나오지는 않는다. 근거가 될 만한 문장으로 진여의 六義를 설명하는 가운데 "이른바 자체에 大智慧光明의 뜻이 있기 때문이며, 법계를 두루 비추는 뜻이 있기 때문이며, 진실하게 아는 뜻이 있기 때문이며, 自性淸淨心의 뜻이 있기 때문이며, 常·樂·我·淨의 뜻이 있기 때문이며, 청량하며 변함이 없고 자재한 뜻이 있기 때문이다(大正藏44, 194中)"라고 한 것이 있다.

284. 眞如照明爲性이 『華嚴經(80권)』 「十廻向品」(大正藏10, 162下)에는 '性'이 '體'로 되어 있으며, 「십회향품」(大正藏10, 162中)에는 '眞如眞實爲性'으로 되어 있다.

285. 云何佛境界智 云何佛境界知는 『華嚴經(80권)』 「菩薩問明品」(大正藏10, 69上)에 나오는 내용이다. 전문은 미주 제112항 참조.

不可以識으로 識也라 以識은 屬分別하니 分別은 卽非眞知라 眞知는 唯無念이라사 方見이니라

亦非心境界라

不可以智로 知也라 謂若以智로 證之인댄 卽屬所證之境이니 眞知는 非境界故로 不可以智로 證矣라 瞥起照心하면 卽非眞知也니 故로 經에 云自心에 取自心하면 非幻이 成幻法[286]이라하시며 論에 云心不見心[287]이라하시며 荷澤大師云擬心卽差[288]라하시니 故로 北宗看心이 是失眞旨니라 心若可看이면 卽是境界니 故로 此云非心境界也라하시니라

其性이 本淸淨을

---

286. 自心取自心 非幻成幻法은 『首楞嚴經』 제5권(大正藏19, 124下)에 나오는 말이다.
287. 心不見心은 『大乘起信論』 제5권(大正藏32, 577中)에 나온 말이다.
288. 擬心卽差라는 구절이 나오는 하택의 저술은 알 수 없다. 종밀은 『華嚴經行願品疏鈔』 제2권에서도 "七祖云 擬心卽差"라고 하였다. 다른 논서와 어록에도 하택이 이렇게 말한 것으로 언급한 부분이 있다. 미주 제120항 참조.

不待離垢滅惑하야 方淨이며 不待斷障凝濁하야 方清故로 云本清淨也라 就寶性論中컨댄 卽揀非離垢之淨이니 是彼性淨이라 故로 云其性이 本清淨이라하니라

開示諸群生[289] 이라하시며

旣云本淨인댄 不待斷障이니 卽知群生이 本來皆有언마는 但以惑翳로 而不自知라 故로 佛이 開示하사 令皆悟入케하시니 卽法華中에 開示悟入佛之知見[290] 이 如上所引하니 佛本出世가 只爲此事也시니라 彼云使得清淨者는 卽寶性論中離垢清淨也니 是心이 雖自性清淨이나 終須悟修하야사 方得性相圓淨이라 故로 數本經論에 皆說二種清淨과 二種解脫[291] 이어늘 今時學淺之人은 或只知

289. 諸佛智自在로부터 開示諸群生까지는 『華嚴經(80권)』「菩薩問明品」(大正藏10, 69上)에서 文殊菩薩이 답한 게송을 요약 발췌한 것이다. 전문은 미주 제139항 참조.

290. 開示悟入佛之知見은 『妙法蓮華經』「方便品」의 내용을 가리킨 것이다.

291. 二種解脫은 性淨解脫과 障盡解脫이다. 성정해탈은 번뇌의 유무에 관계없이 본성이 본래 청정한 것, 장진해탈은 청정한 본성이 번뇌에 덮여 드러나지 못하다가 번뇌를

離垢清淨과 離障解脫故로 毁禪門卽心卽佛하고 或只知自性清淨과 性淨解脫故로 輕於教相하야 斥於持律坐禪調伏等行하며 不知必須頓悟自性清淨自性解脫하고 漸修令得離垢清淨離障解脫하야 成圓滿清淨究竟解脫하야 若身若心이 無所擁滯하야사 同釋迦佛也로다

寶藏論[292]에 云知有하면 有壞하고 知無하면 無敗어니와

此皆能知有無之智라

其知之知는 有無不計라하시니라

旣不計有無하니 卽自性無分別之知也라

끊어 없애고서야 드러나는 것을 말한다.

292. 寶藏論은 後秦의 僧肇(374~414)가 찬술했다고 하나 8세기경 도교경전인 『太玄一本際經』 등의 영향을 받아 四川 지방에서 만들어진 위작으로 추정하는 학자들도 있다. 「廣照空有品」·「離微體淨品」·「本際虛玄品」의 3품으로 구성되어 있고, 法性眞如의 體用 등을 밝혔다. 그 내용이 洞山良价·雲門文偃의 어록과 延壽의 『宗鏡錄』 등에 인용된 것으로 보아 선가에서 매우 중시되었던 사실을 알 수 있다. 이를 최초로 인용한 이는 종밀이다.

如是開示靈知之心이 卽眞性이라 與佛無異故로 名顯示眞心卽性敎也니 華嚴密嚴圓覺佛頂勝鬘如來藏法華涅槃等四十餘部經과 寶性佛性起信十地法界涅槃等十五部論이 雖或頓漸이 不同이나 據所顯法體컨댄 皆屬此敎니 全同禪門第三直顯心性之宗이니라 旣馬鳴은 標心爲本源하시고 文殊는 揀知爲眞體어시늘 如何破相之黨[293]은 但云寂滅하고 不許眞知하며 說相之家[294]는 執凡異聖하야 不許卽佛고 今約佛敎判定이 正爲斯人이라 故로 前敍에 西域傳心이 多兼經論하야 無二途也라호라

但以此方이 迷心執文하야 以名爲體故로 達摩가 善巧로 揀文傳心하사대 標擧其名하고 心是名也 默示其體하사 知是體也 喩以壁觀[295]하야 如上所敍 令絶諸緣케하시고 絶諸緣時에

293. 破相之黨은 교로는 空宗, 선으로는 泯絶無寄宗을 가리킨다.

294. 說相之家는 교로는 相宗, 선으로는 息妄修心宗을 가리킨다.

295. 壁觀에 대해서는 미주 제40항 참조.

問斷滅否아 答이라 雖絶諸念이나 亦不斷滅이니다 問이라 以何證驗하야 云不斷滅고 答이라 了了自知라 言不可及이니다 師卽印云只此是自性淸淨心이니 更勿疑也라하시니라 若所答이 不契런듦 卽但遮諸非하고 更令觀察하야 畢竟不與他로 先言知字하시고 直待他自悟하야 方驗眞實是親證其體然後에 印之하사 令絶餘疑케하시리니 故로 云默傳心印이니라 所言默者는 唯默知字요 非總不言이니 六代相傳이 皆如此也[296]니라 至荷澤時하야 他宗이 競播하니 欲求默契호대 不遇機緣이며 又思惟達摩懸絲之記하사

達摩云我法이 第六代後에 命如懸絲也[297]라하시니라

恐宗旨滅絶하야 遂言知之一字가 衆妙之門이라하사 任

296. 絶諸緣時로부터 六代相傳皆如此也까지는 『景德傳燈錄』「達摩章」(大正藏51, 219下~220上)의 내용과 동일하다. 전문은 미주 제134항 참조.

297. 我法第六代後 命如懸絲也와 비슷한 내용이 『景德傳燈錄』 제3권(大正藏51, 223上)과 『宋高僧傳』 제8권(大正藏50, 755下)에도 나온다.

學者의 悟之深淺하시고 且務圖宗教[298] 不斷하시니 亦是此國大法運數[299] 所至라 一類道俗이 合得普聞故로 感應如是하니라 其默傳者는 餘人은 不知故로 以袈裟爲信이어니와 其顯傳者는 學徒易辨이라 但以言說除疑온 況旣形言하야 足可引經論爲證가

前敍에 外難云今時傳法者도 說密語否아할새 余今以此答也로라 法은 是達摩之法이니 故로 聞者가 深淺皆益이라 但昔密而今顯故로 不名密語나 豈可名別인들 法亦別也리오

問이라 悟此心已하야는 如何修之오 還依初說相教[300]中하야 令坐禪否아 答이라 此有二意하니 謂昏沈이 厚重하야 難可策發하며 掉擧猛利하야 不可抑伏하며 貪

298. 宗教는 達摩宗의 가르침을 말한다.

299. 大法運數는 불법의 운수가 전성기에 이르렀다는 말이다.

300. 初說相教는 密意依性說相教를 말한다.

嗔이 熾盛하야 觸境難制者는 卽用前敎[301]中種種方便하야 隨病調伏이어니와 若煩惱微薄하야 慧解明利하면 卽依本宗本敎[302]一行三昧[303]니 如起信에 云若修止者는 住於靜處하야 端身正意하야 不依氣息形色하며 乃至唯心이요 無外境界[304]라하시며 金剛三昧에 云禪卽是動이니 不動不禪이라야 是無生禪[305]이라하시며 法句經에 云若學諸三昧하면 是動이요 非坐禪이라 心隨境界流어니 云何名爲定이리오하시며 淨名이 云不起滅定하고 現諸威儀하며 行住坐臥 不於三界에 現身意가 是爲宴坐라하시니 佛所印可[306]라 據此컨댄 卽已達三界空花며 四生이 夢

301. 前敎는 密意依性說相敎와 密意破相顯性敎를 말한다.

302. 本宗은 直顯心性宗, 本敎는 顯示眞心卽性敎를 말한다.

303. 一行三昧는 眞如三昧・一相三昧라고도 한다. 미주 제127항 참조.

304. 若修止者로부터 無外境界까지는 『起信論』 修行信心分에서 요약 발췌하였다. 전문은 미주 제97항 참조.

305. 禪卽是動 不動不禪 是無生禪은 『金剛三昧經』 「無生行品」에 나온 말이다. 앞뒤 전문은 미주 제70항 참조.

306. 不起滅定으로부터 佛所印可까지는 『維摩經』 「弟子品」(大正藏14, 539下)에서 요약 발췌하였다. 전문은 미주 제48항 참조.

寐하야 依體起行하야 修而無修라 尙不住佛住心이어니 誰論上界下界리오

前敍에 難云據敎하야 須引上界定者는 以管窺天이라 但執一宗之說이니 見此了敎하면 理應懷慚而退也리라

然이나 此敎[307]中에 以一眞心性으로 對染淨諸法하야 全揀全收[308]하니 全揀者는 如上所說하야 但剋體[309]直指靈知가 卽是心性이요 餘皆虛妄이니 故로 云非識所識이며 非心境等이며 乃至非性非相非佛非衆生이라 離四句絶百非[310]也요 全收者는 染淨諸法이 無不是心이라 心迷故로 妄起惑業과 乃至四生六道雜穢國界요

307. 此敎는 顯示眞心卽性敎를 말한다.

308. 全揀全收에서 全揀은 절대적인 진리의 입장에서 현상의 차별상을 모두 부정하는 것이고, 全收는 차별상을 절대적 진리의 속성으로 모두 섭수하여 긍정하는 것이다.

309. 剋體의 '剋'자는 指定·約定의 뜻으로 자체를 바로 지적한다는 의미이다.

310. 離四句絶百非는 三論宗에서 주로 사용한 표현으로서, 절대적 진리는 갖가지 사고와 언어적 분별을 벗어난 것임을 나타내는 말이다. 미주 제56항 참조.

心悟故로 從體起用하야 四等[311] 六度와 乃至四辯[312] 十力[313]과 妙身淨刹히 無所不現[314]이니라 旣是此心이 現起諸法이라 故로 法法이 全卽眞心이 如人夢所現事가 事事皆人이며 如金作器에 器器皆金이며 如鏡現影에 影影皆鏡이니라

夢은 喩妄想業報하고 器는 喩修行하고 影은 喩應化니라

故로 華嚴에 云知一切法이 卽心自性하야 成就慧身이 不由他悟[315]라하시며 起信論에 云三界虛僞라 唯心所作이니 離心하면 卽無六塵境界며 乃至一切分別은 卽分別自心이니 心不見心이라 無相可得일새 故로 一

311. 四等은 곧 慈·悲·喜·捨의 四無量心이다.

312. 四辯은 설법을 자유자재로 할 수 있는 네 가지 요건으로 四無礙辯 혹은 四無礙智라고도 한다. 미주 제57항 참조.

313. 十力에 대해서는 미주 제84항 참조.

314. 心迷故로부터 乃至四生六道雜穢國界까지는 流轉門·染緣起에 해당하고, 心悟故에서 妙身淨刹 無所不現까지는 還滅門·淨緣起에 해당한다.

315. 知一切法으로부터 不由他悟까지는 『華嚴經(80권)』「梵行品」(大正藏10, 89上)에 나온다.

切諸法이 如鏡中像이라하시며[316] 楞伽經에 云寂滅者는 名爲一心이요 一心者는 名如來藏이라 能遍興造一切趣生하야 造善造惡하며 受苦樂이 與因俱라하시니[317] 故知一切가 無非心也로다 全揀門은 攝前第二破相教하고 全收門은 攝前第一說相教하나니 將前望此하면 此則逈異於前하고[318] 將此攝前하면 前則全同於此라 深必該淺이어니와 淺不至深이라 深者는 直顯出眞心之體하야 方於中에 揀一切收一切也니 如是收揀이 自在하며 性相이 無礙하야시 方能於一切法에 悉無所住리니 唯此名爲了義니라 更有心性同異와 頓漸違妨과 及所排諸家言教와 部帙次第와 述作大意는

316. 三界虛僞로부터 如鏡中像까지는 『大乘起信論』(大正藏32, 577中)에서 요약 발췌하였다. 전문은 미주 제62항 참조.

317. 寂滅者로부터 受苦樂與因俱까지는 菩提流支譯 『入楞伽經』(大正藏16, 519上)의 "寂滅者名爲一心 一心者名爲如來藏 入自內身智慧境界 得無生法忍三昧"와 『大乘入楞伽經』의 "如來藏是善不善因 能遍興造一切趣生(大正藏16, 619下)"와 "如來藏受苦樂與因俱有生滅(大正藏16, 621下)"을 종밀이 요약 발췌한 것으로 보인다.

318. 此則逈異於前에서 此는 顯示眞心卽性教를 가리키고 前은 密意依性說相教와 密意破相顯性教를 가리킨다.

悉在下卷하니라

禪源諸詮集都序 卷上 終

禪源諸詮集都序

卷下

禪源諸詮集都序 卷下

終南山草堂寺沙門　宗密　述

上之三教가[319] 攝盡如來一代所說之經과 及諸菩薩所造之論하니 細尋法義하면 便見三義全殊나 一法無別이니라 就三義中하야 第一第二는 空有相對하고 第三第一은 性相이 相對하니 皆逈然易見이어니와[320] 唯第二第三은 破相이 與顯性으로 相對어늘 講者禪者가

319. 上之三敎는 密意依性說相敎·密意破相顯性敎·顯示眞心卽性敎를 말한다.

320. 第一第二로부터 皆逈然易見까지에서 第一은 密意依性說相敎로서 有宗(相宗)이고, 第二는 密意破相顯性敎로서 空宗이며, 第三은 顯示眞心卽性敎로서 性宗이다. 공종과 유종의 대립에 대해 처음으로 언급한 이는 法藏으로서, 그는 『大乘起信論義記』 상권·『探玄記』 제1권·『法界無差別論疏』 등에서 有宗인 護法·戒賢과 空宗인 淸辨·智光의 대립에 대해 논하였다. 성종과 상종의 차이점에 대해서는 澄觀이 『華嚴綱要』에서 상세히 기술하였다.

同迷하야 皆謂同是一宗一敎[321]라하야 皆以破相으로 便爲眞性故로 今에 廣辨空宗性宗이 有其十異호리니 一은 法義眞俗이 異요 二는 心性二名이 異요 三은 性字二體가 異요 四는 眞智眞知가 異요 五는 我法有無가 異요 六은 遮詮表詮이 異요 七은 認名認體가 異요 八은 二諦三諦가 異요 九는 三性空有가 異요 十은 佛德空有가 異니라

初는 法義眞俗이 異[322] 者는 空宗은 緣未顯眞靈之性故로 但以一切差別之相으로 爲法하니 法是俗諦요 照此諸法無爲無相無生無滅無增無減等으로 爲義하니 義是眞諦라 故로 智論에 以俗諦로 爲法無礙

---

321. 第二第三부터 皆謂同是一宗一敎까지에서 종밀이 성종과 공종의 차이를 굳이 역설한 이유는 교학의 空宗에 배대되는 泯絶無寄宗과 구별하여 性宗에 배대되는 直顯心性宗, 특히 하택종을 선의 최고위에 놓으려 했던 의도 때문인 것으로 여겨진다.

322. 法義眞俗異에서 '法'과 '義'는 『起信論』의 설명과 직접적인 관계가 없다. 이하에서는 공종과 성종에서 사용하는 '法'과 '義'의 개념적 차이에 대해 기술하고 있다.

辯하고 以眞諦로 爲義無礙辯[323]이어니와 性宗則以一眞之性으로 爲法하고 空有等種種差別로 爲義하니 故로 經에 云無量義者는 從一法生[324]이라하며 華嚴十地에 亦云法者는 知自性하고 義者는 知生滅하며 法者는 知眞諦하고 義者는 知俗諦하며 法者는 知一乘하고 義者는 知諸乘[325]이라하야 如是十番을 釋法義二無礙義하시니라

二는 心性二名이 異者는 空宗은 一向에 目諸法本源하야 爲性하고 性宗은 多目諸法本源하야 爲心하니 目爲性者는 諸論에 多同이라 不必敍述이어니와 目爲心者는 勝鬘에 云自性淸淨心[326]이라하시며 起信에 云一切法이 從本已來로 離言說名字心緣等相하며 乃

---

323. 智論으로부터 以眞諦爲義無礙辯까지의 전거는 미주 제142항 참조.

324. 無量義者 從一法生은 『無量義經』(大正藏9, 385下)에 나온다.

325. 法者知自性으로부터 義者知諸乘까지는 『華嚴經(80권)』 제18권(大正藏10, 202下~203上)에서 요약 발췌하였다.

326. 自性淸淨心은 『勝鬘師子吼一乘大方便方廣經』 自性淸淨章(大正藏12, 222下)에 나온다.

至唯是一心[327]이라하시며 楞伽에 云堅實心[328]이라하시니 良由此宗의 所說本性은 不但空寂이라 而乃自然常知故로 應目爲心也니라

三은 性字二體가 異者는 空宗은 以諸法無性으로 爲性[329]이어니와 性宗은 以靈明常住不空之體로 爲性[330]하나니 故로 性字雖同이나 而其體는 異也니라

四는 眞智眞知가 異者는 空宗은 以分別로 爲知하고

---

327. 一切法으로부터 乃至唯是一心까지는 『大乘起信論』 제1권(大正藏32, 576上)에서 요약 발췌하였다. 전문은 미주 제125항 참조.

328. 堅實心은 나무의 심처럼 굳고 단단한 부처님의 마음을 말한다. 『楞伽阿跋多羅寶經』 「一切佛語心品」(大正藏16, 481下)에 나온다.

329. 以諸法無性爲性은 만법의 本性을 無自性·空性으로 본 것을 말한다. 종밀은 『圓覺經略疏』 상권에서 공종과 성종의 상위점으로서 性과 本性의 차이점을 열거하면서 性에 대해 설명한 곳에 "제법의 無性으로써 眞如를 삼는다[以諸法無性爲眞如]"라고 하였다. 즉 공종은 진공의 입장에서 性이라고 말한 것이다.

330. 空宗으로부터 以靈明常住不空之體爲性까지는 『圓覺經略疏鈔』 상권(卍續藏經15, 119上)의 설명을 참조하면 쉽게 이해된다. 종밀은 공종과 성종의 상위점을 '性'과 '本性'의 차이로 구분하고는, 性은 곧 無性으로서 모든 법에 자성이 없는 것을 진여로 여기는 것이고, 本性은 영원한 眞心을 진여로 여기는 것이라 하였다. 때문에 공종의 性은 '無性', 성종의 性은 '本性'이라고 불러야 할 것이다. 즉, 공종은 眞空의 입장에서 性이라 말했고, 성종은 眞空과 妙有의 입장에서 性이라고 말했다.

無分別로 爲智하니 智深知淺이어니와 性宗은 以能證聖理之妙慧로 爲智하고 以該於理智하며 通於凡聖之眞性으로 爲知하니 知通智局[331]이니라 上에 引問明品[332]하야 已自分別이온 況十迴向品에 說眞如云照明으로 爲性이라하시며 起信에 說眞如自體가 眞實識知[333]아

五는 我法有無가 異者는 空宗은 以有我로 爲妄하고 無我로 爲眞[334]이어니와 性宗은 以無我로 爲妄하고 有我로 爲眞[335]하나니 故로 涅槃經에 云無我者는 名爲生死요 有我者는 名爲如來[336]라하시며 又云我計無我하면 是顚倒

331. 知通智局은 靈知不昧한 一心으로서의 '知'는 범부와 성인에 모두 통하는 것이지만 성스러운 이치를 증득하는 '智'는 성인에게만 국한된다는 의미이다. '知'를 중시한 하택종의 입장이 엿보인다.

332. 上引問明品은 앞에서 거론한 『華嚴經(80권)』「菩薩問明品」을 말한다.

333. 眞如自體 眞實識知는 『大乘起信論』(大正藏32, 579上)에서 眞如自體相에 대한 설명의 일부를 발췌한 것이다. 전문은 미주 제145항 참조.

334. 無我爲眞은 5온으로 구성된 중생에게 영원불변한 주체가 있을 수 없음이 실상이라고 파악하는 것이다.

335. 性宗 以無我爲妄 有我爲眞은 空을 斷滅의 의미로 파악하는 오류를 극복하기 위해 제시된 것으로서 성종에서 주장하는 我는 외도들이 주장하는 고정불변의 我와는 다르다.

336. 無我者로부터 名爲如來까지는 『大般涅槃經』 제2권(大正藏12, 617中)에 나온다. 앞뒤

法이라하시며[337] 乃至廣破二乘無常無我之見호대 如春池에 執石爲寶[338]라하시며 廣讚常樂我淨[339]하사 而爲究竟하시며 乃至云無我法中에有眞我[340]라하시니라

良由衆生이 迷自眞我하고 妄執五蘊爲我故로 佛於大小乘法相과 及破相敎中에 破之云無어니와 今於性宗엔 直明實體故로 顯之云有라하시니라

六은 遮詮表詮[341]이 異者는 遮는 謂遣其所非요 表는

전문은 미주 제27항 참조.

337. 我計無我 是顚倒法 역시 『大般涅槃經』 제2권(大正藏12, 617上~中)에서 발췌한 내용이다. 전문은 미주 제90항 참조.

338. 如春池 執石爲寶 역시 『大般涅槃經』 제2권에서 발췌한 내용이다. 전문은 미주 제103항 참조.

339. 常樂我淨에 대해 『大般涅槃經』 제2권 「哀歎品」(大正藏12, 617上)에서 "나[我]란 부처의 뜻이고, 변함없음[常]이란 法身의 뜻이고, 즐거움[樂]이란 涅槃의 뜻이고, 청정함[淨]이란 法의 뜻이다"라고 하였다.

340. 無我法中有眞我는 『大般涅槃經』 제34권 「迦葉菩薩品」(大正藏12, 838上)에 나온다. 미주 제26항 참조.

341. 遮詮表詮에서 遮詮은 사물의 의미를 드러내거나 진리를 표현할 때 부정과 역설을 통해 접근하는 방법이고, 表詮은 사물의 의미를 드러내거나 진리를 표현할 때 긍정적으로 설명하는 방법이다. 華嚴宗에서는 遮詮을 遮情, 表詮을 表德이라 하였다. 차전과

謂顯其所是라 又遮者는 揀却諸餘요 表者는 直示當體[342]니 如諸經에 所說眞妙理性에 每云不生不滅이며 不垢不淨이며 無因無果며 無相無爲며 非凡非聖이며 非性非相等은 皆是遮詮이요

諸經論中에 每以非字로 非却諸法하니 動卽有三十五十箇非字也라 不字와 無字도 亦爾故로 云絶百非也니라

若云知見覺照와 靈鑑光明[343]과 朗朗昭昭와 惺惺寂寂等은 皆是表詮이니라 若無知見等體면 顯何法爲性이며 說何法不生不滅等이리오 必須認得見今了然而知가 卽是心性[344]코사 方說此知가 不生不滅等이라 如說鹽云不淡은 是遮요 云鹹은 是表며 說水云不

표전에 대한『宗鏡錄』의 설명은 미주 제147항 참조.

342. 當體는 절대적인 진리 그 자체를 말한다. 종밀은 靈知不昧한 一心을 당체라 하였다.

343. 靈鑑光明의 靈鑑은 靈覺과 동일한 의미로서 靈鑑光明은 본래 갖추고 있는 불성을 말한다. 즉 靈知不昧한 一心을 지칭한다.

344. 心性에 대해서는 미주 제80항 참조.

乾은 是遮요 云濕은 是表니라 諸敎에 每云絶百非[345]者는 皆是遮詞요 直顯一是가 方爲表語니라 空宗之言은 但是遮詮이요 性宗之言은 有遮有表라 但遮者는 未了어니와 兼表者라사 乃的이어늘 今時人은 皆謂遮言으로 爲深하고 表言으로 爲淺故로 唯重非心非佛無爲無相과 乃至一切不可得之言하나니 良由但以遮非之詞로 爲妙하고 不欲親自證認法體故로 如此也니라

七은 認名認體가 異者는 謂佛法世法이 一一皆有名體라 且如[346] 世間稱大가 不過四物하니 如智論에 云地水火風은 是四物名이요 堅濕暖動은 是四物體[347]라하시니라 今且說水호리라 設有人이 問호대 每聞호니 澄之卽淸

345. 絶百非는 모든 주장과 설명에 대한 부정을 말한다. 吉藏의 『三論玄義』에 "만약 열반을 논한다면 그 體는 百非를 끊었고 理는 四句를 초월했다"라는 표현이 있다.

346. 且如는 '가령, 이를테면, ~할 경우'의 뜻으로 只如와 동의어이다.

347. 地水火風으로부터 是四物體까지가 『大智度論』에 그대로 거론되고 있지는 않다. 『大智度論』 제31권(大正藏25, 293下)에서 일체법을 總相과 別相으로 구분하고는 별상을 설명하면서 "別相이란 地大는 堅相이고, 火大는 熱相이고, 水大는 濕相이고, 風大는 動相이다"라고 한 것을 종밀이 '相'을 '體'로 바꾸어 요약 발췌한 것으로 추측된다.

하고 混之卽濁하며 堰之卽止하고 決之卽流하야 而能漑灌萬物하고 洗滌萬穢라하니 此是何物고하면 擧功能義用而問之 答云是水라호리라 擧名答也 愚者는 認名하고 便謂已解어니와 智者는 應更問云何者가 是水오하면 徵其體也 答云濕卽是水라호리라

剋體指也라 此一言이 便定이요 更別無字可替也라 若云氷波凝流淸濁이 是水라하면 何異他所問之詞리오

佛法도 亦爾하야 設有人이 問호대 每聞호니 諸經에 云迷之卽垢하고 悟之卽淨하며 縱之卽凡하고 修之卽聖하야 能生世間出世間一切諸法이라하시니 此是何物고하면 擧功能義用而問也 答云是心이라호리라 擧名答之 愚者는 認名하고 便謂已識이어니와 智者는 應更問何者가 是心고하면 徵其體也 答知卽是心이라호리라

指其體也라 此言이 最的이요 餘字는 不如라 若云非性

非相이며 能語言運動等이 是心者라하면 何異他所問之詞也리오

以此而推컨댄 水之名體가 各唯一字요 餘皆義用이라 心之名體도 亦然하니라 濕之一字는 貫於淸濁等萬用萬義之中하고 知之一字도 亦貫於貪嗔慈忍善惡苦樂等萬用萬義之處니라

今時에 學禪人이 多疑云達摩는 但說心이어시늘 荷澤은 何以說知오하나니 如此疑者는 豈不似疑云比에 只聞井中有水러니 云何今日에 忽覺井中濕耶아 直須悟得水는 是名이요 不是水며 濕은 是水요 不是名하면 卽淸濁氷波凝流에 無義不通也리니 以例心은 是名이요 不是心이며 知는 是心이요 不是名하면 卽眞妄垢淨善惡에 無義不通也리라 空宗과 相宗은 爲對初學及淺機하야 恐隨言生執故로 但標名而遮其非하고 唯廣以義用으로 而引其意어니와 性宗은 對久學及上根하

야 令忘言認體故로 一言에 直示하시니

達摩云指一言하야 以直示라하야시늘[348] 後人은 意不解하야 尋思何言이 是一言고하니 若言卽心是佛이 是一言者인댄 此是四言이니 何名爲一言이리오

認得體已코사 方於體上에 照察義用故로 無不通矣니라

八은 二諦三諦가 異者는 空宗所說은 世出世間一切諸法이 不出二諦[349]하니 學者皆知라 不必引釋이어니와 性宗은 則攝一切性相과 及自體하야 總爲三諦호대 以緣起色等諸法으로 爲俗諦하고 緣無自性하야 諸法卽空으로 爲眞諦하고

此與空宗相宗二諦로 義無別也라

---

348. 指一言以直示는『寶林傳』達摩條에 나온다.

349. 二諦는 종교적·절대적 진리인 勝義諦(paramārtha-satya)와 세속적·상대적 진리인 世俗諦(saṃvṛti-satya)를 말한다. 이를 眞諦와 俗諦라고도 한다.

一眞心體가 非空非色이로대 能空能色으로 爲中道第一義諦라 其猶明鏡이 亦具三義하니 鏡中影像을 不得呼青爲黃하야 姸媸各別은 如俗諦요 影無自性하야 一一全空은 如眞諦요 其體常明하야 非空非青黃이로대 能空能青黃은 如第一義諦니 具如瓔珞大品本業[350]等經所說이라 故로 天台宗이 依此三諦하야 修三止三觀[351]하야 成就三德[352]也니라

九는 三性空有가 異者는 三者는 謂遍計所執性[353]과

---

350. 瓔珞大品本業은 『菩薩瓔珞經』·『大品般若經』·『菩薩瓔珞本業經』을 말한다. 『보살영락본업경』(大正藏24, 1018中)에서는 "불자여, 이른바 有諦와 無諦와 中道第一義諦가 바로 일체 모든 불보살님의 지혜의 어머니니라"라고 하였고, 『仁王般若經』(大正藏8, 829中)에서는 "三諦로써 모든 법을 다 포섭하나니 空諦와 色諦와 心諦이다. 그러므로 내가 연설하는 모든 법은 三諦에서 벗어나지 않느니라"라고 하였다.

351. 三止三觀에 대해서는 미주 제67 참조.

352. 三德은 大涅槃에서 갖추게 되는 法身德·般若德·解脫德의 3가지 德相을 말한다. 이 세 가지 덕은 一卽三, 三卽一의 관계로 因位에 있을 땐 三佛性이라고 하고, 果位에 있을 땐 三德이라고 칭한다.

353. 遍計所執性에 대해서는 미주 제41항 참조.

妄情으로 於我及一切法에 周遍計度하야 一一執爲實有함이 如癡孩가 鏡中에 見人面像하고 執爲有命質礙肉骨等이니라

依他起性[354]과

此所執法이 依他衆緣하야 相因而起하야 都無自性이요 唯是虛相이 如鏡中影也니라

圓成實性[355]이라

本覺眞心에 始覺이 顯現하야 圓滿成就하야 眞實常住가 如鏡之明也니라

空宗은 云諸經에 每說有者는 卽約遍計依他요 每說空者는 卽是圓成實性이니 三法이 皆無性也라하고

---

354. 依他起性에 대해서는 미주 제121항 참조.

355. 圓成實性에 대해서는 미주 제114항 참조.

性宗은 卽三法에 皆具空有之義하니[356] 謂遍計는 情有理無요 依他는 相有性無요 圓成은 則情無理有와 相無性有니라[357]

十은 佛德空有가 異者는 空宗은 說호대 佛이 以空으로 爲德하시니[358] 無有少法도 是名菩提며[359] 色見聲求가 皆行邪道라[360] 中論에 云非陰不離陰이며 此彼不相在라 如來不有陰이어니 何處有如來리오하며[361] 離一切相을 卽

---

356. 性宗 卽三法 皆具空有之義는 法藏의 독창적인 三性說을 가리킨 말이다. 법장은 『華嚴一乘敎義分齊章』 제4권(大正藏45, 499上)에서 三性의 같고 다른 의미를 밝히면서 眞如(圓成實性)에는 不變과 隨緣의 상반된 뜻이 있고, 依他起性에도 似有와 無自性의 뜻이 있으며, 遍計所執性도 妄情으로 볼 때는 있지만 이치로 볼 때는 없다는 상반된 측면이 있음을 설명하였다. 전문은 미주 제73항 참조.

357. 情無理有 相無性有에서 情無理有는 변계소집성을 情有理無라 한 것과 대비시킨 것이고, 相無性有는 의타기성을 相有性無라고 한 것과 대비시킨 것이다.

358. 空宗說 佛以空爲德의 전거는 미주 제4항 참조.

359. 無有少法 是名菩提는 『金剛般若波羅蜜經』에서 요약 발췌하였다. 전문은 미주 제29항 참조.

360. 色見聲求 皆行邪道 역시 "만약 色身으로 나를 보거나, 음성으로 나를 찾는다면, 이런 사람은 邪道를 하는 것이니, 끝내 여래를 볼 수 없느니라"고 한 『金剛般若波羅蜜經』(大正藏8, 752上)의 게송에서 발췌한 것이다.

361. 非陰不離陰으로부터 何處有如來까지는 『中觀論』 제4권(大正藏30, 29下)에 나오는 게

名諸佛이어니와 性宗은 則一切諸佛이 自體에 皆有常樂我淨[362]하사 十身十智와 眞實功德과 相好通光[363]이 一一無盡하사 性自本有라 不待機緣이라하시니라 十異歷然하야 二門[364]이 煥矣로다 雖分敎相이나 亦無滯情이니라 三敎三宗이 是一味法이니 故로 須先約三種佛敎하야 證三宗禪心然後에 禪敎를 雙忘하고 心佛이 俱寂이니 俱寂하면 卽念念皆佛이라 無一念而非佛心이요 雙忘하면 卽句句皆禪이라 無一句而非禪敎니라 如此則自然聞泯絶無寄之說하면 知是破我執情이요 聞息妄

송이다.

362. 離一切相 卽名諸佛은 『金剛般若波羅蜜經』(大正藏8, 754中)에서 발췌하였다.

363. 十身十智 眞實功德 相好通光에서 十身은 『華嚴經(80권)』「十地品」(大正藏10, 200上)에서 말한 衆生身·國土身·業報身·聲聞身·獨覺身·菩薩身·如來身·智身·法身·虛空身을 말한다. 十智는 『華嚴經(80권)』如來現相品(大正藏10, 271上~273上)에 비유와 함께 자세히 설명되어 있다. 종밀은 『圓覺經大疏鈔』 제2권(卍續藏經14, 514中)에서 이를 다시 간략히 요약하였는데, 그 전문은 미주 제87항 참조. 相好通光은 부처님의 덕상인 32相·80種好·10通·3光을 말한다. 十通에 대해서는 미주 제89항, 三光에 대해서는 미주 제63항 참조.

364. 二門은 空宗(密意破相顯性敎)과 性宗(顯示眞心卽性敎)을 가리킨다.

修心之言하면 知是斷我習氣니 執情破而眞性이 顯하면 卽泯絶이 是顯性之宗이요 習氣盡而佛道成하면 卽修心이 是成佛之行이라 頓漸空有가 旣無所乖어니 洪荷能秀[365]인들 豈不相契리오 若能如是通達則爲他人說이 無非妙方이요 聞他人說이 無非妙藥이니 藥之與病이 秖在執之與通이라 故로 先德이 云執則字字瘡疣[366]요 通則文文妙藥이라하시니 通者는 了三宗이 不相違也니라

問이라 前云佛說頓教漸教하시고 禪開頓門漸門이라하니 未審케라 三種教中에 何頓何漸고

答이라 法義深淺은 已備盡於三種이어니와 但以世尊設教儀式이 不同하시니 有稱理頓說[367]하며 有隨機漸說일새 故로 復名頓教漸教언정 非三教外에 別有頓漸이

365. 洪荷能秀는 洪州宗·荷澤宗·慧能의 南宗·神秀의 北宗을 가리킨다.

366. 瘡疣는 부스럼과 혹이니, 열반과 해탈을 장애하는 번뇌를 비유한 말이다.

367. 稱理頓說의 稱理는 '법계의 진실한 성품에 稱合한다'는 뜻으로 稱性·稱法界라고도 한다.

니라 漸者는 爲中下根이 卽時未能信悟圓妙理者하사 且說前人天小乘과 乃至法相上皆第一教也 破相하야第二教也 待其根機成熟코사 方爲說於了義하시니 卽法華涅槃經等이 是也니라

此와 及下의 逐機頓教가 合爲第三教也요 其化儀頓은 卽總攝三般하니라 西域과 此方에 古今諸德의 所判教爲三時五時者[368]는 但是漸教一類요 不攝華嚴等經이니라

頓者가 復二니 一은 逐機頓이요 二는 化儀頓이라 逐機頓者는 遇凡夫上根利智하야 直示眞法커든 聞卽頓

368. 三時五時에서 三時教判의 대표적인 예는 법상종의 교판이다. 법상종은 부처님의 가르침을 그 시간적 순서에 따라, 첫째 모든 법의 존재를 설명한 『阿含經』 등을 설한 有教의 시기, 둘째 空을 설명한 『般若經』 등을 설한 空教의 시기, 셋째 唯識中道를 설명한 『解深密經』 등을 설한 中道教의 시기로 분류하였다. 五時教判은 南北朝 시대부터 많은 학자들에 의해 설해진 교판으로서, 그 대표적인 예는 天台智顗의 五時八教說이다. 그러나 천태의 五時教判에는 화엄을 설한 시기가 있으므로 종밀이 여기에서 지칭하는 五時說家에는 포함되지 않는다. 그 밖에 대표적인 五時說家로는 涅槃宗의 慧觀, 劉虬 등이 있다.

悟하야 全同佛果니 如華嚴中初發心時에 卽得阿耨菩提[369]와 圓覺中觀行에 卽成佛道[370]니라 然이나 始同前二教[371]中行門하야 漸除凡習하면 漸顯聖德이 如風이 激動大海에 不能現像이라가 風若頓息하면 則波浪이 漸停하고 影像이 顯也니

風은 喩迷情하고 海는 喩心性하고 波는 喩煩惱하고 影은 喩功用하니 起信論中에 一一配合하니라

---

369. 如華嚴中初發心時 卽得阿耨菩提는 『華嚴經(80권)』 제17권(大正藏10, 89上)에서 "처음 발심하는 즉시에 아뇩다라삼먁삼보리를 얻어 모든 존재가 곧 마음의 성품임을 알고, 지혜의 몸을 성취하기 때문에 다른 이를 통해서 깨달을 필요가 없다"라고 한 것을 가리킨다.
370. 觀行 卽成佛道는 『圓覺經』 文殊章의 覺遍十方界 卽得成佛道와 普眼章의 始知衆生 本來成佛과 普覺章의 卽得成就 阿耨多羅三藐三菩提 등을 가리킨다. 『원각경』에서 3종의 觀法과 25종의 修行을 설명한 부분의 뜻을 취하여 인용한 것으로도 볼 수 있다. 『원각경』(大正藏17, 918中)에 "이른바 奢摩他와 三摩提와 禪那이고, 이 세 가지 법을 頓과 漸으로 닦는 데에 스물다섯 가지가 있다. 시방의 모든 여래와 삼세의 수행자 중에 이 세 가지 법을 기인하지 않고 보리를 이룰 수 있는 자는 없다"라고 한 내용이 있다.
371. 二教는 密意依性說相教과 密意破相顯性教를 가리킨다.

卽華嚴一分과 及圓覺佛頂密嚴勝鬘如來藏之類二十餘部經이 是也라 遇機卽說하사 不定初後니 與禪門第三直顯心性宗으로 全相同也니라 二는 化儀頓者는 謂佛이 初成道하사 爲宿世緣熟上根之流하야 一時에 頓說性相事理[372]와 衆生萬惑과 菩薩萬行과 賢聖地位와 諸佛萬德하시니 因該果海[373]라 初心에 卽得菩提요 果徹因源이라 位滿에 猶稱菩薩이니 此唯華嚴一經과 及十地一論[374]이 名爲頓敎요 餘皆不備니라

前敍에 外難云頓悟成佛이 是違經者라할새 余今於此에 通了也니라

---

372. 性相事理에서 性은 眞如性, 相은 만법의 현상, 理는 절대적이고 평등한 본체, 事는 갖가지 차별적인 현상계를 말한다.

373. 因該果海에서 因은 衆生位, 果는 佛果位이다.

374. 十地一論은 世親이 『十地經』을 주석한 『十地經論』을 가리킨다. 佛陀扇多와 勒那摩提가 함께 번역하였다. 『십지경론』에 의거해 地論宗이 성립되었다가 뒤에 華嚴宗에 흡수되었다.

其中所說은 諸法이 是全一心之諸法이요 一心이 是全諸法之一心이라 性相이 圓融하고 一多自在故로 諸佛與衆生이 交徹하고 淨土與穢土가 融通하야 法法이 皆彼此互收하며 塵塵이 悉包含世界하야 相入相卽[375]하며 無礙鎔融하야 具十玄門[376]하야 重重無盡을 名爲無障礙法界[377]니라 此上頓漸은 皆就佛하야 約敎而說이어니와 若就機하야 約悟修說者인댄 意又不同하니 如前所敍하야 諸家에 有云先因漸修功成하야 而豁然頓悟라하며

如伐木에 片片漸斫이라가 一時頓倒하며 亦如遠詣都

375. 相入相卽은 화엄의 法界緣起의 이치를 보여주는 대표적인 개념 중 하나이다. 하나하나의 존재가 다른 모든 존재와 일치하고[卽] 다른 모든 법 속에 서로 투영되어 있는[入] 重重無盡한 관계를 말한다.

376. 十玄門은 法界緣起의 심오한 이치를 설명하는 열 가지 방법으로서 화엄사상의 대표적 교의이다. 智儼이 『一乘十玄門』에서 최초로 설하고 法藏이 『華嚴五敎章』에서 계승한 것을 古十玄이라 하며, 法藏이 이것을 다시 『探玄記』에서 새로운 방식으로 설하고 澄觀과 宗密이 계승한 것을 新十玄이라 한다. 十玄門의 명칭은 미주 제89항 참조.

377. 無障礙法界는 화엄종에서 설하는 최고의 진리로서 理와 事가 융합되어 장애하는 일이 없는 세계를 말한다.

城에 步步漸行이라가 一日頓到也라

有云因頓修而漸悟라하며

如人이 學射에 頓者는 箭箭直注하야 意在於的이요 漸者는 久久라사 方始漸親漸中이니 此는 說運心頓修요 不言功行頓畢也니라

有云漸修漸悟

如登九層之臺에 足履漸高하면 所見이 漸遠이라 故로 有人이 詩云欲窮千里目하야 更上一重樓也[378]라하니라

等者는 皆說證悟也요 有云先須頓悟코사 方可漸修者는 此約解言[379] 也니

378. 欲窮千里目 更上一重樓는 王之渙이 지은 登鸛雀樓의 일부이다. 『唐詩選』에 기록되어 있다. 이 시의 작자를 『國秀集』에서는 朱斌이라 했고, 『墨客揮犀』·『夢溪筆談』에서는 王文奐이라 했다. 登鸛雀樓 전문은 미주 제18항 참조.

379. 解言이 龍興寺本과 金陵刻經處本에는 '解悟'로 되어 있다. 解悟는 차후에 수행을 필요

約斷障說인댄 如日頓出에 霜露漸消요 約成德說인댄 如孩子生에 卽頓具四肢六根이나 長卽漸成志氣功用也니라

故로 華嚴에 說初發心時에 卽成正覺[380] 然後에 三賢十聖[381]을 次第修證이라하시니 若未悟而修는 非眞修也니라

良以非眞流之行이면 無以稱眞이니 何有修眞之行이 不從眞起리오 故로 彼經에 說若未聞此法이면 多劫에 修六度萬行이라도 竟不證眞也라하시니라

有云頓悟頓修者는 此說上上智니 根性根勝故悟 樂欲이欲勝故修 俱勝하야 一聞千悟하야 得大總持[382]하야 一念不生

로 하는 깨달음을 말한다.

380. 初發心時 卽成正覺은 『華嚴經(60권)』 제8권 「梵行品」(大正藏8, 449下)의 '初發心時便成正覺'에 의거한 것이다.

381. 三賢十聖이란 賢位인 10住 · 10行 · 10廻向과 聖位인 10地를 말한다.

382. 大總持(dhāraṇī)는 가르침을 호지하는 능력을 말한다. 모든 법을 다 포함하는 하나의 법, 모든 문장을 다 포함하는 하나의 문장, 모든 뜻을 다 포함하는 하나의 뜻을 잘 기

하고 前後際斷이니

斷障은 如斬一緉絲에 萬條頓斷하고 修德은 如染一緉絲에 萬條頓色이니 荷澤이 云見無念體하야 不逐物生[383]이라하며 又云一念이 與本性相應하면 八萬波羅密行을 一時齊用也라하시니라

此人三業은 唯獨自明了라 餘人所不及이니라

金剛三昧에 云空心不動하면 具波羅密[384]이라하시며 法華에 說父母所生眼으로 徹見三千界[385]等也라하시니라

且就事跡而言之인댄 如牛頭融[386]大師之類也라 此

억해 지녀서 한량이 없는 법과 문장과 뜻을 잃어버리지 않고 잘 보존하게 되는 것을 말한다. 이타행을 하며 대중을 교화하는 보살은 반드시 陀羅尼를 얻어야 한다.

383. 見無念體 不逐物生은 『景德傳燈錄』 제28권(大正藏51, 439下)에도 나온다.

384. 空心不動 具波羅密은 『金剛三昧經』 「無相法品」(大正藏9, 367上)에 나온다.

385. 父母所生眼 徹見三千界는 『法華經』 제6권 法師功德品(大正藏9, 47下)에 "부모님이 주신 청정한 육안으로 삼천대천세계를 본다"라고 한 것에서 뜻을 취해 인용한 것이다.

386. 牛頭融은 牛頭法融을 가리킨다. 미주 제110항 참조.

門에 有二義하니 若因悟而修는 即是解悟요 若因修而悟는 即是證悟라 然이나 上은 皆秖約今生而論이어니와 若遠推宿世인댄 則唯漸無頓이니 今見頓者는 已是多生에 漸熏而發現也니라 有云法無頓漸이요 頓漸이 在機者는 誠哉라 此理는 固不在言이로다 本秖論機[387]어니 誰言法體리오 頓漸義意가 有此多門하야 門門이 有意하니 非强生穿鑿이온 況楞伽에 四漸四頓[388]가 義與漸修頓悟相類也 此猶不敢繁云하노라 比見時輩論者호니 但有頓漸之言하고 都不分析 就教에 有化儀之頓漸과 應機之頓漸이며 就人에 有教授方便之頓漸과 根性悟入之頓漸과 發意修行之頓漸이로다 於中에 唯云先頓悟

387. 有云法無頓漸 頓漸在機는『六祖壇經』(大正藏48, 353上)에 나오는 말이다.

388. 楞伽 四漸四頓은『楞伽阿跋多羅寶經』제1권「一切佛語心品」(大正藏16, 485下~486上)과『大乘入楞伽經』제2권「集一切法品」(大正藏16, 596上~中)에 나오는 내용이다. 암라열매가 익고, 도공이 그릇을 만들고, 대지에서 초목이 자라고, 글씨와 그림 등 갖가지 기예를 익히는 네 가지 비유로 漸法을 설명하고, 밝은 거울에 온갖 사물이 한꺼번에 비치고, 밝은 해와 달이 온 세상을 한꺼번에 밝히며, 藏識이 한꺼번에 중생과 그 국토를 나타내고, 법신불이 보신불 · 화신불을 단박에 나타내 그 광명이 밝게 비추는 네 가지 비유로 頓法을 설명하였다.

後漸修가 似違反也나 欲絶疑者인댄 豈不見가 日光이 頓出호대 霜露는 漸消하고 孩子가 頓生호대 四肢六根卽具 志氣는 漸立하고

肌膚八物業藝가 皆漸漸成也라

猛風이 頓息호대 波浪은 漸停하고 訴良[389]이 頓成호대 禮樂은 漸學이니라

如高貴子孫이 少小時亂하야 沒落爲奴에 生來에 自不知貴라가 時淸에 父母論得하야 當日에 全身이 是貴人이나 而行迹去就는 不可頓改일새 故須漸學也니라

是知頓漸之義가 其爲要矣로다

然이나 此文本意는 雖但敘禪詮이나 緣達摩一宗은 是佛法通體요 諸家所述이 又各不同일새 今集爲

---

389. 訴良은 본래 문벌이 높았던 귀족의 자손이 자기도 모르게 천민이 된 경우를 말한다. 또 訴良에는 양민임을 호소한다는 의미도 있다.

一藏하야 都成理事具足하며 至於悟解修證門戶에도 亦始終周圓故로 所敍之를 須備盡其意하야 令血脉連續하며 本末有序케하노니 欲見本末倫序인댄 先須推窮此上三種의 頓說漸說과 教中所論之法은 本從何來며 見在何處오하며 又須仰觀諸佛說此教意가 本爲何事오하면 卽一大藏經始終本末을 一時洞然明了也리라 且推窮教法이 從何來者는 本從世尊一眞心體流出하사 展轉至於當時人之耳와 今時人之目이요 其所說義도 亦秪是凡聖所依一眞心體가 隨緣流出하야 展轉遍一切處하며 遍一切衆生身心之中이니 但各於自心에 靜念하야 如理思惟하면 卽如是如是而顯現也리라

華嚴에 云如是如是思惟하면 如是如是顯現也라하시니라[390]

---

390. 如是如是思惟 如是如是顯現이 『華嚴經』에 그대로 나오진 않는다. 비슷한 것으로 『華嚴經(80권)』 제52권 「如來出現品」(大正藏10, 273下)에 "그렇게 사유하고 분별함에 따라서 그렇게 한량없이 나타나지만 시방세계 그 어디에도 온 곳이 없다"고 한 것이 있

次觀佛說經本意者인댄 世尊이 自云하사대 我本意는 唯爲一大事因緣故로 出現於世니 一大事者는 欲令衆生으로 開佛知見하며 乃至入佛知見道라 故로 諸有所作이 常爲一事하야 唯以佛之知見으로 示悟衆生이요 云云 無有餘乘의 若二若三이라 三世十方諸佛도 法亦如是하야 雖以無量無數方便과 種種因緣譬喩言詞로 而爲衆生하야 演說諸法하시나 是法이 皆爲一佛乘故[391]라 故로 我於菩提樹下에 初成正覺하야 普見一切衆生이 皆成正覺하며 乃至普見一切衆生이 皆般涅槃하며

華嚴妙嚴品에 云佛이 在摩竭提國菩提場中하사 始成正覺하시니 其地堅固하야 金剛所成이요 其菩提樹가

다.

391. 我本意로부터 皆爲一佛乘故까지는『妙法蓮華經』「方便品」(大正藏9, 7上~中)에서 요약 발췌하였다. 전문은 미주 제94항 참조.

高廣嚴顯[392]이라하시며 出現品에 云如來成正覺時에 普見衆生等[393]이라하시니 一一如文하니라

普見一切衆生貪恚痴諸煩惱中에 有如來身智하야 常無染汚하야 德相備足[394]이라 如來藏經文也 無一衆生도 而不具有如來智慧언마는 但以妄想執着으로 而不證得[395]하니 我欲教以聖道하야 令其永離妄想하고 於自身中에 得見如來廣大智慧하야 如我無異[396]케호리라하고

---

392. 佛在摩竭提國으로부터 高廣嚴顯까지는 『華嚴經(80권)』 「世主妙嚴品」(大正藏10, 1中~下)에서 요약 발췌하였다. 전문은 미주 제52항 참조.

393. 如來成正覺時 普見衆生等은 『華嚴經(80권)』 「如來出現品」(大正藏10, 275上)에 "불자여, 여래가 정각을 이루었을 적에 그 몸에서 모든 중생이 정각을 이루고 있는 것을 두루 보았고, 나아가 모든 중생이 열반에 들어있으며 모두 동일한 성품인 것을 두루 보았다"라고 한 것을 요약 발췌하였다.

394. 普見一切衆生으로부터 德相備足까지는 『大方等如來藏經』(大正藏16, 457中~下)의 내용과도 유사하다. 미주 제42항 참조.

395. 無一衆生으로부터 而不證得까지는 『華嚴經(80권)』(大正藏10, 272下)에서 인용하였다.

396. 我欲教以聖道로부터 如我無異까지의 전거로 『華嚴經(80권)』 「如來出現品」에 "我當教以聖道 令其永離妄想執著 自於身中 得見如來廣大智慧 與佛無異(大正藏10, 272下~273上)"라고 한 것이 있다.

華嚴出現品文也라 唯改當字하야 爲欲字는 令順語勢라 法華에 亦云我本立誓願은 欲令一切衆으로 如我等無異也[397]라하니라

遂爲此等衆生하야 於菩提場에 稱於大方廣法界하야 敷演萬行因華하야 以嚴本性하야 令成萬德佛果케호니 其有往劫에 與我同種善根하야 曾得我於劫海中에 以四攝法으로 而攝受者[398]는 亦妙嚴品文也 始見我身하고 頻伸三昧盧舍那身 聞我所說하야 說上華嚴 卽皆信受하야 入如來慧하며 乃至逝多林[399]에 我入師子嚬呻三昧[400]호니 大衆이 皆證法界호대 除先修習學小乘者와

397. 我本立誓願으로부터 如我等無異까지는 『法華經』「方便品」(大正藏9, 8中)에서 인용하였다.

398. 其有往劫으로부터 而攝受者까지는 『華嚴經(80권)』「世主妙嚴品」(大正藏10, 5中~下)에 나오는 내용이다.

399. 逝多林(jetavana)은 祇陀林・祇洹林이라고도 한다. jeta태자가 소유했던 숲이므로 逝多林이라 한다. 須達(給孤獨)장자가 이 숲을 사서 정사를 지어 부처님께 바쳤으니 이를 祇園精舍 혹은 給孤獨園이라 한다.

400. 師子嚬呻三昧에 대해서는 미주 제59항 참조.

佛在法華會하사 說昔在華嚴會中인 五百聲聞이 如聾若盲하야 不見佛境界하며 不聞圓融法이 是也라 次云하사대 我今에 亦令得聞此經하고 入於佛慧라하시니 即直至四十年後法華會中하사 皆得授記가 是也니라

及溺貪愛之水等也니라

亦出現品에 云如來智慧가 惟於二處[401]에 不能爲作生長利益이니 所謂二乘이 墮於無爲廣大深坑과 及壞善根非器衆生이 溺大邪見貪愛之水라 然이나 亦於彼에 曾無厭捨라하시니라 釋曰即華嚴에 所說學小乘者가 法華會中에 還得授記하며 及不在此會한이도 亦展轉令與授記라하시니 是此云不厭捨也니라

如是衆生은 諸根이 闇鈍하고 着樂癡所盲이라 難可

401. 如來智慧 惟於二處가 『華嚴經(80권)』 「如來出現品」(大正藏10, 272中)에는 "如來智慧 大藥王樹 唯於二處"로 되어 있다.

度脫일새 我於三七日에 思惟如是事호대 我若但爲讚於佛乘이면 彼卽沒在苦며 毁謗不信故로 疾入於惡道요 若以小乘化하야 乃至於一人하면 我卽墮慳貪이라 此事爲不可로다하야 進退難爲라가 遂尋念過去佛의 所行方便力하고 方知過去諸佛도 皆以小乘으로 引誘然後에 令入究竟一乘하시니 故로 我今所得道도 亦應說三乘이라하야 我如是思惟時에 十方佛이 皆現하사 梵音으로 慰喩我하사대 善哉라 釋迦文第一之道師여 得是無上法하고 隨一切諸佛하야 而用方便力[402]이로다하야시늘 我聞慰喩音하고 隨順諸佛意故로 方始往波羅奈國[403]하야 轉四諦法輪하야 度憍陳如等五人[404]

402. 我於三七日로부터 而用方便力까지는 『法華經』 「方便品」(大正藏9, 9下, 142中~下)에서 뜻을 취하여 발췌한 것이다. 미주 제96항 참조.

403. 波羅奈國에 대해서는 미주 제32항 참조.

404. 憍陳如等五人은 부처님께서 녹야원에서 최초로 제도한 다섯 비구를 말한다. 경마다 이름이 다른데 『最勝王經』의 설에 의거하면 阿若憍陳如・婆提利迦・摩訶那摩・波濕波・阿說恃多阿鞞이다. 의역하면 初知・已知・了教・了本際・知本際이다.

하고 漸漸諸處에 乃至千萬하며 如羊車也 亦爲求緣覺者하야 說十二因緣하며 如鹿車也 亦爲求大乘者하야 說六波羅密하며

如牛車也라 此上은 皆當第一密意依性說相教라 此上三車[405]는 皆是宅中에 指云在門外者니 以喩權教三乘이라 云云

中間에 爲說甚深般若波羅密하야 陶汰如上聲聞하고 進趣諸小菩薩하며

此當第二密意破相顯性教也라

漸漸見其根熟하고 遂於靈鷲山에 開示如來知見하야 普皆與授阿耨多羅三藐三菩提記하야

405. 羊車를 비롯한 鹿車・牛車・白牛車는『法華經』「譬喩品」(大正藏9, 12下)에 나오는 말들로서 聲聞・緣覺・菩薩의 三乘과 一乘을 비유한 말이다.

究竟一乘이니 如四衢道中에 白牛車也라 權敎牛車大乘이 與實敎白牛車一乘으로 不同者는 三十餘本經論에 俱有明文也니라

顯示三乘의 法身이 平等하사 入一乘道하며 乃至我臨欲滅度하야 在拘尸羅城娑羅雙樹間하사 作大獅子吼하야 顯常住法하야 決定說言一切衆生이 皆有佛性[406]하니 凡是有心한이는 定當作佛이라 究竟涅槃常樂我淨이라하야 皆令安住秘密藏中케호니

法華에 且收三乘하시고 至涅槃經하야 方普收六道하시니 會權入實이 須漸次故也라

卽與華嚴海會獅子頻伸에 大衆이 頓證으로 無有別異하니라

406. 一切衆生 皆有佛性은『涅槃經』의 주된 사상 중 하나이다.『열반경』제25권(大正藏12, 522下)에 "일체 중생 모두에게 불성이 있고 여래는 상주하며 변함이 없다"라고 하였다.

法華涅槃은 是漸教中之終極이라 與華嚴等頓教로 深淺이 無異하니 都爲第三顯示眞心卽性教也라

我旣所應度者는 當已度訖하고 未得度者도 已爲作得度因緣故로 於雙樹間에 入大寂滅定하야 返本還源하야 與十方三世一切諸佛로 常住法界하야 常寂常照也라하시니라 評曰上來三紙[407]는 全是於諸經中에 錄佛自言也어니와 但以抄錄之故로 不免於連續綴合之處에 或加減改換三字兩字而已니라

唯敍華嚴處一行半[408]은 是以經으로 顯佛意요 非佛本語也라

便請하노니 將佛此自述本意하야 判前三種教宗하면

407. 三紙는 앞의 次觀佛 說經本意者로부터 常住法界 常寂常照也까지를 말한다.

408. 一行半은 "遂爲此等衆生 於菩提場 稱大方廣法界 敷演萬行因華 以嚴本性 令成萬德佛果"를 가리키는 듯하다.

豈得言權實一般[409]이며 豈得言始終二法[410]이리오 禪宗을 例教하면 誰謂不然이리오 切欲和會는 良由此也라 誰聞此說하고 而不除疑리오 若猶執迷則吾不復也니라

然이나 上所引佛이 自云見衆生이 皆成正覺[411]이라하시며 又云根鈍癡盲[412]이라하시니 語似相違라 便欲於其次에 通釋이나 恐間雜佛語면 文相反加일까하야 今於此後에 方始全依上代祖師馬鳴菩薩[413]이 具明衆生心迷悟本末始終하야 悉令顯現케호리니 自然見全佛之衆生이 擾擾生死하고 全衆生之佛이 寂寂涅槃하며 全頓

409. 豈得言權實一般이라 한 까닭은 권교와 실교에 얕고 깊은 차이가 있기 때문이다.

410. 豈得言始終二法이라 한 까닭은 갖가지 방편설을 베푸셨으나 일불승에서 벗어나지 않기 때문이다.

411. 佛自云 見衆生皆成正覺은 『華嚴經(80권)』「如來出現品」(大正藏10, 275上)에서 요약 발췌하였다.

412. 根鈍癡盲은 『法華經』 제1권「方便品」(大正藏9, 9下)에서 인용하였다. "저 중생들, 모든 根이 무디고 즐겨 집착하는 어리석음에 눈멀어 있으니 이와 같은 무리들을 어떻게 하면 제도할 수 있을까"라고 하였다.

413. 馬鳴菩薩에 대해서는 미주 제19항 참조. 이하에서 마명보살이 저술한 『大乘起信論』에 따라 설명하였다. 『都序』의 『起信論』 인용문은 주로 眞諦譯과 일치하고 實叉難陀譯과는 일치하지 않는다.

悟之習氣가 念念攀緣[414]하고 全習氣之頓悟가 心心覺照하야 卽於佛語相違之處에 自見無所違也리라 謂六道凡夫와 三乘賢聖의 根本은 悉是靈明淸淨一法界心[415]이라 性覺[416]寶光이 各各圓滿하야 本不名諸佛이며 亦不名衆生이언마는 但以此心이 靈妙自在하야 不守自性[417]故로 隨迷悟之緣하야 造業受苦일새 遂名衆生이요 修道證眞일새 遂名諸佛이니라 又雖隨緣이나 而不失自性故로 常非虛妄이며 常無變異하야 不可破壞요 唯是一心일새 遂名眞如[418]니라 故로 此一心이

---

414. 攀緣은 攀取緣慮의 의미로서 마음이 대상에 집착을 일으키고 선악 등의 분별을 일으키는 작용을 말한다.

415. 一法界心은 온갖 대립을 초월한 절대적인 마음이다. 『起信論』(大正藏32, 576上)에 "心眞如란 곧 一法界의 大總相이며 法門의 本體이다"라고 하였다.

416. 性覺은 『起信論』의 本覺에 해당하는 말이다. 『起信論』(大正藏32, 576中)에 "이른바 覺의 뜻이란 心體에 망념을 여읜 것이니, 망념을 여읜 모습은 허공계처럼 두루하지 않은 곳이 없고, 법계처럼 한 모양이니, 바로 여래의 평등한 법신이다. 그러므로 이 법신에 의지하여 本覺이라 한다"라고 하였다.

417. 不守自性은 眞如隨緣을 말한다.

418. 常無變異 不可破壞 唯是一心 遂名眞如가 『起信論』(大正藏32, 576上)에는 "無有變異不可破壞 唯是一心 故名眞如"로 되어 있다.

常具二門[419]하야 未曾暫闕이나 但隨緣門中에 凡聖이 無定이니 謂本來未曾覺悟故로 說煩惱無始요 若修證하면 卽煩惱斷盡故로 說有終이어니와 然이나 實無別始覺[420]이며 亦無不覺[421]이니 畢竟平等故라 此一心에 法爾有眞妄二義하고 二義에 復各二義[422]故로 常具眞如生滅二門하니라 各二義者는 眞有不變隨緣二義하고 妄有體空成事二義라 謂由眞不變故로 妄體本空하야 爲眞如門[423]이요 由眞隨緣故로 妄識이 成

419. 二門은 心眞如門과 心生滅門이다.

420. 始覺은 수행의 결과로 얻는 깨달음을 말한다.

421. 不覺은 자성이 본래 청정하다는 것을 모르는 범부의 마음을 말한다.

422. 復各二義는 法藏의 『起信論義記』에 의거한 것이다. 『起信論義記』(大正藏44, 255下)에 "진여에 두 가지 뜻이 있으니, 첫째는 不變의 뜻이고, 둘째는 隨緣의 뜻이다. 무명에도 두 가지 뜻이 있으니, 첫째는 실체가 없어 공하다는 뜻이고, 둘째는 작용이 있어 현상을 이룬다는 뜻이다. 이 眞과 妄에서 각각 앞의 뜻에 따라 眞如門이 성립되고 각각 뒤의 뜻에 따라 生滅門이 성립된다"라고 하였다. 이를 도식화하면 다음과 같다.

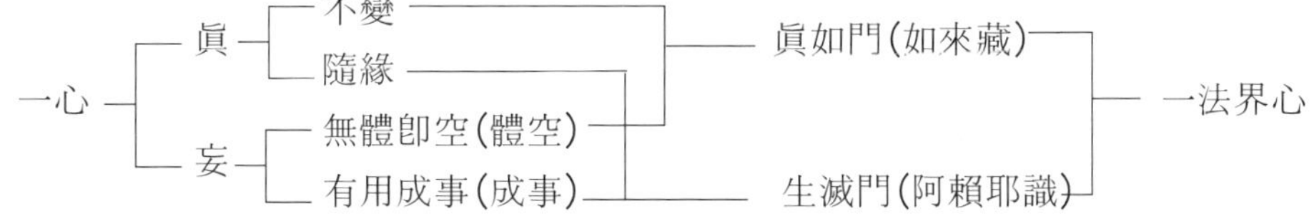

423. 眞如門은 『起信論』에서 설한 一心 二門의 하나로서 如來藏心의 體를 말한다.

事하야 爲生滅門[424]이니라 以生滅이 卽眞如故로 諸經에 說無佛無衆生이라 本來涅槃하야 常寂滅相이라하시며 又以眞如가 卽生滅故로 經에 云法身이 流轉五道[425]일새 名曰衆生[426]이라하시니라 旣知迷悟凡聖이 在生滅門하니 今於此門에 具彰凡聖二相호리라 卽眞妄이 和合[427]하야 非一非異를 名阿梨耶識이라 此識이 在凡하야 本來常有覺與不覺二義하니 覺은 是三乘賢聖之本이요 不覺은 是六道凡夫之本이라 今且示凡夫本末호리라 總有十重하니

---

424. 生滅門은 『起信論』에서 설한 一心 二門의 하나로서 如來藏心의 相을 말한다. 무명이 진여를 훈습하여 染法이 생기고, 진여가 무명을 훈습하여 淨法을 일으키는 것이다.

425. 五道는 유정들이 윤회하는 세계를 통칭하는 말로 六道와 같은 의미이다.

426. 法身 流轉五道 名曰衆生은 『法身經』에 나오는 경문이라는 설도 있고(『五敎章復古記』), 『不增不減經』(大正藏16, 467中)에 "사리불이여, 바로 이 법신이 항하의 모래알보다 많은 끝없는 번뇌에 얽혀 시작을 알 수 없는 옛적부터 이 세간 저 세간으로 물결에 떠밀려 오가며 태어나고 죽고 하나니, 이를 중생이라 한다"라고 한 것을 뜻을 취해 인용했다는 설(『五敎章指事』)도 있다.

427. 眞妄和合을 아뢰야식의 성격으로 본 것은 地論宗의 南道派와 攝論宗 등이다. 法相宗에서는 妄識, 地論宗의 北道派에서는 淨識으로 보았다. 자세한 내용은 淨影寺 慧遠의 『大乘義章』 제3권 八識義(大正藏44, 524下~525下)를 참조.

今每重에 以夢喩로 側脚注하야 一一合之호리라

一은 謂一切衆生이 皆有本覺眞心[428]이요

如一富貴人이 端正多智하야 自在宅中也라

二는 未遇善友開示하야 法爾本來不覺[429]이요

如宅中人이 睡自不知也라 論에 云依本覺故로 而有不覺也라하시니라

三은 不覺故로 法爾念起[430]요

如睡에 法爾有夢이라 論에 云依不覺故로 生三種相이라하시니 此是初一也라

---

428. 本覺眞心은 自性淸淨心을 말한다.

429. 本來不覺은 根本無明으로서 根本不覺心에 의해 三細六麤가 차례로 발생한다.

430. 念起는 無明業相을 말한다. 業에는 '동작'과 '원인'의 두 가지 뜻이 있으니, 不覺의 결과인 동시에 다음 苦果의 원인이 된다.

四는 念起故로 有能見相[431]이요

如夢中之想也라

五는 以有見故로 根身世界妄現[432]이요

夢中에 別見有身이 在他鄕貧苦하며 及見種種好惡事境이라

六은 不知此等이 從自念起하고 執爲定有하니 名爲法執[433]이요

正夢時에 法爾必執夢中所見之物하야 爲實物也라

七은 執法定故로 便見自他之殊니 名爲我執[434]이요

---

431. 能見相은 轉相으로서 無明業相이 전변하여 인식작용의 주체가 형성되는 것이다.

432. 妄現은 現相으로서 境界相 또는 所現相이라고도 한다. 인식의 주체인 能見相(轉相)에 이끌려 인식의 대상이 허망하게 나타나는 것을 말한다. 이상의 業相·轉相·現相을 三細라 한다.

433. 法執에는 智相·相續相이 해당된다.

夢時에 必認他鄉貧苦身하야 爲己本身也라

八은 執此四大하야 爲我身故로 法爾貪愛順情諸境하야 欲以潤我하고 嗔嫌違情諸境하야 恐損惱我하야 愚癡之情으로 種種計較[435]요

此是三毒이니 如夢在他鄉하야 所見違順等事에도 亦貪嗔也라

九는 由此故로 造善惡等業[436]이요

夢中에 或偸奪打罵하며 或行恩布德也라

十은 業成難逃가 如影響이 應於形聲故로 受六道業繫苦相[437]하니라

---

434. 我執에는 執取相이 해당된다.
435. 計較에는 計名字相이 해당된다.
436. 造善惡等業은 造業相으로서 起業相이라고도 한다.
437. 受六道業繫苦相(受報相)까지의 十重生起次第를 『起信論』에서는 九相次第로 설명하였다.

如夢에 因偸奪打罵하야 被捉枷禁決罰[438]하며 或因行恩得報하야 擧薦拜官署職也라

此上十重生起次第가 血脉이 連接하고 行相이 甚明하니 但約理觀心而推照하면 卽歷然可見이리라 次辨悟後修證이 還有十重호리니 飜妄卽眞이라 無別法故니라 然이나 迷悟義別하고 順逆이 次殊[439]하니 前是迷眞逐妄이라 從微細順次生起하야 展轉至麤요 此是悟妄歸眞이라 從麤重逆次斷除하야 展轉至細니 以能飜之智는 自淺之深이니 麤障은 易遣이라 淺智로도 卽能飜故요 細惑은 難除라 深智라야 方能斷故라 故로 此十[440]이 從後逆次

438. 捉枷禁決罰에서 枷는 중죄인에게 씌우는 刑具인 칼을 말하고, 禁은 감옥에 넣어 자유로운 행동을 금지하는 것, 決은 살육하는 것, 罰은 刑法에 따라 처벌하는 것이다.

439. 順逆次殊에서 '順'은 本覺眞心을 미혹하여 허망한 번뇌 망상이 전개되는 과정인 流轉門을, '逆'은 허망한 줄을 깨달아 本覺眞心으로 거슬러 올라가는 과정인 還滅門을 말한다.

440. 此十은 悟十重을 가리킨다.

하야 飜破前十[441]호대 唯此一과 前二[442]가 有少參差하니 下當顯示호리라 十重者는 一은 謂有衆生이 遇善知識의 開示上說本覺眞心하야 宿世曾聞한이는 今得悟解

若宿生에 未曾聞하면 今聞必不信하며 或信而不解하리니 雖人人이 有佛性이나 今現有不信不悟者가 是此類也라

四大非我며 五蘊이 皆空하야 信自眞如와 及三寶德[443]이요

信自心이 本不虛妄하며 本不變異故로 曰眞如라 故로 論에 云自信己性하야 知心妄動코 無前境界라하시며 又云信心이 有四種하니 一은 信根本이니 樂念眞如요 二는 信佛有無量功德하야 常念親近供養이요 三은 信法有大利益하야 常念修行이요 四는 信僧能修正行하야 自利利他하

441. 前十은 迷十重을 가리킨다.

442. 此一前二에서 '此一'은 悟十重의 첫 번째인 覺頓悟를 '前二'는 迷十重의 첫 번째 本覺眞心과 두 번째 根本不覺을 가리킨다.

443. 有衆生에서 及三寶德까지는 悟十重의 첫 번째 覺頓悟에 대한 설명이다. 迷十重의 첫 번째인 本覺眞心을 깨달아 迷十重의 두 번째 根本不覺을 타파하는 것이 覺頓悟이다.

야 常樂親近444이라하시니라 悟前一飜前二하야 成第一重也라

二는 發悲智願하야 誓證菩提445요

發悲心者는 欲度衆生이요 發智心者는 欲了達一切요 發願心者는 欲修萬行하야 以資悲智也라

三은 隨分修習施戒忍進과 及止觀門하야 增長信根446이요

論에 云修行이 有五하야 能成此信이라하시니 止觀이 合爲一行故로 六度가 唯成五也라

四는 大菩提心이 從此顯發447이요

---

444. 信心有四種으로부터 常樂親近까지는 『起信論』(大正藏32, 581下)에서 요약 발췌하였다. 전문은 미주 제77항 참조.

445. 發悲智願 誓證菩提는 悟十重의 두 번째 怖苦發心으로서 悲心·智心·願心을 일으켜 보리를 증득하리라는 서원을 세우는 것이다. 迷十重의 受報相을 타파한다.

446. 隨分修習으로부터 增長信根까지는 세 번째 修六度로서 迷十重의 造業相을 타파한다. 止觀(禪定·智慧)은 동시에 행해지므로 『起信論』에서는 다섯 가지로 거론하였다.

卽上의 三心이 開發이라 論에 云信成就發心者는 有三種心하니 一은 直心이니 正念眞如法故요 二는 深心이니 樂習諸善行故요 三은 大悲心이니 欲拔一切衆生苦故也라하시니라

五와 六은 以知法性無慳等心하야

等者는 染欲嗔恚懈怠散亂愚癡[448] 也라

隨順修行六波羅密하야 定慧力用으로

初修를 名止觀이요 成就를 名定慧라

我法雙亡하야

初發心時에 已約敎理하야 觀二執空하고 今卽約定慧

447. 大菩提心 從此顯發은 直心·深心·大悲心이 명백히 드러나는 네 번째 三心開發로서 迷十重의 計名字相을 타파한다.

448. 染欲·瞋恚·懈怠·散亂·愚癡와 慳貪을 六蔽라 한다. 청정한 마음을 가리는 여섯 가지 惡心이다.

力하야 親自覺空也라

無自無他며[449]

證我空이 五요

常空常幻이요[450]

證法空이니 六也라 色不異空이요 空不異色이니 故로 常空常幻也라

七은 於色에 自在하야 一切融通이요[451]

迷時에 不知從自心變故로 不自在라가 今因二空智하야 達之故로 融通也라

---

449. 無自無他는 다섯 번째 證我空으로서 迷十重의 執取相을 타파한다.

450. 常空常幻은 여섯 번째 證法空으로서 迷十重의 智相·相續相을 타파한다.

451. 於色自在 一切融通은 일곱 번째 色自在로서 迷十重의 現相을 타파한다.

八은 於心에 自在하야 無所不照[452]요

既不見心外에 別有境界하야 境界가 唯心故로 自在라

九는 滿足方便하야 一念相應하야 覺心初起에 心無初相이요 離微細念하야 心卽常住라 覺於迷源이니 名究竟覺[453]이요

從初發心으로 卽修無念이라가 至此하야사 方得成就니 成就故로 卽入佛位也니라

十은 心既無念[454]則無別始覺之殊라 本來平等하야 同一覺故로 冥於根本眞淨心源하야 應用塵沙라 盡未來際히 常住法界하야 感而卽通하나니 名大覺尊이니라

---

452. 於心自在 無所不照는 여덟 번째 心自在로서 迷十重의 轉相을 타파한다.

453. 滿足方便으로부터 名究竟覺까지는 아홉 번째 離心에 대한 설명으로서 迷十重의 業相을 타파한다.

454. 無念은 『起信論』에서도 중시되었다. 『기신론』(大正藏32, 576中)에 "그러므로 수다라에 설하시되 '만일 무념을 관할 수 있는 중생이 있다면 그는 곧 佛智로 향하게 된다'고 하셨다"라는 내용이 있다.

佛無異佛이라 是本佛이며 無別新成故로 普見一切衆生이 皆同成等正覺[455]이라하시니라 故로 迷與悟가 各有十重하야 順次相飜하야 行相이 甚顯하니 此之第一은 對前一二하고 此十은 合前第一하며 餘八은 皆從後逆次하야 飜破前八[456]이라 一中에 悟前第一本覺하야 飜前第二不覺이니 前은 以不覺이 乖於本覺하야 眞妄相

---

455. 心旣無念으로부터 皆同成等正覺까지는 열 번째 成佛에 대한 설명으로서 迷十重의 두 번째인 根本不覺을 타파하고 첫 번째인 本覺眞心에 완전히 계합하는 것이다.

456. 迷與悟 各有十重으로부터 飜破前八까지는 迷十重과 悟十重의 상관관계를 간략히 설명한 것이다. 迷悟十重과 五十二位와의 관계를 덧붙여 이를 도식화하면 아래와 같다.

迷十重의 生起次第　　　　悟十重의 還滅次第　　五十二位

『도서』　『기신론』

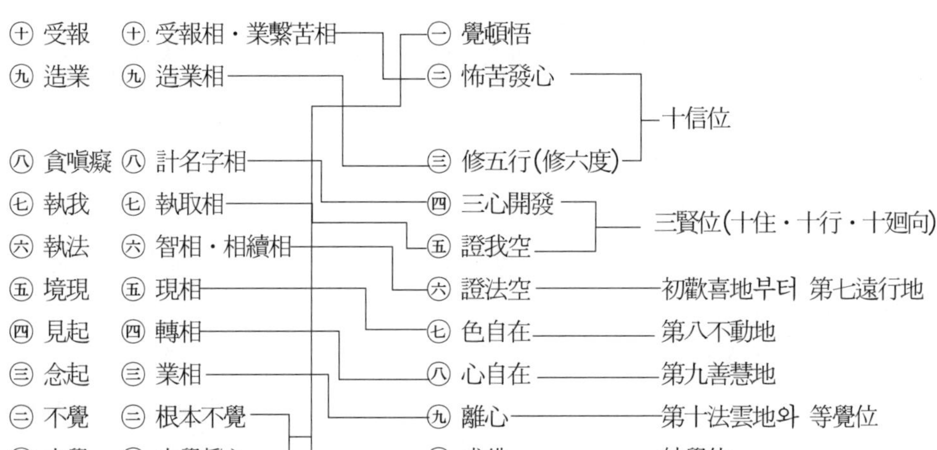

違故로 開爲兩重이어니와 今以悟卽冥符요 冥符相順하야 無別始悟故로 合之爲一[457]이니라 又若據逆順之次컨댄 此一이 合飜前十이어늘 今以頓悟門中에 理須直認本體하야 飜前本迷故로 對前一二하니라

上에 云參差가 卽是此也라

二中에 由怖生死之苦하야 發三心하야 自度度他故로 對前第十 六道生死하고 三은 修五行[458]하야 飜前第九造業하고 四는 三心開發하야 飜前第八三毒하고

悲心으로 飜嗔하고 智心으로 飜癡하고 願心으로 飜貪이니라

五는 證我空하야 飜前第七我執하고 六은 證法空하야 飜前第六法執하고 七은 色自在하야 飜前第五境界하고 八은 心自在하야 飜前第四能見하고 九는 離念하야

457. 合之爲一은 本覺眞心과 根本不覺을 합쳐서 覺頓悟 하나에 배대하였다는 말이다.
458. 五行은 布施行・持戒行・忍辱行・精進行・止觀行(禪定・智慧)이다.

飜前第三念起故요 十은 成佛이니 佛無別體요 但是始覺이 飜前第二不覺하야 合前第一本覺하야 始本이 不二요 唯是眞如顯現일새 名爲法身大覺이니 故로 與初悟로 無二體也라[459] 逆順之次에 參差가 正由此矣니라 一은 卽因該果海요 十은 卽果徹因源이니 涅槃經에 云發心과 畢竟이 二不別이라하시며 華嚴經에 云初發心時에 卽得阿耨菩提가 正是此意니라

然이나 雖逆順相對하고 前後相照하야 法義昭彰이나 猶恐文不頓書며 意不竝現이라 首尾相隔에 不得齊覩일까하야 今畫之爲圖하야 令凡聖本末과 大藏經宗으로 一時에 現於心鏡케호리라

此圖가 頭在中間하니 云衆生心三字가 是也라 從此三字하야 讀之호대 分向兩畔이니 朱畫은 表淨妙之法하고 墨畫은 表垢染之法이라 一一尋血脉詳之어다 朱

459. 故與初悟 無二體也는 悟十重에서 열 번째인 成佛과 첫 번째인 覺頓悟가 다르지 않음을 말한다.

爲此號[460]하야 記淨法十重之次하고 墨爲此號[461]하야 記染法十重之次니 此號는 是本論之文이요 此點은 是義說論文[462]이니라

460. 朱爲此號가 『禪源諸詮集都序』(大正藏48, 410中)에는 '朱爲此◎號'로 되어 있다.

461. 墨爲此號가 『禪源諸詮集都序』(大正藏48, 410中)에는 '墨爲此●號'로 되어 있다.

462. 此號是本論之文 此點是義說論文에서 '本論'은 『大乘起信論』을 말하고, '義說論文'은 규봉이 『대승기신론』을 뜻으로 설명함을 말한다.

藏識

※ 본 圖式은 花岩寺本(1493년)을 底本으로 정리한 것이며, 원문의 붉은색 글자 대신 고딕체로 표시했음.

(一 本覺 謂一切衆生이 皆有本覺眞心이라)
二 不覺 迷眞也니 不如實知眞如之法이라
三 念起 不覺故로 法爾念起라
四 見起 念故로 有能見相이라
五 境現 見故로 根身世界가 妄現이라
六 執法 不知境從自心起하고 執爲實有라
七 執我 執法定故로 見自他殊하야 計自爲我라
八 貪嗔癡 由執我故로 貪順情境하고 嗔違情境하야 愚痴計較라
九 造業 由三毒繫故로 造善惡等業이라 — 此上八位는 是眞妄兩軍이 戰敵之處라
十 受報 業成難逃라 故로 受六道業繫之苦하나니
已受之身은 非可斷法故로 無對治之位라

---

463. 悟十重과 迷十重을 중심으로 한 전체 내용을 간단하게 圖式하면 다음과 같다.

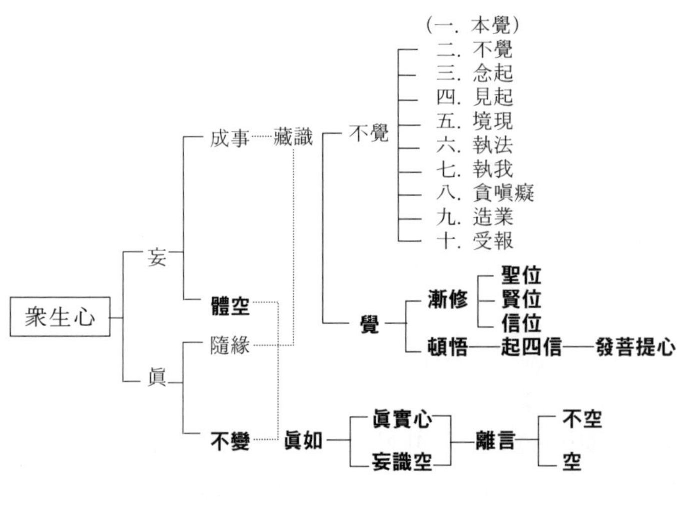

佛
- 體大法身
- 相大報身
- 用大應身

一 覺
- 證而實無有始覺之異하니 以生滅이 本來平等하야 同一覺故라
- 斷不了一法界義者는 從初發心으로 學斷하야 至如來地하야 究竟離니
- 離念地에 一念相應하야 覺心初起하야 心無初相이라 離微細念하야 心得常住니라

聖位
- 心自在地에 不見外有定實之境故로 於一切에 自在하야 無所不照요
- 色自在地에 已證境是自心所現故로 於一切色에 自在融通이요
- 定慧力用으로 我法雙亡이니라
- [法無性故로 常空常幻이요 離我執故로 無自無他라]

賢位
- 順性修六波羅密
  - 於眞如理에 深解現前하야 修離相이니
  - 以知性體에 無慳無染하며 離嗔離怠하야
  - 常明故로 隨順修行施戒忍進禪慧니라
- 大菩提心開發
  - 即前悲智願三心이 今開發也니 直心은
  - 正念眞如요 深心은 樂習諸善이요
  - 悲心은 欲拔他苦라

信位
- 學修五行
  - 一은 隨分施요 二는 戒十惡이니
  - 若出家면 即習頭陀요 三은 忍他惱요
  - 四는 進不怠요 五는 若止觀인댄
  - 住靜正意하야 止一切境이요
  - 正念唯心하야 觀察世間이 無可樂也라
- 覺察妄念
  - 覺知前念이 起惡하야 能止後念하야 令其不起也라

漸 修

覺頓悟
- 宿世聞熏한이는 今遇善知識開示하야 覺心本淨하고 覺妄本空이라

起四信
- 一은 信根本이니 樂念眞如요
- 二는 信佛功德하야 常念供養이요
- 三은 信法利益하야 常念修行이요
- 四는 信僧正修하야 常念親近이라

發菩提心
- 發悲智願하야 誓取菩提라

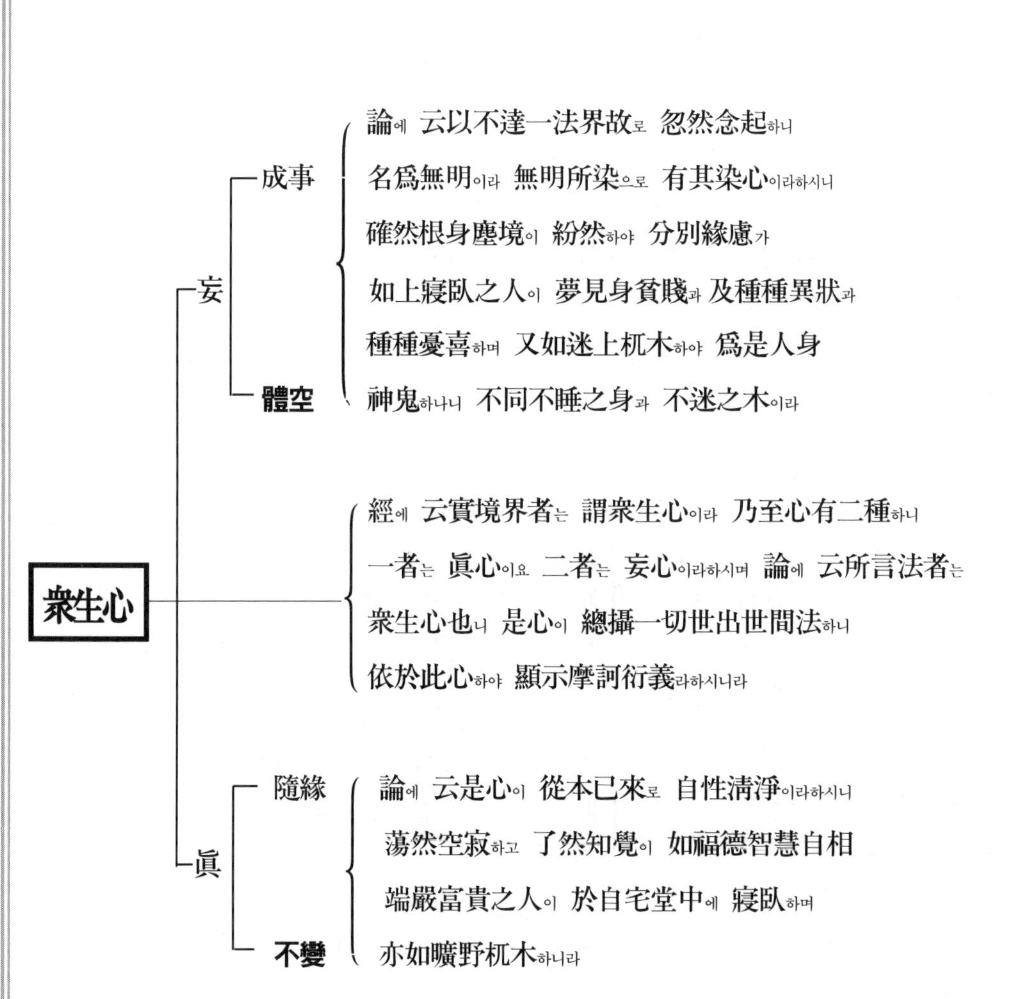

此上標位는 標此圖中位也라 云衆生心者는 是在纏佛性이니 本論과 及諸經에 皆目爲如來藏也라 及義門眞妄下에 各二義는 是眞如門과 及梨耶識根本義理也라 兩畔은 是所標心中에 性은 [眞如] 相은 [梨耶] 染은 [不覺位中諸法] 淨은 [覺中諸法] 法體也라 迷時엔 無漏淨妙德用이 但隱而不滅故로 眞如本覺이 在有漏識中이라가 [一切衆生이 皆有佛性이 是此義理也라] 悟時엔 有漏識中에 必無故로 無明識相과 妄念業果等이 不生眞如門也요 唯淨妙德用이 獨在眞如心中이니 名爲佛이니라

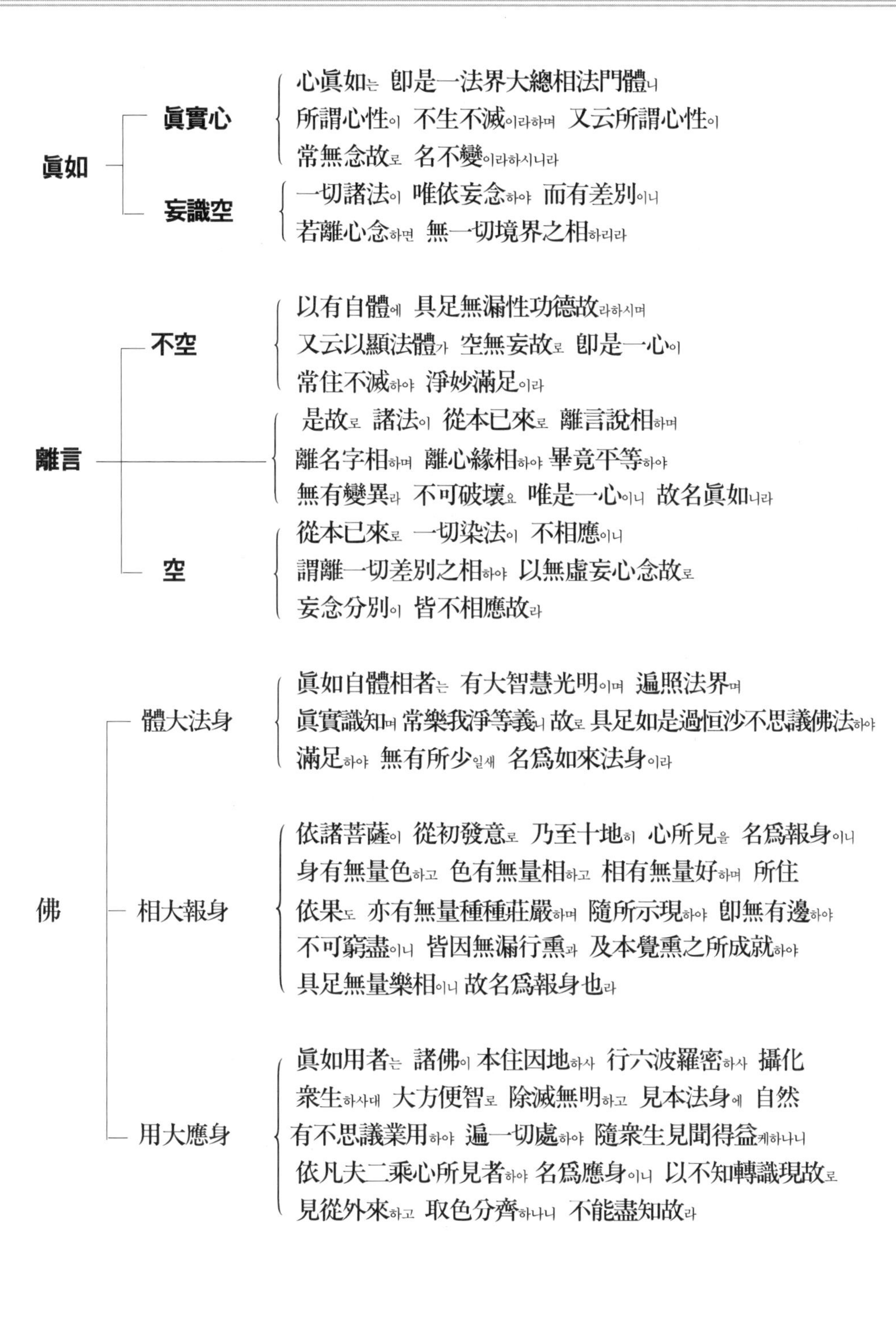

- **眞如**
  - **眞實心**
    - 心眞如는 卽是一法界大總相法門體니
    - 所謂心性이 不生不滅이라하며 又云所謂心性이
    - 常無念故로 名不變이라하시니라
  - **妄識空**
    - 一切諸法이 唯依妄念하야 而有差別이니
    - 若離心念하면 無一切境界之相하리라
- **離言**
  - **不空**
    - 以有自體에 具足無漏性功德故라하시며
    - 又云以顯法體가 空無妄故로 卽是一心이
    - 常住不滅하야 淨妙滿足이라
  - 是故로 諸法이 從本已來로 離言說相하며
  - 離名字相하며 離心緣相하야 畢竟平等하야
  - 無有變異라 不可破壞요 唯是一心이니 故名眞如니라
  - **空**
    - 從本已來로 一切染法이 不相應이니
    - 謂離一切差別之相하야 以無虛妄心念故로
    - 妄念分別이 皆不相應故라
- **佛**
  - 體大法身
    - 眞如自體相者는 有大智慧光明이며 遍照法界며
    - 眞實識知며 常樂我淨等義니 故로 具足如是過恒沙不思議佛法하야
    - 滿足하야 無有所少일새 名爲如來法身이라
  - 相大報身
    - 依諸菩薩이 從初發意로 乃至十地히 心所見을 名爲報身이니
    - 身有無量色하고 色有無量相하고 相有無量好하며 所住
    - 依果도 亦有無量種種莊嚴하며 隨所示現하야 卽無有邊하야
    - 不可窮盡이니 皆因無漏行熏과 及本覺熏之所成就하야
    - 具足無量樂相이니 故名爲報身也라
  - 用大應身
    - 眞如用者는 諸佛이 本住因地하사 行六波羅密하사 攝化
    - 衆生하사대 大方便智로 除滅無明하고 見本法身에 自然
    - 有不思議業用하야 遍一切處하야 隨衆生見聞得益케하나니
    - 依凡夫二乘心所見者하야 名爲應身이니 以不知轉識現故로
    - 見從外來하고 取色分齊하나니 不能盡知故라

詳究前述하며 諦觀此圖하야 對勘自他하고 及想聖賢호대 爲同가 爲異아 爲妄가 爲眞가 我在何門이며 佛在何位오 爲當別體아 爲復同源가하면 卽自然不執着於凡夫하며 不僣濫於聖位하며 不耽滯於愛見하며 不推讓於佛心也리라 然이나 初十重은 是一藏經所治法身中에 第一重也 煩惱之病의 生起元由가 次三重也 漸漸加增하야 我法二執 乃至麤重이니 三毒造業 慧滅之狀이요 受報 後十重은 是法身이 信方服藥 前三重也 病差하야 菩提心開發 將理方法으로 六波羅密 漸漸減退하야 從六至九 乃至平復 成佛 之狀이라 如有一人이 在纏法身 諸根具足하야 恒沙功德 强壯 常住不變妄不能染 多藝라가 恒沙妙用 忽然得病하야 無始無明 漸漸加增하야 其次七重 乃至氣絶호대 第十重也 唯心頭暖이러니 賴耶識中無漏智種 忽遇良醫가 大善知識 知其命在하고 見凡夫人卽心是佛 强灌神藥하야 初聞不信頻說不捨 忽然蘇醒하야 悟解 初未能言이라가 初悟人說法答他問難悉未的也 乃至漸語하며 解說法也 漸能行李하야 十地十波羅密也 直至平復하야는 成佛 所解技藝를 無所不爲니 神通光明一切種智 以法으로 一一對合하면 有何疑事를 而不

464

除也리오 卽知一切衆生이 不能神通作用者는 但以業識[465] 惑病所拘언정 非己法身이 不具妙德이어늘 今愚者가 難云汝旣頓悟하니 卽佛어늘 何不放光者오하니 何殊令病未平復之人으로 便作身上本藝리오 然이나 世醫가 處方에 必先候脉하나니 若不對病狀輕重이면 何辨方書[466] 是非며 若不約痊愈淺深이면 何論將理法則이리오 法醫도 亦爾故로 今具述迷悟各十重之本末하노니 將前經論에 統三種[467] 之淺深하야 相對照之하면 如指與掌하리라 勸諸學者하노니 善自安心하야 行卽任隨寄[468] 一門이요 解卽須通達無礙며 又不

464. 一切種智에 대해서는 미주 제126항 참조.

465. 業識에 대해 『起信論』(大正藏32, 577中)에서는 먼저 意에 5종이 있다고 설하고 나서 "첫째는 業識이니, 이른바 무명의 힘에 의해 不覺心이 움직이기 때문이요"라고 하였다.

466. 方書는 處方箋·藥房文·和劑(藥和劑)를 말한다.

467. 三種은 有教(密意依性說相教)·空教(密意破相顯性教)·性教(顯示眞心卽性教)를 가리킨다.

468. 隨寄는 隨機와 같다. 즉 각자의 능력에 맞는 방법으로 수행하라는 것이다.

得處其偏局하야 便莽蕩無所指歸하고 洞鑑源流하야 令分菽麥하야 必使同中에 見異하고 異處而同이어다 鏡像이 千差나 莫執好醜하며 鏡明이 一相이나 莫忌青黃이어다 千器一金이라 雖無阻隔이나 一珠千影이라 元不混和니 建志運心을 等虛空界하며 防非察念을 在毫釐間이니라

見色聞聲에 自思하라 如影響否아 動身擧意에 自料하라 爲佛法否아 美饍糲飡에 自想하라 無嫌愛否아 炎涼凍暖에 自看하라 免避就否아 乃至利衰毁譽稱譏苦樂에 一一審自返照하라 實得情意一種否아 必若自料인댄 未得如此니 卽色未似影이며 聲未似響也니라 設實頓悟라도 終須漸修니 莫如貧窮人이 終日數他寶호대 自無半錢分[469]이어다 六祖大師云佛

469. 終日數他寶 自無半錢分은 『華嚴經(80권)』(大正藏10, 68上)의 게송에서 인용하였다. "어떤 사람이 남의 보물을 세면서 자기의 몫은 반 푼도 없는 것처럼, 불법을 몸소 수행하지 않고 듣기만 하는 것도 이와 같다네"라는 내용이 있다.

說一切法은 爲度一切心이니 我無一切心이어니 何須一切法이리오하야시늘[470] 今時人은 但將此語하야 輕於聽學하고 都不自觀하나니 實無心否아 無心者는 八風[471]이 不能動也니라 設習氣未盡이라도 嗔念이 任運起時에 無打罵讎他心하며 貪念이 任運起時에 無營求令得心하며 見他榮盛時에 無嫉妬求勝心하며 一切時中於自己에 無憂飢凍心하며 無恐人輕賤心과 乃至種種此等하면 亦得名爲無一切心也니 此名修道니라 若得對違順等境하야 都無貪嗔愛惡하면 此名得道니 各各返照하야 有病卽治하고 無病不藥이니라 問이라 貪嗔等이 卽空을 便名無一切心이어니 何必對

470. 佛說一切法으로부터 何須一切法까지 육조대사의 말씀이라 하였지만 『六祖壇經』에 그대로 언급되어 있진 않다. 비슷한 예로 『黃檗山斷際禪師傳心法要』(大正藏48, 381中)에 "따라서 조사께서 말씀하시기를 '부처님께서 말씀하신 모든 법은 모든 마음을 없애기 위한 것인데, 나에게는 어떤 마음도 없으니 모든 법이 무슨 소용이 있겠는가'라고 하셨다"는 내용이 나온다.

471. 八風은 사람의 마음을 요동치게 하는 이익[利]·손해[衰]·뒤에서 하는 험담[毁]·남모르게 하는 칭찬[譽]·면전에서 하는 칭찬[稱]·면전에서 하는 비방[譏]·괴로움[苦]·즐거움[樂]을 바람에 비유한 것이다.

治리오 答이라 若爾인댄 汝今忽遭重病하면 痛苦하리니 痛苦卽空을 便名無病이어늘 何必藥治리오 須知貪嗔이 常空이나 而能發業하며 業亦空이로대 而能招苦하며 苦亦空이로대 只麽難忍이니 故로 前圖中에 云體空成事라하니라

如杌木上鬼가 全空이로대 只麽驚人하야 得奔走倒地하야 頭破額裂이니라

若以業卽空이나 空只麽造業인댄 卽須知地獄燒煮痛楚도 亦空이나 空只麽楚痛이니라 若云亦任楚痛者인댄 卽現今에 設有人이 以火燒刀斫하면 汝何得不任고 今觀學道者호니 聞一句違情語라도 猶不能任이어든 豈肯任燒斫乎아

如此者가 十中에 有九也니라

問이라 上來所敍三種敎와 三宗禪과 十所以와 十別

異와 輪迴及修證이 又各十重[472]이라 理無不窮하며 事無不備하니 研尋翫味하면 足可修心이어늘 何必更讀藏經과 及諸禪偈리오

答이라 衆生惑病이 各各不同하야 數等塵沙커니 何唯八萬이리오 諸聖方便이 有無量門하고 一心性相에 有無量義하니 上來所述은 但是提綱이라 雖統之에 不出所陳이나 而用之인댄 千變萬勢은 況先哲後俊이 各有所長하고 古聖今賢이 各有所利아 故로 集諸家之善記호대 其宗徒에 有不安者라도 亦不改易하며 但遺闕意勢者는 注而圓之하고 文字繁重者는 注而辨之하야 仍於每一家之首에 注評大意하노니 提綱은 意在張綱이라 不可去綱存綱이며

---

472. 十所以는 선어와 경문의 연관을 증명하는 열 가지 이유, 十別異는 空宗과 性宗의 열 가지 다른 점, 輪迴와 修證은 미혹이 발생하는 차례인 迷十重과 깨달음으로 돌아가는 차례인 悟十重을 말한다.

華嚴에 云張大敎網하야 漉人天魚하야 置涅槃岸[473]이라하시니라

擧領은 意在着衣라 不可棄衣取領이라 若但集而不敘면 如無綱之網이요 若只敘而不集이면 如無網之綱이리니 思之悉之하야 不煩設難이어다 然이나 克己獨善之輩는 不必遍尋이어니와 若欲爲人之師인댄 直須備通本末이니라 好學之士가 披閱之時에 必須一一詳之호대 是何宗何敎之義오하야 用之不錯하면 皆成妙藥이어니와 用之差互하면 皆成返惡하리라 然이나 結集[474]次第는 不易排倫이니 據入道方便인댄 卽合先開本心하고 次通理事하

473. 張大敎網 漉人天魚 置涅槃岸이 『華嚴經』에 그대로 나와 있지는 않다. 『華嚴經(80권)』(大正藏10, 314下)에서는 "一切智의 나무에 올라 三有의 큰 바다를 관찰하고는 하늘과 사람과 용을 붙들어 열반의 언덕에 잘 두네"라고 하였다. 또한 『華嚴經(60권)』 권58(大正藏9, 773下)에는 "근본적인 敎의 그물을 펼쳐 생사의 바다에 던져 놓고, 조복하는 모든 중생을 거두어 건져낸다[張大敎網 亘生死海 諸調伏者 攝而取之]"라 하였고, 『華嚴五敎章』 권1(大正藏45, 482中)에는 본 『都序』와 동일한 구절이 『華嚴經』의 설로 인용되어 있다.

474. 結集은 본래는 부처님 열반 후 그 가르침을 정리하고 편찬했던 회의를 말하지만 여기서는 『禪源諸詮集』의 編集을 가리킨다.

며 次讚法勝妙하고 呵世過患하며 次勸誡修習하고 後示以對治方便漸次門戶니 欲令依此編之라가 乃覺호니 師資昭穆[475]이 顚倒면 反不穩便이로다 且如六代之後에도 多述一眞하고 達摩大師는 却敎四行[476]하시나 不可孫爲部首며 祖爲末篇이라하야 數日之中에 思惟此事러니라 欲將達摩宗旨之外하야 爲首나 又以彼諸家所敎之禪과 所述之理는 非代代可師通方之常道라 或因修鍊功至證得하야 卽以之示人하며 求那慧稠臥輪之類[477] 或因聽讀聖敎生解하야 而以之攝衆하며 慧聞禪師之類[478] 或降其迹而適性하야 一時間에 警策群迷하며 志公傅大士王梵志之類[479] [480] [481] 或

475. 昭穆은 순서를 의미한다. 宗廟에서 開國祖인 太祖의 영위를 1대로 삼아 중앙에 모시고 2대·4대·6대의 영위를 왼쪽에 안치하여 昭라 하고, 3대·5대·7대의 영위를 오른쪽에 안치하여 穆이라 한다.

476. 四行은 『二入四行論』에서 설한 4행이니, 곧 報怨行·隨緣行·無所求行·稱法行이다.

477. 臥輪에 대해서는 미주 제101항 참조.

478. 慧聞禪師에 대해서는 미주 제159항 참조.

479. 志公에 대해서는 미주 제141항 참조.

480. 傅大士에 대해서는 미주 제47항 참조.

481. 王梵志에 대해서는 미주 제108항 참조.

高其節而守法하야 一國中에 軌範僧侶하며 廬山遠公之類 其所製作은 或詠歌至道하며 或嗟嘆迷凡하며 或但釋義하며 或唯勵行하며 或籠羅諸教나 竟不指南이며 或偏讚一門하야 事不通衆이라 雖皆禪門影響이며 佛法笙簧이나 若始終依之하야 爲釋迦法인댄 卽未可也요

天台之教가 廣大하야 雖備有始終이나 又不在此集內也니라

以心傳嗣는 唯達摩宗이라 心是法源이어니 何法不備리오 所修禪行은 似局一門이나 所傳心宗[482]은 實通三學이온 況覆尋其始컨댄

始者는 迦葉阿難也라

親稟釋迦하사 代代相承하야 一一面授하야 三十七世에

482. 心宗은 禪宗을 일컫는 말이다.

有云西國에 已有三十八祖[483]者는 六祖傳序中에 卽具分析하니라

至于吾師[484]아

緬思컨댄 何幸爲釋迦三十八代嫡孫[485]也오

故로 今所集之次者는 先錄達摩一宗하고 次編諸家雜述하고 後寫印宗聖敎하노니 聖敎가 居後者는 如世上官司文案에 曹判이 爲先하고 尊官이 判後也니라

唯寫文剋的[486]者가 十餘卷也라

483. 三十八祖는 二十八祖라야 옳다.

484. 吾師는 스승인 遂州道圓禪師를 말한다.

485. 釋迦三十八代嫡孫이라고 한 종밀의 계보를 살펴보면 동토 초조 보리달마가 서천 28조이므로 혜능이 33조가 되고, 荷澤神會가 34조, 磁州法如가 35조, 荊南惟忠이 36조, 遂州道圓이 37조, 圭峰宗密이 38조가 된다. 종밀을 적손이라 한 것은 규봉의 자칭이고, 실제로는 各宗마다 달리 말한다.

486. 剋的은 이치에 들어맞는다는 의미이다.

就當宗之中하야는 以尊卑昭穆으로 展轉倫序하야 而爲次第하노라 其中에 頓漸이 相間하고 理行이 相參이나 遞相解縛하면 自然心無所住하리라

淨名이 云貪着禪味는 是菩薩縛이요 以方便生이 是菩薩解[487] 라하시며 又瑜伽에 說悲增智增이 互相解縛也라하시니라

悟修之道가 旣備하야 解行이 於是圓通커든 次傍覽諸家하야 以廣見聞然後에 捧讀聖教하야 以印始終하면 豈不因此하야 正法이 久住리오 在余之志는 雖無所求나 然이나 護法之心은 神理가 不應屈我며 繼襲之功은 先祖가 不應捨我며 法施之恩은 後學이 不應辜我리라 如不辜不屈不捨인댄 卽願共諸同緣으로 速會諸佛會矣로라

487. 貪着禪味로부터 是菩薩解까지는 『維摩詰所說經』(大正藏14, 545中)에 나온다.

禪源諸詮集都序 卷下 終

尾 註

1) 迦那提婆(Kāṇa-deva; ?~B.C.161)는 單眼提婆 또는 提婆(Deva)・聖提婆(Ārya-deva)・聖天이라고도 한다. 남인도 출신으로 龍樹의 법을 이어 중관파를 홍성시켰다. 대표적 저술로는『百論』이 있다. 용수와 첫 대면을 했을 때 용수가 물이 가득 찬 발우를 놓아두고 가나제바의 근기를 시험했다고 한다. 또 집 정원에 난 나무버섯을 비유로 들어 출가하고도 도리에 통달하지 못하면 반드시 공양 받은 빚을 갚게 된다는 설법으로 梵摩淨德長者의 아들 羅睺羅多를 깨우쳐주었다는 고사가 있다. (출전 :『提婆菩薩傳』,『付法藏因緣傳』 제6권,『寶林傳』 제3권,『傳法正宗記』 제3권,『出三藏記集』 제12권)

2) 徑山道欽(714~792)은 法欽이라고도 한다. 唐代 스님으로 속성은 朱氏며, 蘇州 崑山 출신이다. 유교를 공부하다가 28세에 우연히 鶴林玄素를 만나 출가하게 되었고 法融 → 智儼 → 慧方 → 法持 → 智威 → 鶴林玄素로 이어지는 우두종의 법맥을 계승하였다. 臨安의 徑山에 주로 주석하였으며, 代宗이 그 道風을 흠모하여 귀의하고 제자가 되었다. 貞元 8年에 世壽 79세로 입적하였으니, 諡號는 大覺이며 문도로는 道林, 崇惠, 廣敷 등이 있다. (출전 :『傳燈錄』 제4권,『五燈會元』 제20권,『宋高僧傳』 제9권,『釋氏稽古略』 제3권,『祖堂集』 제3권)

3) 罽賓國은 迦濕彌羅國(Kaśmīra)의 古稱으로 劫賓國・羯賓國이라고도 하며, 인도의 북부 지역, 즉 지금의 카슈미르 일대에 있었던 나라이다. 국명과 존립했던 시대, 지역이 기록된 서적마다 조금씩 차이가 있다. (출전 :『洛陽伽藍記』 제5권,『大唐西域記』 제1권,『漢書西域傳』 제66권,『隋書西域列傳』 제48권,『唐書西域列傳』)

4) 空宗說 佛以空爲德의 전거로『金剛般若波羅蜜經』(大正藏8, 749上)에 다음과 같은 내용이 있다.

"'수보리야 어떻게 생각하느냐? 몸의 형상으로 여래를 볼 수 있겠느냐?'

'보지 못합니다. 세존이시여! 몸의 형상으로 여래를 볼 수 없습니다. 왜냐하면 여래께서 몸의 형상이라고 말씀하신 것은 곧 몸의 형상이 아니기 때문입니다.'

부처님께서 수보리에게 말씀하셨다.

'무릇 형상이 있는 것은 다 허망하니 만약 모든 형상을 형상 아닌 것으로 본다면 곧 여래를 보리라.' [須菩提 於意云何 可以身相見如來不 不也世尊 不可以身相得見如來 何以故 如來所說身相卽非身相 佛告須菩提 凡所有相皆是虛妄 若見諸相非相則見如來]."

5) 果閬宣什(생몰연대 미상)은 唐代 스님으로 果閬(四川省) 출신이며, 南山念佛門禪宗을 제창하였다. 『中華傳心地禪門師資承襲圖』에 의거하면 "五祖弘忍→襄州通・潞州法如・北宗神秀・越州方・果閬宣什・慧能・業州法・資州詵・江寧持・老安・揚州覺"이라고 되어 있으니 五祖弘忍의 제자이다. 『圓覺經大疏鈔』 제3권에서도 그를 五祖弘忍의 제자로 밝히고 있다. 그 밖에 자세한 事蹟은 알 수 없다.

6) 觀心은 만법의 주체인 마음을 관찰하는 것이다. 隋代와 唐代 이후에 성립된 중국불교의 각 종파에서는 모두가 실천수행에서 觀心을 중요하게 여겼다. 천태종은 '觀心'이라는 말을 특히 자주 사용하였다. 예컨대 一心三觀・一念三千 등이 모두 觀心과 관련된 용어이다. 一心三觀을 닦는다는 것은 자기의 一念妄心에서 假・空・中을 관찰하는 것이다. 또 관찰하는 대상에는 마음・부처・중생이 있는데, 그 중에서 자기의 마음을 관찰하는 것이 가장 용이하고 요긴한 방법이라 하였다. 『妙法蓮華經玄義』 제2권(大正藏33, 696上)에 "눈앞에 나타나 있는 존재들이 어찌 마음과 다르겠는가? 다만 衆生法이 너무 광대하고, 佛法이 너무 높아 초학자들의 입장에서 이해하기 어려울 따름이다. 그러나 마음과 부처와 중생 이 세 가지는 전혀 다르지 않은 것이니 자기의 마음만 관찰하면 쉽게 이해하게 된다"라는 내용이 있다.

7) 求那跋陀羅(Guṇabhadra; 394~468)는 功德賢으로 한역하기도 하며, 劉宋 때의 역경승으로 중인도 사람이다. 바라문 종성으로서 어려서 五明과 여러 論을 학습하고 天文・書算・醫方・咒術 등의 학문을 널리 연구하였으며, 뒤에 『雜阿毘曇心論』을 읽고는 불법을 숭상하게 되어 출가하였다. 스님의 사람됨이 자비롭고 온화하고 공순하였으며 학업을 부지런히 하였다. 처음에는 소승법을 배웠으나 뒤에는 대승법을 배워 『大品般若經』・『華嚴經』 등 여러 경을 깊이 연구하고 독송하며 강의하였다. 劉宋 元嘉 12년(435)에 스님이 해로를 경유하여 廣州에 도착하자 文帝가 사신을 파견하여 영접하였으며, 이후 文帝・孝武帝・明帝 세 황제로부터 공경을 받았다. 建康의 祇洹寺에서 慧嚴・慧觀 등과 함께 義學僧들을 소집하여 『雜阿含經』 50권을 역출하고, 東安寺에서 『大法鼓經』 2권 丹陽郡에서 『勝鬘經』 1권을 역출하였으며, 譙王의 청을 받고 荊州의 新寺에 주석하면서 『華嚴經』 등 여러 경전을 강의하였다. 劉宋 大明 7년(463)에 스님이 조칙을 받들어 기우

제를 지내자 온 나라에 비가 흠뻑 내렸고 이에 황제가 하사품을 넉넉히 내렸다는 기록이 있다. 대승경전을 번역하여 널리 교화하고 알려 세상사람들은 그를 '摩訶衍'이라 하였으며, 번역한 경전은 위에서 진술한 것과 『楞伽經』 4권·『小無量壽經』 1권·『過去現在因果經』 4권·『罪福報應經』 1권 등 모두 합해 52部 134卷이다. 明帝 泰始 4년(468)에 아픈 조짐을 보이다가 세수 75세로 입적했는데, 임종하는 날 하늘에서 꽃비가 내리고 聖像이 나타났다고 한다. (출전 : 『梁高僧傳』 제3권, 『歷代三寶紀』 제10권, 『神僧傳』 제3권, 『出三藏記集』 제14권, 『開元釋敎錄』 제5권)

8) 圭峰宗密(780~841)은 華嚴宗 제5조이며 禪宗으로는 荷澤宗 스님이다. 속성은 何씨이고 號는 圭峰이며 順慶府 果州 西充縣 출신이다. 어려서부터 유학과 불교 경론을 공부하고 23세에는 사천성 遂州의 義學院에서 유학을 연구하였으며, 28세(807)에 과거를 보러 가다가 遂州道圓을 만나 출가하여 元和 3년(808) 拯律師에게서 구족계를 받았다. 그 후 도원의 권유로 淨衆寺 荊南張(神會의 제자)을 참례하였다. 그 뒤 어느 날 신도의 齋에 가서 『圓覺經』을 받게 되었는데 얼마 읽지도 않고 크게 깨친 바가 있었다. 후에 澄觀의 제자가 되어 『華嚴經』의 깊은 이치를 연구하고 華嚴五祖가 되었으며 항상 禪敎一致를 주장하였다. 長慶 원년(821) 圭峰의 草堂寺로 퇴거하여 교선일치에 바탕을 둔 저술에 힘썼으며, 재상 裵休와는 방외의 벗으로 깊이 교류하였다. 太和 2년(828)에는 文宗으로부터 紫衣와 大德이라는 호를 하사받았고, 會昌 원년 1월 6일 세수 62세로 興福院에서 입적하자 배휴가 그 탑명을 지었다. 『禪源諸詮集』 100권을 편찬하였으며, 저서로 『圓覺經大疏抄』 13권, 『原人論』 1권, 『金剛經纂要』, 『華嚴綸貫』 15권, 『唯識論疏』 2권, 『四分律疏』 3권, 『中華傳心地禪門師資承襲図』, 『禪源諸詮集都序』 4권 등 200여 권이 있다. 會昌 元年 1월 興福塔院에서 62세로 입적하자 宣宗이 定慧禪師라 시호하였다. 855년 裵休가 칙명에 따라 碑銘을 지었는데 陝西省 終南山 草堂寺에 현존한다. (출전 : 『全唐文』 제743 圭峰禪師塔銘, 『宋高僧傳』 제6권, 『祖堂集』 제6권, 『傳燈錄』 제13권, 『佛祖統紀』 제29권, 『佛祖歷代通載』 제16권)

9) 器世界(bhājana-loka)는 器世間 또는 器世界·器界·器라고도 하며, 중생들이 거주하는 국토를 말하고 國土世間·住處世間과 같은 뜻이다. 소승교에서는 기세간을 중생들이 共業으로 감득하는 것으로 간주하고, 유식과 대승교는 阿賴耶識이 변현한 경계로 간주한다. 그러나 阿彌陀佛의 淨土는 이와 다르다. 天親은 『淨土論』에서 阿彌陀佛의 淨土는 아미타여래의 본원력으로 건립되었기 때문에 유정들이 共業으로 감득하는 有漏國土와는

다르다고 하였다.

10) 南嶽慧思(515~577)는 천태종 제2조(제3조라는 설도 있다)로 南北朝時代 陳나라 스님이며 南嶽尊者·思大和尙·思禪師라고 일컫기도 한다. 豫州(安徽省) 武津(河南上蔡) 출신으로 속성은 李씨다. 15세에 출가하여 『法華經』을 공부하고 하루 한끼만 먹으며 날마다 『法華經』을 천 번 독송했다. 『法華經』을 가지고 무덤 속에 들어가 독송하다가 깊은 감동을 받아 자신도 모르게 감격의 눈물을 흘리다 잠이 들었는데, 꿈에 보현보살이 정수리를 어루만지고 홀연히 사라졌다. 그 뒤로 신기하게도 정수리에 肉髻가 솟아올랐다고 한다. 그 후 慧文禪師를 참례하고 '法華三昧'를 깨닫고는 곳곳에서 『法華經』을 설하다가, 陳 光大 2년(568) 문도를 이끌고 南岳으로 들어가 강석을 열고 '念佛三昧'를 닦았다. 당시 道士들의 참소를 여러 차례 당하다가 太建 9년 64세로 입적하였다. 저서로는 『大乘止觀法門』·『次第禪要』·『四十二字門』·『諸法無諍三昧法門』·『法華經安樂行義』· 『受菩薩戒儀』·『南嶽願文』 등이 있다. (출전 : 『續高僧傳』 제17권, 『弘贊法華傳』 제4권, 『佛祖統紀』 제6권, 『景德傳燈錄』 제27권, 『佛祖歷代通載』 제10권)

11) 達摩(Bodhidharma)는 서천 제28조이고 중국 禪宗의 初祖이다. 남인도 香至國王의 셋째 아들로 태어나 般若多羅尊者의 법을 잇고 남북조시대에 중국 廣州에 도착하여 梁武帝를 만났으나 계합하지 못하자 北魏의 崇山으로 들어가 少林寺에서 9년 동안 면벽하였다. 사람의 마음은 본래 청정하다는 이치를 깨달아야 한다고 주장하였고, 이 禪法을 慧可에게 전하였다. 법통은 慧可에서 僧璨·道信·弘忍·慧能으로 이어졌으며, 慧能 이후로 크게 융성하였다. 語錄으로 『二入四行論』이 전해지고 있다. 2入이란 理入과 行入인데, 理入은 경전의 이치를 근거로 하여 도에 이르는 것을 말하며, 行入은 실천 수행을 통해 도를 이루는 것을 일컫는다. 4行이란 行入을 세분한 報怨行·隨緣行·無所求行·稱法行이다. 달마와 관련되어서는 양무제와의 대화, 혜가가 눈 속에서 팔을 잘라 구도심을 보이고 禪法을 전수받은 일, 菩提流支와 光統율사의 질투로 독살당한 뒤 관속에 신짝 한 개만 남겨 놓고 인도로 돌아갔다는 일, 宋雲이 인도 여행에서 돌아오던 길에 신짝 한 개를 들고 인도로 돌아가던 달마를 만난 일 등의 여러 가지 설화가 있다. 입적한 해에 대해서도 495년, 436년, 528년 등의 여러 설이 있다.

12) 大迦葉(Mahākāśyapa)은 大飮光·大龜氏로 한역하기도 하며, 십대제자 가운데 두타제일 제자였다. 왕사성 마하사다라촌의 바라문 니그로다칼파의 아들로 태어나 비야리성 바라문의 딸 발타라가비리야와 결혼하지만 세속적인 욕망의 무상함을 깨닫고 부부가

함께 부처님께 귀의하여 출가하였다. 항상 頭陀行을 실천하여 승가의 모범이 되었으며 부처님 사후에는 上首가 되어 아난, 우바리와 함께 經律을 결집하였다. 선가에서 전법 제1조로 추앙한다. (출전 : 『佛本行集經』 제45, 46권 · 『雜阿含經』 제41권 · 『付法藏因緣傳』 제1, 2권 · 『根本說一切有部毘奈耶雜事』 제39, 40권 · 『大寶積經』 제88, 89권 · 『佛說大迦葉本經』 · 『傳法正宗記』 제2권)

13) 大通神秀(606~706)는 唐代 스님으로 北宗禪의 개조이며 大通은 시호이다. 속성은 李氏이고 하남성 尉氏縣 출신이다. 張說이 지은 비문에 의하면 그는 어려서 유학의 經史를 배웠으며 老莊의 玄旨, 書經과 易經의 大義, 三乘의 經論, 四分律儀, 訓詁, 音韻에 두루 통달하였다고 한다. 武德 8년(625)에 낙양의 天宮寺에 출가하여 여러 스승들에게 참학하였으며 五祖弘忍의 문하에 들어가 홍인의 법을 이었다. 홍인은 그의 기량을 아껴서 "나의 문하에 수많은 사람들이 있지만 懸解圓照에 있어 신수를 따를 사람이 없다"고 하였다 한다. 則天武后가 그의 명성을 듣고 궁중으로 초청하여 법요를 들었다. 神龍 2년(706) 2월 28일, 낙양 天寶寺에서 입적하였다. 저서로는 『大乘無生方便論』 · 『華嚴經疏』 · 『妙理圓成觀』이 있다. (출전: 『高僧傳』 제8권, 『景德傳燈錄』 제4권, 『五燈會元』 제2권)

14) 頓教漸教에서 頓教는 장시간 동안의 수행을 필요로 하지 않고 단박에 불과를 증득하여 보리를 성취하게 하는 교법을 일컫는 말이고, 漸教는 근기가 성숙치 못한 중생에게 순서에 따라 점차적으로 연설한 교법을 일컫는 말이다(『華嚴五教章』 권1, 大正藏45, 480中). 화엄종의 五教(小乘教 · 大乘始教 · 大乘終教 · 頓教 · 圓教)에서는 대승시교와 대승종교가 점교이고, 그 네 번째가 돈교이다. 天台의 五時教判에서는 최초로 설한 『華嚴經』이 돈교이고, 『阿含經』 · 『方等經』 · 『般若經』 · 『法華經』과 『涅槃經』이 점교에 해당된다. 唐代 善導大師는 『觀無量壽經』의 교법을 돈교라 하였다.

『華嚴經探玄記』 권1(大正藏45, 115下)에 "돈교란 무엇인가? 다만 한 생각도 일어나지 않으면 부처라 하고, 지위와 점차적 단계에 따르지 않고 설하므로 頓이라는 명칭을 세웠다[頓教者 但一念不生 卽名爲佛 不依位地漸次而說 故立爲頓]"라고 하였다. 또한 『華嚴遊意』(大正藏35, 1中)에는 "頓教란 원만하지 않음이 없는 도리를 원만하지 않음이 없도록 하는 것이니 큰 근기에게 설하는 가르침이다. 그런 까닭에 『화엄경』에서 '비유하자면 태양이 뜨면 먼저 높은 산부터 비춘다'라고 말한 것이다. 그러므로 돈교라 한다. 漸教란 부처님께서 녹야원에서 설법을 시작하여 곡림에서 열반하시기까지 설법하신 내용이다. 경의 가르침이 쉬운 뜻으로 시작하여 나중에는 심오하게 되는 식으로 점차적 단계를 밟아 설하므로 점교라 한다. 그래서 이 점교 중에는 5時의 차별이 있다. 無方不定教란 앞서가는 관점으로 보면 돈교에 미치지 못하고 뒤지는 관점으로 보면 점교도 아니어서 인연에 따라 일정하지 않으므로 부정교라 한다[言頓教者 卽教無不圓 理無不滿 爲大根者說 所以經云 譬如日出 先照高山 故言頓教 言漸教者 始自鹿園 終至鵠林所說 經教初淺後深 漸漸而說 故稱漸教 就漸教中 有五時不同也 言無方不定者 進不及頓退非是漸 隨緣不定 故言不定教]"라고 하였다.

15) 頓修頓悟에 대해『大方廣佛華嚴經隨疏演義鈔』제21권(大正藏36, 164下)에서는 다음과 같이 설명하였다.

"셋째는 頓修頓悟이다. 예컨대 예리한 칼로 실타래를 끊으면 천 가닥의 실이 한꺼번에 끊어지는 것과 같고, 천 가닥의 실을 물들이면 한꺼번에 물이 들어 색깔을 이루는 것과 같다. 따라서 만행을 한순간에 닦아 한순간에 환히 깨닫는 것이다[三頓修頓悟 如利劍斬絲 千莖齊斬一時齊斷 亦如染千絲 一時齊染一時成色 故萬行齊修一時朗悟]."

16) 頓修漸悟에 대해『大方廣佛華嚴經隨疏演義鈔』제21권(大正藏36, 164下)에서는 다음과 같이 설명하였다.

"둘째는 頓修漸悟이다. 곧 거울을 닦을 때에 일시에 두루 닦더라도 밝고 청정한 거울면은 점차적으로 나타나는 것처럼, 만행을 단박에 닦더라도 깨달음은 점점 수승해진다. 이는 證悟를 기준으로 한 것이다[二者頓修漸悟 卽如磨鏡一時遍磨明淨有漸 萬行頓修悟則漸勝 此約證悟]."

17) 頓悟漸修에 대해『大方廣佛華嚴經隨疏演義鈔』제21권(大正藏36, 164下)에서는 다음과 같이 설명하였다.

"첫째는 頓悟漸修이다. 이는 마치 9층의 臺를 볼 때 단박에 볼 수는 있지만 반드시 계단을 밟아야만 오를 수 있는 것과 같다. 이와 마찬가지로 이제 마음 그대로가 부처라는 사실과 心性이 모든 존재를 갖추었다는 사실을 단박에 요달했더라도, 반드시 공을 쌓고 만행을 두루 닦아야만 한다. 이는 解悟를 기준으로 한 것이다[一頓悟漸修 如見九層之臺 則可頓見 要須躡階而後得昇 今亦如是頓了心性 卽心卽佛無法不具 而須積功遍修萬行 此約解悟]."

18) 登鸛雀樓

白日依山盡　밝은 해 산 너머 기울고

黃河入海流　黃河는 바다로 흘러드네.
欲窮千里目　천리를 다 내다보고 싶다면
更上一層樓　한층 더 올라가야 하리라.

19) 馬鳴(Aśvaghṣa)은 중인도 사위성 출신이며, 생몰연대는 불명확하나 불멸 후 600년경에 출현했다는 설이 있다(望月佛敎大辭典 연표에는 111년에 出世한 것으로 되어 있다). 脇尊者의 제자(富那耶奢의 제자라는 설도 있다)로서 선가에서는 그를 서천 제12조로 여긴다. 북인도 월지국의 카니시카왕의 보호를 받으며 교화를 펼쳤으며, '토자빠자'라는 가곡을 지어 악기를 연주하고 다니면서 널리 교화하여 왕사성에서 500왕자를 출가시켰다고 한다. 그는 음악과 시로 부처님의 삶과 가르침을 찬탄하는 찬불승(讚佛僧)으로서 불교 포교에 힘썼던 것이다. 어느 날 왕이 여러 날 굶긴 말을 그가 설법하는 자리에 끌어다 놓고 풀을 주었는데 말들이 풀을 먹지 않고 공순하게 법을 들으며 슬피 울었다 하여 그를 馬鳴이라 불렀다고 한다. 저서로는 『健稚梵讚』, 『大乘起信論』 1권, 『佛所行讚』 5권, 『大莊嚴論經』 15권, 『大宗地玄文本論』이 알려져 있는데, 『大乘起信論』과 『大宗地玄文本論』은 그의 저작이 아니라 동명이인의 저술이라는 설도 있다. 『釋摩訶衍論』에 따르면 여섯 명의 馬鳴이 있었다고 한다.(출전 : 『付法藏因緣傳』 제5권, 『景德傳燈錄』 제1권, 『馬鳴菩薩傳』 제5권)

20) 馬祖道一(709~788)은 唐代 스님으로 南嶽懷讓의 제자(한때 신라승 淨衆寺 無相의 제자이기도 했다)이며, 江西省 南昌府 新建縣의 동쪽 開元寺에 주로 주석하였으므로 江西 혹은 洪州라 불렀다. 속성은 馬씨, 字는 江西, 諱는 道一, 號는 馬祖며 漢州(四川省) 什邡 출신이다. 용모가 기이하여 소걸음에 호랑이 눈이었으며 혀가 길고 발에 二輪文이 있었다고 한다. 어려서 九流六學을 연구하고 근처의 羅漢寺 資州處寂에게 출가하였다가 뒤에 남악에서 육조의 제자 회양이 수도한다는 말을 듣고 찾아가 심인을 얻었다. 이 과정에 있었던 "南岳磨磚"의 유명한 고사가 전해 온다. 天寶 원년(742) 建陽 佛蹟巖에서 개법한 후 大曆 4년(769) 鍾陵(江西省) 開元寺에 주석하며 종풍을 선양하다. 세상이 그의 주석처를 의거해 江西 혹은 洪州라 불렀다. 만년에 泐潭(靖安縣) 石門山 寶峰寺에 머물다 貞元 4년 2월에 세수 80세로 입적하였다. 憲宗이 大寂禪師라는 시호를 내리고 문인 權德輿가 '塔銘幷序'를 짓어 石門山에 탑을 세웠으며, 후에 宋의 徽宗이 재차 祖印이라는 시호를 내렸다. 그의 가풍은 '平常心是道' '卽心是佛'을 표방하는 大機大用이었으며, 당시 사람들이 江西馬祖와 湖南石頭를 선계의 쌍벽이라 칭하였다. 중요한

것은 마조대에 이르러 남종의 조사선이 선종이라는 종파로서 두각을 나타냈다는 점이다. 문하에서 百丈懷海, 西堂智藏, 南泉普願, 塩官齊安, 大梅法常 등 훌륭한 선사들이 많이 배출되었다. (출전: 『宋高僧傳』 제10권, 『景德傳燈錄』 제6권, 『傳法正宗記』, 『五燈會元』 제3권)

21) 摸象之諭는 『大般涅槃經』 제30권(大正藏12, 802上)에 자세히 나온다. 그 내용은 다음과 같다.

"어금니를 만져 본 자는 명아주 뿌리와 같다고 하고, 귀를 만져 본 자는 키와 같다고 하고, 머리를 만져 본 자는 돌과 같다고 하고, 코를 만져 본 자는 절구공이와 같다고 하고, 다리를 만져 본 자는 절구통과 같다고 하고, 등을 만져 본 자는 평상과 같다고 하고, 배를 만져 본 자는 항아리와 같다고 하고, 꼬리를 만져 본 자는 밧줄과 같다고 했다. 선남자야, 여러 소경들이 코끼리의 몸 전체를 말하지는 못했지만 코끼리를 말하지 않은 것도 아니다. 만일 소경들이 제각기 말한 모양을 코끼리의 모양이 아니라 한다면 이것 이외에 달리 코끼리의 모양은 없기 때문이다. 선남자야, 왕은 如來·應供·正遍知를 비유한 것이고, 신하는 方等·大涅槃經을 비유한 것이며, 코끼리는 佛性을 비유한 것이고, 맹인은 모든 무명중생을 비유한 것이다[其觸牙者卽言象形如萊茯根 其觸耳者言象如箕 其觸頭者言象如石 其觸鼻者言象如杵 其觸脚者言象如木臼 其觸脊者言象如床 其觸腹者言象如甕 其觸尾者言象如繩 善男子 如彼衆盲不說象體亦非不說 若是衆相悉非象者 離是之外更無別象 善男子 王喩如來應正遍知 臣喩方等大涅槃經 象喩佛性 盲喩一切無明衆生]."

22) 無記에 대해 "善과 惡으로 기록할 수 없기 때문에 무기라 한다. 善과 不善의 법을 有記法이라고 일컫는다. 無記는 有覆無記와 無覆無記 두 가지로 나눈다. 첫째, 유부무기는 무기이기 때문에 異熟果(선악의 과보)를 초래하지는 않지만 聖道를 가리고 心性을 가려 더럽히는 것으로서, 예를 들면 색계·무색계의 번뇌와 욕계의 身見·邊見 등이 유부무기에 속한다. 둘째, 무부무기는 淨無記라고도 하니, 곧 순수한 무기로서 聖道를 가리거나 心性을 가려 방해하는 일이 없기 때문에 더러운 것도 아니다. 또 물음에 대해서 가부를 답하지 않는 것도 無記라고 한다. 부처님께서 대답치 않은 열네 가지 질문이 있는데 이를 14無記(14不可記)라고 한다. 열네 가지는 다음과 같다. ① '我'는 영원한가? ② '我'는 무상한가? ③ '我'는 영원하기도 하고 무상하기도 한 것인가? ④ '我'는 영원한 것도 무상한 것도 아닌가? ⑤ 세계는 끝이 있는가? ⑥세계는 끝이 없는가? ⑦ 세계

는 끝이 있기도 하고 없기도 한가? ⑧ 세계는 끝이 있는 것도 아니고 없는 것도 아닌가? ⑨ 여래는 사후에 존재하는가? ⑩ 여래는 사후에 존재하지 않는가? ⑪ 여래는 사후에 존재하기도 하고 존재하지 않기도 하는가? ⑫ 여래는 사후에 존재하는 것도 존재하지 않는 것도 아닌가? ⑬ 命과 身은 같은가? ⑭ 命과 身은 다른가? 열네 가지이다. ③, ④, ⑦, ⑧을 빼고 四類十問을 열거하는 경우도 있다.

23) 無念爲宗과 관련된 자료로 敦煌本『六祖壇經』에 "無念爲宗 無相爲體 無住爲本"이라는 구절이 있다. 宗寶本『壇經』(大正藏48, 353上)에는 無念爲宗에 대하여 다음과 같이 제시하고 있다. "무념을 세워 종으로 삼는 까닭은 무엇인가? 어리석은 사람은 입으로만 견성을 말하고, 대상 경계에서는 망념을 일으키며 망념에서 곧 삿된 견해를 일으킨다. 모든 번뇌망상은 이것으로부터 생긴다. 자신의 성품에는 본래 얻을 수 있는 법이 하나도 없다. 만약 얻은 것이 있어서 화니 복이니 하고 망령되게 말한다면 이것이 바로 번뇌망상에 물든 삿된 견해이다. 그러므로 이 법문은 무념을 종으로 삼는 것이다[云何立無念爲宗 只緣口說見性 迷人於境上有念 念上便起邪見 一切塵勞妄想 從此而生 自性本無一法可得 若有所得 妄說禍福 即是塵勞邪見 故 此法門 無念爲宗]." 또한 宗密은『圓覺經大疏釋義鈔』권3하(卍續藏14, 558中)에서 "무념을 종으로 삼는다는 말은 무슨 뜻인가? 이 법이 본래 고요하고 본래 知를 갖추고 있다는 本寂本知의 도리를 깨달았다면 이치상 모름지기 그 근본에 부합되게 마음을 써야 하며 망념을 따라서 일어나면 안 된다는 것이다. 단지 망념만 없다면 이것이 바로 수행이므로 이 한 문[荷澤宗]은 무념을 종으로 삼는 것이다[言無念爲宗者 既悟此法本寂本知 理須稱本用心 不可遂起妄念 但無妄念 即是修行 故此一門宗於無念]"라고도 말했다. 또 神會의『南陽和尙頓敎解脫禪門直了性壇語』에 다음과 같은 내용이 있다.

"본체는 적정하고 텅 비어서 소유할 수 없고 머무를 수 없으며, 허공과 같아서 어느 곳이든 두루하나니 곧 모든 부처님의 眞如身이다. 따라서 眞如는 無念을 본체로 한다. 이러한 이치 때문에 無念을 세워서 宗으로 삼는다."

또『荷澤大師顯宗記』(大正藏 51, 458下)에서는 "無念이 종지이고, 無作이 근본이며, 眞空이 본체이고, 妙有가 작용이다[無念爲宗 無作爲本 眞空爲體 妙有爲用]"고 하였다.

24) 無生法忍(anutpattika-dharma-kṣānti)은 無生忍・無生忍法・修習無生忍이라고도 한다. 모든 법은 생기지도 사라지지도 않는다는 이치를 확실히 증득하여 경계에 흔들림이 없는 마음을 말한다. 忍은 忍可・認忍의 뜻으로 확실히 그렇다고 인정하는 것이다.

보살이 초지나 혹은 7·8·9지에서 증득한다고 한다. 또『仁王般若經』에서 설한 5忍(伏忍·信忍·順忍·無生忍·寂滅忍) 가운데 하나이다.『大智度論』 제50권(大正藏25, 417下)에 "無生法忍이란 생함과 멸함이 없는 모든 법의 實相 가운데서 믿어 받아들이고 통달하며, 걸림이 없고 물러서지 않는 것이니, 이를 無生忍이라 한다[無生法忍者 於無生滅諸法實相中 信受通達無礙不退 是名無生忍]"고 하였다.

또『大乘義章』 제12권(大正藏44, 701中)에 다음과 같은 내용이 있다.

"경계를 의지해서 이름한 것이니, 이치가 적멸하여 생기는 일이 없으므로 無生이라 하고, 지혜로 적멸한 이치에 안주하는 것을 無生忍이라 한다."

25) 無始無明은 시간적으로 한계를 지을 수 없는 아득한 과거로부터 미혹한 것을 말한다.『菩提心論』에서는 '無始間隔'이라 했고, 여타의 다른 경론에서는 '無始無明'이라 했다. 평등한 법계의 이치에 도달하지 못하고 평등한 理性과 격리된 것을 '무명' 또는 '간격'이라 한다. 이 무명의 간격에 의해 여러 가지 번뇌를 일으키고 여러 가지 업을 지어 여러 가지 고통스런 과보를 받게된다. '無始'에 대해서는 세 가지 해석이 있다. 첫째는 인연에 따라 발생한다는 이치에 의거해 해석하는 것으로서, 현재의 결과는 전생의 원인에 의해 발생하며 전생의 결과는 다시 그 전생의 원인에 의해 발생한다. 이렇게 추구해 가면 처음과 시작은 없게 된다. 왜냐하면 처음과 시작이 있다고 하면 그 처음은 원인 없이 발생한 것이 되므로 불법이 아닌 것이 된다. 둘째는 지말무명이 근본무명에 의지하고, 근본무명은 진여에 의한다는 이치에 의거한 해석이다. 이때 근본무명은 번뇌의 근본이 되고, 근본무명 앞에는 달리 처음이 되는 惑法이 없으므로 '無始'라 한다. 이 해석에 따르면 無始라는 말은 곧 根本의 다른 이름이 된다. 셋째는 眞妄同體의 이치에 따른 해석이다. 眞如와 無明은 동일한 법으로 이름만 다를 뿐이다. 따라서 상주불변한 진여의 의미에 따라 무명도 시작이 없는 것이 된다.

26) 無我法中有眞我는『大般涅槃經』 제34권「迦葉菩薩品」(大正藏12, 838上)에 나온다. 같은 의미를 담고 있는 상세한 설명이『大般涅槃經』 제8권「如來性品」(大正藏12, 649下)에 있는데 그 내용은 다음과 같다.

"부처님께서 가섭보살에게 말씀하셨다.

'진실로 살생하는 일이 있느니라. 왜냐하면 선남자여, 중생의 불성이 5음 속에 있나니, 5음을 파괴하면 살생하는 것이며, 살생하면 악취에 태어나느니라. …… 金剛輪은 칼과 도끼로 파괴할 수 없느니라. 선남자여, 중생의 불성도 그러하여 어떤 論師·天魔·波

旬・天人・世間人도 파괴할 수 없느니라. 5음의 모양은 만들어진 것이니, 만들어진 모양은 돌과 모래와 같아서 뚫을 수 있고 깨뜨릴 수 있지만 불성인 眞我는 비유하건대 金剛輪과 같아서 파괴할 수 없느니라. 이러한 이치 때문에 5음을 파괴하는 것을 살생이라고 하느니라. 선남자여, 불법은 이와 같이 불가사의한 것임을 꼭 분명히 알아야 하느니라[佛告迦葉 實有殺生 何以故 善男子 衆生佛性住五陰中 若壞五陰名曰殺生 若有殺生卽墮惡趣 …… 夫金剛者所有刀斧不能破壞 善男子 衆生佛性亦復如是 一切論者天魔波旬及諸人天所不能壞 五陰之相卽是起作 起作之相猶如石沙可穿可壞 佛性眞我 譬如金剛不可毁壞 以是義故壞五陰者 名爲殺生 善男子 必定當知佛法如是不可思議]."

27) 無我者로부터 名爲如來까지는『大般涅槃經』제2권(大正藏12, 617中)에서 발췌한 것이다. 전문은 다음과 같다.

"무엇을 이치라 하는가? 眞我가 없는 것은 생사요, 眞我는 여래며, 무상한 것은 聲聞과 緣覺이요, 영원한 것은 여래의 법신이며, 괴로운 것은 모든 외도들이요, 즐거운 것은 열반이며, 부정한 것은 유위법이요, 깨끗한 것은 모든 불보살께서 소유한 정법이니라. 이것을 전도되지 않은 것이라 하나니, 전도되지 않았기 때문에 글자도 알고 이치도 안다고 하느니라. 만일 네 가지 전도를 멀리 여의고 싶다면 마땅히 이와 같은 常・樂・我・淨을 알아야 하느니라[何等爲義 無我者卽生死 我者卽如來 無常者聲聞緣覺 常者如來法身 苦者一切外道 樂者卽是涅槃 不淨者卽有爲法 淨者諸佛菩薩所有正法 是名不顚倒 以不倒故 知字知義 若欲遠離四顚倒者 應知如是常樂我淨]."

28) 無礙智는 모든 事理를 알아 어떤 것에도 걸림이 없이 두루 통달하는 부처님의 지혜를 말한다. 澄觀은『大方廣佛華嚴經疏』제49권(大正藏35, 880中)에서 "무애지는 始覺과 本覺에 있어 다르지 않고, 煩惱障・所知障의 두 가지 장애를 끊는다[無礙智者 始本無二絶二礙也]"라고 하였고, 또『大方廣方華嚴經隨疏演義鈔』제80권(大正藏36, 623中)에서 다시 다음과 같이 자세히 설명하였다.

"'始覺과 本覺에 있어 다르지 않고 煩惱障・所知障의 두 가지 장애를 끊는다'는 것에 두 가지 의미가 있다. 첫째는 중생이 본래 부처님의 지혜를 가지고 있어서 本覺이 始覺을 장애하지 않는 이치를 증득함이니, 이를 무애지라고 한다. 둘째는 장애를 끊어 무애지가 드러나면 번뇌장・소지장의 두 가지 장애가 없어짐이다[始本無二絶二礙者 此有二意 一則衆生本有佛智 是則本覺不礙始覺 如是而證名無礙智 二者斷障顯了則無煩惱所知二礙]."

『都序』에서는 '중생이 본래 부처님의 지혜를 갖추고 있다'는 의미로 쓰였다.

29) 無有少法 是名菩提의 전거로 『金剛般若波羅蜜經』(大正藏8, 751下)에 다음과 같은 내용이 있다.
"수보리가 부처님께 아뢰었다.
'세존이시여, 부처님께서 아뇩다라삼먁삼보리를 얻으셨다는 것은 얻으신 바가 없는 것입니까?'
부처님께서 말씀하셨다.
'그렇다, 그렇다. 수보리야, 내가 아뇩다라삼먁삼보리에 있어서, 나아가 얻을 수 있는 어떤 조그마한 법도 없는 이것을 아뇩다라삼먁삼보리라 하느니라.'
[須菩提白佛言 世尊 佛得阿耨多羅三藐三菩提 爲無所得耶 如是如是須菩提 我於阿耨多羅三藐三菩提 乃至無有少法可得是名阿耨多羅三藐三菩提]."

30) 無着(Asaṅga)은 阿僧伽로 음사하며, 無障礙라고도 한다. 북인도 健馱邏國의 普魯夏普拉(Puruṣa-pura) 출신으로 瑜伽行派를 창시한 사람 중 하나이다. 『婆藪槃豆法師傳』에 의거하면, 아버지의 이름은 憍尸迦(Kauśika)이고, 세 아들(世親과 師子覺은 無著의 아우)을 모두 婆藪槃豆(Vasubandhu)라고 불렀다. 說一切有部로 출가하여 空의 뜻을 사유하였으나 깨닫지 못하자 자살하려고 했을 때 毘提訶(Videha)의 賓頭羅(Piṇḍola)가 앞에 나타나 空觀을 설해주어 깨달았다고 한다. 그러나 만족스럽게 여기지 않고 이내 신통으로 도솔천에 올라가 미륵보살에게서 대승공관을 전수받았고, 돌아와 깊이 사유하여 마침내 大乘空觀을 통달하였다. 뒤에 여러 차례 도솔천에 올라가 『瑜伽師地論』 등 대승의 깊은 뜻을 배우고는 대승을 널리 선설하고 여러 대승경전을 주해하였다. 이로 말미암아 大乘瑜伽의 법문이 사방에 전해지게 되었다. 그의 아우 世親도 본래 소승을 배웠으나, 나중에는 무착의 권유로 대승에 귀의하여 대승교의를 널리 선양하였다. 『西藏傳』에 의하면 75세에 왕사성에서 입적하였다고 한다. 저서로는 『瑜伽師地論』·『金剛般若論』·『順中論』·『攝大乘論』·『大乘阿毘達磨雜集論』·『顯揚聖教論頌』·『六門教授習定論頌』 등이 전해진다. (출전 : 『金剛仙論』 제10권, 『瑜伽師地論釋』, 『大唐西域記』 제5권 阿踰陀國條, 『南海寄歸內法傳』 제4권 長髮有無條, 『往五天竺國傳』)

31) 泯絶無寄와 관련하여 杜順의 『法界觀門』 第一眞空觀(大正藏45, 686上)에 '泯絶無寄觀'이라는 말이 나오며, 『註華嚴法界觀門』에 "泯絶無寄는 반야심경의 空卽是色 등의 글에 해당한다[泯絶無寄 當般若心經 空卽是色等文也]"는 내용이 있다.

澄觀은 『華嚴法界玄鏡』 상권(大正藏45, 675中)에서 이를 다음과 같이 설명하였다. "넷째, 泯絶無寄觀이란 이를테면 관찰할 대상이 眞空이라 '色이다, 色이 아니다'라고 말할 수 없으며, 또한 '空이다, 空이 아니다'라고도 말할 수 없는 것이다. 어떤 존재도 그 실체를 인정할 수 없고, 인정할 수 없다는 것도 인정할 수 없으며, 이런 말조차도 또한 받아들일 수 없는 경계이다. 이에 모든 대상이 완전히 끊어져 더 이상 의지할 것이 없고, 언어로 접근할 바가 아니며, 이해로 도달할 바가 아니니, 이른바 몸소 실행해야만 알 수 있는 경계[行境]이다. 무슨 이유 때문인가? 妄心이나 妄念이 발생하면 법의 본체와 어긋나고 正念을 잃어버리기 때문이다[第四泯絶無寄觀者 謂此所觀眞空 不可言卽色不卽色 亦不可言卽空不卽空 一切法皆不可 不可亦不可 此語亦不受 逈絶無寄 非言所及 非解所到 是謂行境 何以故 以生心動念 卽乖法體失正念故]."

32) 波羅奈國(Vārāṇasī)은 波羅奈斯國·波羅捺國·婆羅捺斯國·波羅捺寫國이라고도 한다. 인도 고대왕국의 하나로 옛 명칭은 카시국(Kāśi), 근세의 명칭은 베나레스(Benares), 곧 지금의 바라나시(Varanasi)이다. 『大唐西域記』 제7권에 의거하면, 이 나라의 도성은 서쪽으로 항하에 접해 있고, 사람들이 매우 많이 살고 있었다고 한다. 또 그 성 사람들은 인성이 온순하며 공손하고, 대부분이 외도를 믿고 불법을 공경하는 이는 매우 적었으며, 승려들은 대부분 小乘正量部法을 배웠다고 한다. 그 성의 동북쪽에 婆羅奈河가 있고, 바라나하의 서쪽에 아육왕의 탑이 있으며, 바라나하 동북쪽 십여 리쯤에 彌勒菩薩과 護明菩薩이 수기를 받았던 옛 터가 있고, 성의 서북쪽에 鹿野苑이 있었다고 한다. 이 녹야원은 부처님께서 성도하신 뒤에 최초로 5비구(阿若憍陳如·婆提利迦·摩訶那摩·波濕波·阿說恃多阿鞞)를 교화한 곳이다. 이 지역은 일찍이 학술이 흥성했고, 북인도의 탁사실라(Takśasilā)와 더불어 바라문교학의 중심지였으며, 玄奘이 도착했을 당시에는 濕婆派가 성행했다고 한다. 지금도 이곳엔 유명한 金寺를 비롯한 천여 개의 힌두교 사원이 남아 있다. 1194년에 회교도가 침입한 뒤로 불교는 이곳에서 자취를 감췄지만, 힌두교·자이나교·불교의 성지로서 순례자들의 발길이 끊이지 않고 있다. 또 이 나라는 예부터 목화 생산지로 유명했으니, 경전에 종종 나오는 바라나(bārāṇa)가 바로 이곳 산물이다. (출전 : 『雜阿含經』 제23권, 『佛本行集經』 제33권, 『善見律毘婆沙』 제6권, 『大智度論』 제3권, 『慧琳音義』 제10권)

33) 般舟三昧를 『大集賢護經』에서는 '思惟諸佛現前三昧'라고 하였다. 특정 기간(7일 혹은 90일)을 정해 놓고 반주삼매를 수행하면 부처님을 친견할 수 있다고 하였다. 『般舟讚』

에서는 "90일을 1期로 삼아 쉬는 일이 없이 항상 수행한다. 음식 먹을 때를 제외하고는 일정하게 경행하며 쉬지 않고, 걸음걸음마다 명호를 부르고 생각 생각에 오직 아미타불만 생각한다"고 하고, 또 "이 禪定法을 수행하는 이가 행동을 바르게 하고, 입으로 부처님의 명호를 부르며, 마음으로 부처님을 관하고 생각하면 삼업이 이에 반드시 상응하기 때문에 총칭하여 三業無間이라고 한다"고 하였다. 『摩訶止觀』 권2(大正藏46, 12上)에는 "반주삼매란 『반주삼매경』에 수록된 것으로 (부처님께서 그 앞에 우뚝 나타나신다는 뜻에서) 佛立이라 한역한다. 佛立에는 세 가지 뜻이 있다. 첫째 부처님의 위신력이요, 둘째 삼매의 힘이며, 셋째 행자의 본래 공덕력이다. (이 삼매를 닦으면) 선정 중에 시방세계에 현재하신 모든 부처님께서 수행자 앞에 우뚝 나타나는 광경을 보게 된다. 마치 밝은 눈을 가진 사람이 구름한 점 없는 밤에 별을 보는 것과 같다. 시방세계의 모든 부처님을 친견하는 일도 이와 같이 무수히 많으므로 佛立三昧라 한다[此法出般舟三昧經 翻爲佛立 佛立三義 一佛威力 二三昧力 三行者本功德力 能於定中 見十方現在佛 在其前立 如明眼人 淸夜觀星 見十方佛 亦如是多 故名佛立三昧]"라고 제시했다. 廬山의 慧遠이 최초로 대중을 모아 결사할 때 이 禪定法을 수행했다. 그 후 智顗·善導·慧日·承遠·法照 등이 이 一定行을 널리 선양하여, 중국과 일본 등지에서 두루 성행하게 되었다.

34) 裵休(797~870)의 字는 公美이고 河東大士라 칭하며, 산서성 河東 聞喜 출신이다(『唐書』에서는 孟州 濟源 사람이라 하였다). 中唐의 정치가로서 監察御使, 兵部侍郞, 御使大夫 등을 역임하고 同平章事가 되어(852) 漕米法·稅茶法 등을 개혁하였다. 재상을 사임한 후 節度使를 지내다가 재차 중앙으로 돌아와 戶部尙書를 역임하기도 하였다. 圭峰에게서 華嚴을 배웠고, 洪州刺史를 역임할 당시 黃蘗希運을 만나 임지의 龍興寺·開元寺에 권주케 하고는 조석으로 참문하며 선법을 깊이 참구하였다. 『勸發菩提心文』을 짓고 黃蘗의 어록인 『傳心法要』를 集錄하였다. 또 圭峰의 『禪源諸詮集都序』 등 여러 저술에 서문을 썼다. 咸通 11년 74세로 생을 마쳤다. 흔히들 그를 越州 檀目塔의 三生功德主(秦代 허현도, 梁代 武帝의 孫 蕭察, 唐代 裵休政丞)라 한다. (출전 : 『宋高僧傳』 제6, 11, 20, 25권, 『景德傳燈錄』 제6, 8, 9, 12, 13권, 『居士傳』 제13권, 『唐書列傳』, 『五燈會元』, 『舊唐書』, 『新唐書』)

35) 煩惱所知二障에서 所知障(ñeyāvaraṇa)은 智障이라고도 한다. 탐·진·치 등의 번뇌가 알아야 할 대상의 眞相을 바로 알지 못하게 장애하므로 煩惱障이라 하고, 이미 알고

있는 것이 正智를 장애하기 때문에 所知障이라고 한다. 煩惱障(kleśāvaraṇa)은 惑障이라고 한다. 아집으로 인해 발생하며 끊임없이 사람의 마음을 산란케 하고 어지럽혀 깨달음에 이르는 길, 곧 聖道를 방해해 열반을 얻지 못하게 하는 번뇌를 말한다.

『俱舍論』 제17권에서는 "자주 일어나 無漏慧가 생기는 것을 방해하여 慧解脫을 얻지 못하게 하는 번뇌를 煩惱障이라 하고, 煩惱障을 여의어 慧解脫을 얻어도 滅盡定을 얻는 것을 방해하여 俱解脫을 얻지 못하게 하는 장애를 解脫障(定障)이라고 한다. 전자(煩惱障)는 染汚無知를 후자(解脫障)는 不染汚無知를 체로 삼는다"고 하였고, 『成唯識論』 제9권(大正藏31, 48下)에서는 "煩惱障이란 온갖 계교로 생각해낸 허망한 我를 진실한 我로 집착하는 薩迦耶見(我見)을 선두로, 128根本煩惱와 그것의 等類인 모든 隨煩惱를 말한다. 이들이 모두 유정의 신심을 괴롭히고 어지럽혀 열반을 장애하나니, 이를 번뇌장이라 한다. 所知障이란 온갖 계교로 생각해낸 허망한 法을 진실한 法으로 집착하는 薩迦耶見을 선두로, 惡見・疑・無明・愛・恚・慢 등이다. 알아야 할 경계와 전도됨이 없는 본성을 덮어 보리를 장애하는 것을 所知障이라 한다[煩惱障者 謂執遍計所執實我薩迦耶見而爲上首百二十八根本煩惱 及彼等流諸隨煩惱 此皆擾惱有情身心能障涅槃名煩惱障 所知障者 謂執遍計所執實法薩迦耶見而爲上首見疑無明愛恚慢等 覆所知境無顚倒性能障菩提名所知障]"고 하였다.

번뇌장은 我執을 근본으로 삼고, 소지장은 法執을 근본으로 삼는다. 작용하는 특징으로 말하면, 번뇌장은 열반을 장애하고, 소지장은 보리를 장애한다. 번뇌장은 열반을 장애하는 正障이고, 소지장은 正障의 힘을 겸해야만 열반을 장애할 수 있는 兼障이기 때문에 소지장만으로는 열반을 장애할 수 없다. 또 번뇌장으로 인해 分段生死를 받고, 소지장으로 인해 變易生死를 받는다. 그러므로 이승은 번뇌장을 끊은 과위를 이상으로 여기지만, 보살은 소지장까지 끊어 불과를 얻는 것으로써 이상을 삼는다. 왜냐하면 소지장이 삼계의 과보를 일으키지는 않지만 변역생사를 받게 하기 때문이다.

또 『大乘義章』 제5권에서는 "五住地의 惑에서 앞의 4地(見一切住地・欲愛住地・色愛住地・有愛住地)의 惑을 번뇌장이라 하고, 최후 無明住地의 惑을 소지장이라 한다"고 하였다.

36) 法界에는 一切萬有와 眞如라는 두 가지 의미가 있다. 一切萬有의 의미로 파악하는 것은 드러난 현상에 입각해 해석한 것이고, 眞如의 의미로 파악하는 것은 이치에 입각해 해석한 것이다. 첫째, 현상을 기준하면 '法'은 독립하여 존재하는 낱낱의 물체이고, '界'

는 독립하여 존재하는 물체들이 점유하고 있는 영역이다. 둘째, 이치를 기준하면 '法'은 眞如・理法・法性・實相・實際와 동의어이고, '界'는 因의 의미 즉 모든 聖道를 발생시키는 원인의 뜻을 가지게 된다. 『都序』에서 종밀은 진여의 의미로 '법계'라는 용어를 사용하였다. 『華嚴經探玄記』 권18(大正藏35, 440中)에서는 다음과 같이 설명하였다. "법계는 증득할 대상이며, '법'이라는 말에는 세 가지 뜻이 있다. 첫째 자성을 유지한다는 뜻이며, 둘째 근본적인 법도로서 따르는 軌則이라는 뜻이고, 셋째 의식과 상대한다는 뜻이다. '계'에도 세 가지 뜻이 있다. 첫째 원인이라는 뜻이니 그것에 의지하여 불도를 일으키기 때문이다. 『섭대승론』에 '법계란 모든 청정한 법의 원인이다'라고 하였고, 『중변분별론』에 '불법의 원인이 된다는 점이 그 근본적인 뜻이기 때문에 법계라 한다. 불법은 이 경계에 의지하여 발생하며, 이 중에서 원인이라는 뜻이 바로 界의 뜻이다'(『중변분별론』 권上, 大正藏31, 452下)라고 하였다. 둘째 性이라는 뜻이니, 모든 법이 의지하는 근거로서의 성이기 때문이다. 이 경의 문구에서 '법계의 法性에 대한 언급 또한 不思議하다'(『화엄경(60권)』 권1, 大正藏9, 400中)라고 한 것도 그 때문이다. 셋째 分際의 뜻이니, 인연으로 일어나는 모든 차별상은 각자의 특성이 뒤섞이지 않기 때문이다[法界是所入 法有三義 一是持自性義 二是軌則義 三對意義 界亦有三義 一是因義 依生聖道故 攝論云 法界者 謂是一切淨法因故 又中邊論云 聖法因爲義故 是故說法界 聖法依此境生 此中因義是界義 二是性義 謂是諸法所依性故 此經上文云 法界法性辨亦然故也 三是分齊義 謂諸緣起相不雜故]."

37) 法性에 대해 『大智度論』 제32권(大正藏25, 298中)에서는 "모든 법의 總相과 別相이 다 법성으로 귀결된다[一切總相別相 皆歸法性]"고 하였고, 『雜阿含經』(大正藏2, 217下)에서는 "여래가 세상에 출현하건 출현하지 않건 법성은 상주하나니, 저 여래께서는 스스로 깨달아 등정각을 이루시고는 자세한 설명을 드러내 분별해 보여주시느니라[如來出世及不出世 法性常住 彼如來 自知成等正覺 顯現演說 分別開示]"라 하였다.

또 『法華經』 序品(大正藏9, 3中)에서는 "모든 법의 성품을 관찰해보니 서로 다른 모양이 없는 것이 저 허공과 같다[觀諸法性 無有二相 猶如虛空]"라고 하였고, 『大智度論』 37卷(大正藏25, 334上)에서는 "법성이란 모든 법의 실상이다. 마음속의 무명과 모든 번뇌를 제거하여 청정하고 진실한 觀으로써 모든 법의 본성을 얻으면 법성이라 한다. 性은 진실을 말하나니, 중생이 邪觀 때문에 속박되고 正觀 때문에 해탈한다[法性者 諸法實相 除心中 無明諸結使 以淸淨實觀 得諸法本性 名爲法性 性名眞實 以衆生 邪觀故

縛 正觀故解]"라고 하였다.

또 『起信論疏(元曉)』(大正藏44, 204上)에 다음과 같은 내용이 있다.

"법성은 이를테면 열반법의 본성이기 때문에 법성이라고 한다. 예컨대 『智度論』에서는 '法을 열반이라 하나니 희론이 없는 법이고, 性을 본분의 종자라 하나니 누런 돌에 금의 성품이 있고 하얀 돌에 은의 성품이 있는 것과 같다. 이와 마찬가지로 모든 법에 열반의 성품이 있기 때문에 법성이라고 말한다'라고 하였다[言法性者 所謂涅槃 法之本性 故名法性 如智度論云 法名涅槃 無戲論法 性名本分種 如黃石金性 白石銀性 如是一切法中有涅槃性 故言法性]."

38) 法義에 대해 『大乘起信論』 立義分(大正藏32, 575下)에서는 다음과 같이 설명하였다.

"摩訶衍이란 總說하면 두 가지가 있으니, 무엇이 두 가지인가? 첫째는 法이고, 둘째는 義이다. 法은 衆生心이니 이 중생심이 모든 세간법과 출세간법을 총섭하고, 이 중생심을 의지하여 마하연의 義를 드러내 보인다. 무슨 까닭인가? 이 중생심의 眞如相이 마하연의 體를 보이기 때문이고, 중생심의 생멸하는 因緣相이 마하연의 自體와 相과 用을 보이기 때문이다. 義에는 세 가지가 있다. 무엇이 세 가지인가? 첫째는 體大니 모든 법이 진여와 평등하여 증감하지 않기 때문이다. 둘째는 相大니 여래장이 무량한 공덕을 구족하고 있기 때문이다. 셋째는 用大니 모든 세간과 출세간의 선한 인과를 내기 때문이고, 모든 부처님들께서 본래 의지한 바이기 때문이며, 모든 보살이 모두 이 法을 의지해서 如來地에 도달하기 때문이다[摩訶衍者 總說有二種 云何爲二 一者法 二者義 所言法者 謂衆生心 是心則攝一切世間法出世間法 依於此心顯示摩訶衍義 何以故 是心眞如相 卽示摩訶衍體故 是心生滅因緣相 能示摩訶衍自體相用故 所言義者 則有三種 云何爲三 一者體大 謂一切法眞如平等不增減故 二者相大 謂如來藏具足無量性功德故 三者用大 能生一切世間出世間善因果故 一切諸佛本所乘故 一切菩薩皆乘此法到如來地故]."

『起信論』의 설명에 의하면, '法'은 중생심으로서 대승의 體이고, '義'는 體·相·用 三大이다. 體大는 진여의 본체이고, 相大는 진여의 덕상이고, 用大는 진여의 작용을 말한다.

39) 法爾有八種識의 전거로 『成唯識論』 제2권(大正藏31, 8上)에 다음과 같은 내용이 있다.

"契經에서 말씀하시기를 '모든 유정들은 시작도 없는 때로부터 여러 가지 界를 가지고 있는데, 예컨대 惡叉의 열매가 한 곳에 쌓여 있는 것처럼 본래부터 존재한다'라고 했다. 界는 種子의 다른 명칭이다. 또 契經에서 말씀하시기를 '시작도 없는 때로부터 界는 모든 법들이 의지하는 곳이니 界는 原因의 뜻이다'라고 했다[如契經說一切有情無始時來 有種種界 如惡叉聚 法爾而有 界卽種子差別名故 又契經說無始時來 界一切法等依 界是因義]."

40) 壁觀이란 용어는 『二入四行論』의 曇林의 序에서 처음 나왔고, 이후 道宣의 『續高僧傳』 제16권(大正藏50, 551下), 智儼의 『孔目章』 제2권(大正藏50, 559上~中) 등에서도 거론되었다. 梁나라 때 보리달마가 숭산 소림사에서 9년 간 면벽하자 세인들이 壁觀婆羅門이라 불렀다고 한다. 종밀이 『都序』에서 "밖으로 모든 반연을 그치고 안으로 헐떡거리는 마음을 없애 마음이 담벼락과 같아야 불도에 들어갈 수 있다[外止諸緣 內心無喘 心如牆壁 可以入道]"라고 해석한 것이 壁觀의 내용을 설명한 것으로서는 최초이다. 『景德傳燈錄』 제30권(大正藏51, 458中)에서는 『二入四行論』을 수록하고서 壁觀에 대해 다음과 같이 설명하였다.

"이치로 들어간다는 것[理入]은 부처님의 말씀을 의지해 종지를 깨닫고, '모든 중생들이 부처님과 동일한 眞性이지만 번뇌망상에 덮여 眞性을 드러내지 못할 뿐이라는 것'을 깊이 믿는 것이다. 만일 허망한 경계에 대한 집착을 버리고 眞性으로 돌아가 조용히 앉아 마음을 모으고 벽을 향하면, 나도 없고 남도 없으며 범부와 성인이 평등한 것이다. 이러한 경지에 굳건히 머물러 마음이 움직이지 않으면, 다시는 문자의 가르침을 따르지 않게 된다. 이것이 바로 이치와 부합되어 분별하는 마음이 없이 고요하고 함이 없는 것이니, 이를 이치로 들어가는 것이라 한다[理入者 謂藉教悟宗 深信含生同一眞性 但爲客塵妄想所覆 不能顯了 若也舍妄歸眞 凝住壁觀 無自無他 凡聖等一 堅住不移 更不隨於文教 此卽與理冥符 無有分別 寂然無爲 名之理入]." 『釋門正統』 권8(卍續藏130, 907上)에는 壁觀의 '壁'에 대하여 "객진의 번뇌와 거짓된 망념이 들어오지 못하게 하므로 벽이라 한다[客塵僞妄不入曰壁]"라고 풀었다.

41) 遍計所執性(parikalpita-svabhāva)은 유식종에서 시설한 三性의 하나로서 遍計所執相·分別性·分別相·妄計自性·妄分別性이라고도 하고, 遍計所執·計所執·所執性이라 약칭하기도 한다. 범부가 갖가지 妄情으로 我(주관)와 法(객관) 등이 실재한다고 집착하는 성질을 말한다. '遍計'는 이리저리 억측하여 여러 가지 사물을 헤아리고 분별해 시비선악 등을 가리는 것이다. '所執'은 遍計에 의해 집착되는 대상을 말한다. 즉 연기법에 따라 존재하는 세계를 실재한다고 여기고는 갖가지 잘못된 분별을 일으켜

집착하는 것을 遍計所執性이라 한다.

『攝大乘論本』 권中(大正藏31, 139中)에는 "변계소집이 이루어지는 근거는 무엇이고, 어떤 이유 때문에 변계소집이라는 이름을 붙였는가? (심의 작용에 따라 드러나는) 헤아릴 수 없이 많은 행상(行相)은 의식(意識)이 대상을 두루 분별하여 전도된 망상으로 일으킨 상이므로 변계소집이라 한다[云何成遍計所執 何因緣故 名遍計所執 無量行相 意識遍計 顚倒生相故 名遍計所執]"라고 정의하였고, 『成唯識論』 권8(大正藏31, 45下)에서는 "널리 두루 계탁하므로 변계라 하고, 변계하는 대상의 종류가 매우 많으므로 '저것들(彼彼)'이라 한다. 곧 변계하는 주체의 허망한 분별을 가리키니, 저들 허망한 분별에 의해서 갖가지 변계의 대상을 두루 계탁한다. 곧 망령되게 집착하는 대상인 오온·12처·18계 등과 법이나 我의 자성과 차별된 양상을 말한다. 이렇게 망령되게 집착하는 대상의 자성과 차별된 양상을 총괄적으로 변계소집자성이라 한다. 이와 같은 자성은 전혀 실재하지 않는 것이다. 바른 논리와 성스러운 가르침에 의해 추리하고 따져보아도 인식할 수 없기 때문이다[周遍計度 故名遍計 品類衆多 說爲彼彼 謂能遍計虛妄分別 卽由彼彼虛妄分別 遍計種種所遍計物 謂所妄執蘊處界等 若法若我 自性差別 此所妄執 自性差別 總名遍計所執自性 如是自性 都無所有 理敎推徵 不可得故]"라고 하였다. 『攝大乘論釋』 권1(大正藏31, 382中)에는 "변계소집성에는 오로지 증익만 있을 뿐 손감은 없으니, 그것은 전혀 존재하시 않기 때문이다. 반드시 존재하는 것에 있어서만 비로소 손감이 일어나게 된다. 의타기성에는 증익이 없으니, 그것은 본체가 있기 때문이다. 반드시 존재하지 않는 것에 있어서만 증익이 있다. 또한 (의타기에는) 손감이 없으니, (그것은 본체가 있기는 해도) 허망하게 있을 뿐이기 때문이다. 원성실성에서는 증익은 있지 않으니 그것은 실유이기 때문이며, 오로지 손감만 있는 까닭도 이것으로 말미암는다[於遍計所執 唯有增益 而無損減 都無有故 以要於有 方起損減 於依他起 無有增益 以有體故 要於非有 方有增益 亦無損減 唯妄有故 於圓成實 無有增益 是實有故 唯有損減 卽由此故]"라고 하였다.

42) 普見一切衆生으로부터 德相備足까지의 전거로 『大方等如來藏經』(大正藏16, 457中~下)에서 "선남자야, 내가 佛眼으로 모든 중생들을 관찰해 보니, 탐욕·진에·우치 등 모든 번뇌 속에서 如來智·如來眼·如來身이 결가부좌한 채, 엄연히 움직이지 않고 있구나. 또 선남자야, 모든 중생들이 비록 여러 갈래 세계의 煩惱身 속에 있지만 여래장을 가지고 있으니, 그 여래장은 항상 번뇌에 물드는 일이 없고, 덕상을 온전히 갖추고

있어 여래인 나와 똑같구나[善男子 我以佛眼觀一切衆生 貪欲恚癡諸煩惱中 有如來智 如來眼 如來身 結跏趺坐儼然不動 善男子 一切衆生 雖在諸趣煩惱身中 有如來藏 常無染汚 德相備足 如我無異]"라고 하였다.

43) 保唐無住(714~774)는 속성이 李氏며 섬서성 출신이다. 至德 2년(757)에 사천의 淨衆寺에서 無相(684~762)을 만나 제자가 되었고, 淨衆宗에 비견하는 保唐宗이란 문파를 이루었다. 『歷代法寶記』에서는 그의 법계를 5조 弘忍→資州智詵→處寂→정중무상→보당무주라 하였고, 『圓覺經大疏鈔』에서는 5조 홍인→崇嶽慧安→陣楚璋→보당무주라 하였다. 종밀은 정중종과 보당종을 모두 북종의 일파로 보았다.

44) 本覺에 대해 『大乘起信論』(大正藏32, 576中)에서는 다음과 같이 설명하였다.

"本覺의 정의를 말하자면 心體가 망념을 여읜 것이니, 망념을 여읜 모습은 허공계처럼 두루하지 않는 곳이 없다. 그러므로 허공계처럼 두루한 법계의 一相이 바로 여래의 평등한 법신이며, 이 평등한 법신을 본각이라고 설명한다[所言覺義者 謂心體離念 離念相者 等虛空界 無所不徧 法界一相 卽是如來 平等法身 依此法身 說名本覺]."

45) 本來無事란 해야 할 일을 모두 성취하여 더 이상 할 일이 없는 본래 있는 그대로의 경지를 가리키며, 이와 관련된 자료로 『傳心法要』(大正藏48, 382下)에서는 "안팎으로 끄달리는 망정이 다하여 의지하거나 집착하는 마음이 전혀 없으면 아무 일도 없는 사람이다[表裏情盡都無依執 是無事人]"고 하였고, 『臨濟錄』(大正藏47, 498中)에서는 "참선하는 이들이여! 대장부라면 바로 지금 본래 아무 일이 없는 줄을 알 것이다[道流 大丈夫兒 今日 方知本來無事]"고 하였다. 『圓覺經大疏鈔』 제3권(卍續藏經14, 0557下~0558上)에서는 이를 牛頭禪의 수행법이라 하고, 본래 아무 일이 없어 妄情을 잊고, 妄心을 쉬어 일으키지 않는 것이라 하였다. 마음과 대상에 대해 있다거나 혹은 없다는 생각을 일으키는 것은 다 미혹한 망정 때문이다. 그러므로 몸과 마음에 대한 미혹한 妄情이 없어지면 妄心은 저절로 의지할 곳이 없어져 본래 아무 일이 없는 이치를 증득하게 된다고 설명하였다.

46) 本無凡夫와 관련된 자료로 『景德傳燈錄』 제28권 江西大寂道一禪師章(大正藏51, 440上)에 "道는 修行이 필요치 않으니, 더럽히지만 말라. 무엇을 더럽히는 것이라 하는가? 생사의 마음으로 무언가를 조작하여 나아가려 하는 것은 모두가 더럽히는 것이다. 만약 그 道를 당장에 알고 싶다면 平常心이 곧 道이다. 평상심에는 조작이 없고, 옳고 그름도 없으며, 취하고 버림이 없고, 단견・상견이 없으며, 범부도 성인도 없다. 경에 말씀

하시기를 '범부의 행도 아니요, 성현의 행도 아닌 것이 보살행이다'라고 하였으니, 지금 가고 서고 앉고 누우며 사람과 대면하는 경계가 모두 道이다[道不用修 但莫汚染 何爲汚染 但有生死心 造作趣向皆是汚染 若欲直會其道 平常心是道 謂平常心無造作 無是非 無取捨 無斷常 無凡無聖 經云 非凡夫行 非賢聖行 是菩薩行 只如今行住坐臥 應機接物 盡是道]"라고 한 것이 있다.

47) 傅大士(497~569)는 梁나라 말기 陳나라 초기 때 생존했던 거사로 婺州善慧라고도 한다. 婺州 출신으로 속성은 傅氏이고, 字는 玄風, 이름은 翕이며, 雙林大師·東陽居士라고도 한다. 24세에 崇頭陀에게 감화를 받아 松山에 숨어 수행하다가 雙林樹 아래에서 깨달음을 얻었다 한다. 무애자재한 행으로 출가자와 재가자에게 존경을 받고 梁武帝의 귀의를 받았으며, 種山 定林寺에 머물렀다. 『善慧大士錄』·『傅大士傳』에 그 행적이 자세히 나온다.

『碧巖錄』 제67칙(大正藏48, 197上)에서는 "양무제가 부대사를 초청하여 『金剛經』을 강의하게 하자, 대사는 법좌 위에서 경상을 한 번 후려치고는 바로 자리에서 내려왔다[梁武帝請傅大士講金剛經 大士便於座上 揮案一下 便下座]"고 하였고, 『圓覺經大疏鈔』 제7권(卍續藏14, 0707上)에는 다음과 같은 부대사의 게송이 기록되어 있다.

"부대사가 말했다.

未有無心境　마음 없는 경계가 있은 적 없고
曾無無境心　경계 없는 마음이 있은 적도 없네.
境亡心亦滅　경계가 없어지면 마음 또한 사라져
無境亦無心　경계도 없고 마음도 없다네."

48) 不起滅定으로부터 佛所印可까지는 『維摩經』 「弟子品」(大正藏14, 539下)에서 발췌한 내용이다. 그 내용은 다음과 같다.

"제가 언젠가 숲 속 나무 아래에서 좌선하고 있을 때 유마힐이 찾아와 저에게 말했습니다. '사리불이여, 반드시 앉아 있어야만 좌선하는 것은 아닙니다. 좌선이란 생사의 고통으로 점철된 욕계·색계·무색계에 살면서도 몸과 마음을 드러내지 않는 것이 좌선이며, 온갖 번뇌를 없앤 멸진정에서 나오지 않은 채 갖가지 위의를 나타내는 것이 좌선이며, 진리의 법을 버리지 않은 채 범부처럼 세속의 일상생활을 하는 것이 좌선이며, 마음이 고요한 내부에 머물지 않고 현란한 외경에 끌리지도 않는 것이 좌선이며, 온갖 소견에 흔들리지 않은 채 37조도품을 닦는 것이 좌선이며, 번뇌를 끊지 않은 채 열반에 들어가는 것이 좌선이니, 만약 이와 같이 앉아 있을 수 있다면 부처님께서 진정으로 좌선하는 자라고 인가하실 것입니다[憶念我昔曾於林中宴坐樹下 時維摩詰來謂我言 唯舍利弗 不必是坐爲宴坐也 夫宴坐者 不於三界現身意 是爲宴坐 不起滅定而現諸威儀 是爲宴坐 不捨道法而現凡夫事 是爲宴坐 心不住內亦不在外 是爲宴坐 於諸見不動而修行三十七品 是爲宴坐 不斷煩惱而入涅槃 是爲宴坐 若能如是坐者 佛所印可]."

49) 不立文字는 선종에서 깨달은 내용을 문자나 언어로 전하지 않고 스승이 마음으로 제자의 마음에 직접 전해주는 것을 말한다. 『大梵天王問佛決疑經』(卍續藏87, 0976上)에 "나에게 正法眼藏·涅槃妙心·實相無相·微妙法門·不立文字·教外別傳·總持任持·범부가 성불하는 第一義諦가 있는데 이제 마하가섭에게 부촉하노라"라고 하였고, 『五燈會元』 제1권·『無門關』 제6칙에도 "세존께서 正法眼藏·涅槃妙心·實相無相·微妙法門·不立文字·教外別傳을 대가섭에게 부촉했다"는 내용이 있다.

50) 不因斷惑成淨故云性淨과 관련하여 『仁王護國般若波羅蜜多經』 상권(大正藏8, 837上)에 "삼계의 무명을 다 없앤 이를 부처라 하고, 자성이 청정한 것을 本覺性이라 하니, 곧 모든 부처님의 一切智智이다[三界無明盡者卽名爲佛 自性淸淨名本覺性 卽是諸佛一切智智]"라고 한 것이 있다.

51) 佛性에 대해 북본 『涅槃經』 제7권에서는 이마의 구슬[額珠]에 비유하여 설명하였다. 즉 力士가 씨름을 하다가 미간에 있던 구슬이 피부 속에 박혀버렸는데 그는 구슬을 잃어버린 줄로 잘못 알았다. 그러다 나중에 의사가 이 사실을 알려줘 구슬을 잃지 않았음을 알게 되고, 거울에 비춰 봄으로써 귀중한 보배구슬을 본래 잃어버린 적이 없었음을 깨닫게 되었다는 비유이다. 아함이나 소승에서는 불·보살 이외의 성불을 말하지 않기 때문에 '佛性'을 거의 문제 삼지 않았다. 世親의 『佛性論』에 의하면, 有部 등에서는 중생에게는 선천적인 性得佛性은 없고 후천적으로 수행을 해서 얻는 修得佛性만 있다고 보고 중생을 決定無佛性·有無不定·決定有佛性의 세 종류로 나누었다고 한다.

또 世親의 『佛性論』 제1권에서는 "부처님께서 '모든 중생에게 다 佛性이 있다'고 말씀한 것은 부처님께서 중생으로 하여금 자신을 용렬하게 생각하는 마음을 버리게 하는 등의 다섯 가지 과실을 없애고, 부지런히 불도에 정진하는 마음을 일으키게 하는 등 다섯 가지의 공덕을 베풀어주기 위해서이다"라고 했고, 또 제2권에서는 佛性을 自性住佛性(범부위에서 이치로만 있는 것)·引出佛性(초발심으로부터 성불 직전의 金剛心에 이르기까지 점차로 수행해서 나타나는 것)·至得果佛性(佛果에 이르러 원만하게 나타나는 것)의 세 가지로 분류하였다.

중국·한국·일본의 여러 종파에서는 이에 대한 논란이 끊이지 않았는데, 그 대강을 간추리면 다음과 같다.

(1) 天台宗 : 正因佛性(모든 것에 본래 갖추어져 있는 三諦 三千의 이치)·了因佛性(이치에 비추어 나타나는 지혜)·緣因佛性(지혜를 일으키는 緣이 되는 모든 선행)의 三因佛性說을 세워 이 세 가지는 전후의 순차가 있는 것도 아니고 동시에 존재하는 것도 아니라 하였다. 또 여기에 果性(보리의 지혜)·果果性(열반의 斷德)을 더해 五佛性이라고도 했다.

(2) 華嚴宗 : 중생의 불성은 因果性相의 모든 것을 원만하게 갖추고 있다 하였다. 또 유정이 갖추고 있는 성불의 가능성을 佛性·覺性이라 하고, 무정물이 가지고 있는 진여의 이치를 法性이라고 구별하여, 성불을 有情에게만 국한시켰다.

(3) 眞言宗 : 삼라만상이 그대로 大日如來의 법신이라 하였다.

(4) 三論宗 : 불성에 관한 여러 가지 논이 있어서 인과를 따로 설하는 것을 망령된 집착으로 보고 非因非果의 無所得 中道를 불성이라 하였다.

(5) 法相宗 : 理佛性(모든 것의 본체인 진여의 이치)·行佛性(모든 사람의 阿賴耶識에 숨겨져 있는 성불의 因인 無漏種子)의 二佛性說을 설하고, 理佛性이 있어도 行佛性이 없으면 성불할 수 없다 하였으며, 菩薩定性과 不定性이라야만 行佛性이 있다고 했다.

(6) 禪 宗 : 중생의 본래면목을 깨닫는 것을 중시해 불성의 유무 등에 대해 논하는 것을 부정하였다.

(7) 淨土敎 : 理佛性을 인정하는 주장과 부정하는 주장이 있는 등 갖가지 설이 있다. 왕생은 彌陀의 本願力에 의한다고 하여 이런 의미에서 중생들의 信心을 성불의 因, 즉 불성으로 보았다.

52) 佛在摩竭提國으로부터 高廣嚴顯까지의 전거로 『華嚴經(80권)』「世主妙嚴品」(大正藏10, 1中~下)에 다음과 같은 내용이 있다.

"어느 때에 부처님께서는 摩竭提國의 조용하고 법다운 보리도량에서 처음으로 정각을 이루셨다. 그 땅은 견고하여 금강으로 되어 있고 가장 미묘한 보배 바퀴와 더불어 온갖 보배 꽃과 청정한 마니로 장식된 온갖 色相들이 끝없이 나타났다. 마니로 된 깃대에서는 항상 광명이 비추고 항상 미묘한 소리가 났으며, 온갖 보배그물과 미묘한 향기가 나는 꽃다발들이 두루 드리워져 있었다. 마니보배는 변화가 자재하여 한량없는 보배와 온갖 미묘한 꽃들을 보리도량에 흩뿌렸다. 또 보배나무가 줄지어 서 있는데 가지와 잎이 생기가 넘치고 무성했다. 부처님의 위신력으로 말미암아 이 보리도량의 모든 장엄이 그곳에 그림자처럼 나타났으며, 그 보리수는 아주 높고 훌륭했다[一時佛在摩竭提國 阿蘭若法菩提場中 始成正覺 其地堅固 金剛所成 上妙寶輪 及衆寶華 淸淨摩尼 以爲嚴飾 諸色相海 無邊顯現 摩尼爲幢 常放光明 恒出妙音 衆寶羅網 妙香華纓 周匝垂布 摩尼寶王 變現自在 雨無盡寶及衆妙華 分散於地 寶樹行列 枝葉光茂 佛神力故 令此道場一切莊嚴於中影現 其菩提樹高顯殊特]."

53) 佛子로부터 利益安樂一切衆生까지의 전거로 『華嚴經(80권)』(大正藏10, 272下~273上)에 다음과 같은 내용이 있다.

"불자여, 여래의 지혜를 갖추지 못한 중생은 한 사람도 없지만 다만 허망한 생각과 뒤바뀐 집착으로 증득하지 못하나니, 만일 허망한 생각을 여읜다면 온갖 지혜[一切智]와 저절로 생기는 지혜[自然智]와 걸림 없는 지혜[無礙智]가 곧 앞에 나타나게 되리라. 불자여, 비유하면 큰 경책이 있어 분량이 삼천대천세계와 같은데 삼천대천세계에 있는 일을 죄다 썼으니, 이른바 큰 철위산 가운데 일을 쓴 것은 분량이 큰 철위산만 하고, 땅덩이 가운데 일을 쓴 것은 분량이 땅덩이만 하고, 중천세계의 일을 쓴 것은 분량이 중천세계만 하고, 소천세계의 일을 쓴 것은 분량이 소천세계만 하다. 이와 같아서 사천하나 큰 바다나 수미산이나 땅에 있는 하늘 궁전이나 욕계의 허공에 있는 하늘 궁전이나 색계의 궁전이나 무색계의 궁전에 대해 낱낱이 썼는데 그 분량이 다 그와 같으니라. 이 큰 경책의 분량이 비록 대천세계와 같지만 전체가 한 작은 티끌 속에 있으며, 한 작은 티끌 속과 같이 모든 작은 티끌들도 역시 그러하니라. 이 때 어떤 지혜가 밝은 사람이 청정한 천안을 온전히 성취하여, 이 경책이 작은 티끌 속에 있으면서 중생들에게 이익을 주지 못함을 보고는 '내가 꾸준히 노력하는 힘으로 저 티끌을 깨뜨리고 이 경책을 꺼내 모든 중생에게 이익을 주리라'고 생각하였다. 이렇게 생각하고는 즉시 방편을 써서 작은 티끌을 깨뜨리고 이 경책을 꺼내 모든 중생이 온갖 이익을 얻게 하였으며, 한 티끌과 같이 모든 티끌을 다 그렇게 하였느니라.

불자여, 여래의 지혜도 그와 같으니라. 한량이 없고 걸림이 없어 일체 중생에게 두루 이익을 주는 것이 중생들의 몸 속에 갖춰져 있건만 어리석은 이는 허망한 생각과 집착으로 이를 알지 못하고 깨닫지 못해 이익을 얻지 못한다. 이때 여래는 장애가 없는 청정한 지혜의 눈으로 법계의 모든 중생을 두루 관찰하고 이렇게 말하였다. '이상하다, 이상하다. 중생들이 여래의 지혜를 구족하고 있으면서도 어째서 어리석고 미혹하여 알지도 못하고 보지도 못하는가? 내가 마땅히 성인의 도로 가르쳐서 허망한 생각과 집착을 영원히 여의고 자기 몸 속에 있는 여래의 광대한 지혜가 부처와 같아서 다름이 없음을 보게 하리라.' 그리고는 곧 저 중생들로 하여금 성인의 도를 닦아 허망한 생각을 여의고 허망한 생각을 여의고는 여래의 한량없는 지혜를 얻게 하여 일체 중생에게 이익을 주고 안락케 하였느니라[復次佛子 如來智慧,無處不至 何以故 無一衆生 而不具有如來智慧 但以妄想顚倒執著 而不證得 若離妄想 一切智自然智無礙智 則得現前 佛子 譬如有大經卷 量等三千大千世界 書寫三千大千世界中事 一切皆盡 所謂書寫大鐵圍山中事 量等大鐵圍山 書寫大地中事 量等大地 書寫中千世界中事 量等中千世界 書寫小千世界中事 量等小千世界 如是若四天下 若大海 若須彌山 若地天宮殿 若欲界空居天宮殿 若色界宮殿 若無色界宮殿 一一書寫 其量悉等此大經卷 雖復量等大千世界 而全住在一微塵中 如一微塵 一切微塵 皆亦如是 時有一人 智慧明達 具足成就淸淨天眼 見此經卷 在微塵內 於諸衆生 無少利益 卽作是念 我當以精進力 破彼微塵 出此經卷 令得饒益一切衆生 作是念已 卽起方便 破彼微塵 出此大經 令諸衆生 普得饒益 如於一塵 一切微塵 應知悉然 佛子 如來智慧 亦復如是 無量無礙 普能利益一切衆生 具足在於衆生身中 但諸凡愚 妄想執著 不知不覺 不得利益 爾時如來 以無障礙 淸淨智眼 普觀法界一切衆生而作是言 奇哉奇哉 此諸衆生 云何具有如來智慧 愚癡迷惑 不知不見 我當敎以聖道 令其永離妄想執著 自於身中 得見如來廣大智慧 與佛無異 卽敎彼衆生 修習聖道 令離妄想 離妄想已 證得如來無量智慧 利益安樂一切衆生]."

54) 佛馱跋陀羅(Buddhabhadra; 359~429)는 覺賢·佛賢이라 의역하기도 한다. 인도 가비라 국사람으로 迦維羅衛城 甘露飯王의 후예이다. 어려서 부모를 여의고 17세에 출가하였는데 매우 영특하였다고 한다. 구법승 智嚴의 요청으로 중국에 와 禪法을 전파하였고, 장안에서 구마라집과 法相을 의논하였으며, 慧遠의 요청으로 『達摩多羅禪經』을 번역하고 강의하였다. 그 뒤 역경에 종사하여 東晋 義熙 14년(418)에 支法領이 코탄에서 가져온 60권본 『華嚴經』을 번역하는 등 총 15부 117권을 번역하였다. 宋 文帝 元嘉 6년에 71세로 입적하였다.

55) 佛陀耶舍(Buddhayaśas)는 佛馱耶舍라고도 하고, 의역하면 覺明·覺名·覺稱이다. 東晉의 역경가로서 북인도 罽賓國 사람이다. 13세에 출가하여 27세에 구족계를 수지하였으며, 항상 독송으로 업을 삼고 열심히 정진하여 대승과 소승을 널리 통달하였다. 구마라집을 스승으로 섬기고 『阿毘達磨』·『十誦律』을 배웠으며, 姚秦 弘始 10年(408)에 장안으로 와 구마라집을 도와 『十住經』을 역출하였고, 뒤에 『四分僧戒本』·『四分律』·『長阿含經』을 역출하여 총 4부 84권을 번역했다. 나중에 罽賓國으로 돌아가 『虛空藏菩薩經』 1권을 얻어 중국을 오가는 장사꾼에게 부탁해 凉州의 스님에게 전했다. 입적 시기는 알 수 없다. 스님은 수염이 붉고 『毘婆沙論』에 정통했기 때문에 당시 사람들이 '赤髭毘婆沙'라 불렀다. (출전 : 『梁高僧傳』 제2권, 『出三藏記集』 제14권, 『歷代三寶紀』 제8권, 『開元釋教錄』 제4권)

56) 四句百非에서 4구는 긍정·부정·부분긍정 부분부정·양자부정의 네 가지로 분류하는 형식이다. 즉, 有·無·亦有亦無·非有非無의 형식을 말한다. 百非는 고정된 견해를 타파하기 위해 부정을 계속하는 것이다. 4구(一·異·有·無)를 근본으로 하여 세우는 부정의 형식적 범주로서 4句×4非×3世×2起<旣起·未起> + 근본 4구 =100非가 된다. 즉 다시 말하면, 一·非一·亦一亦非一·非一非非一과, 異·非異·亦異亦非異·非異非非異와, 有·非有·亦有亦非有·非有非非有와, 無·非無·亦無亦非無·非無非非無의 16을 과거·현재·미래에 곱하면 48이 되고, 또 이것을 已起와 未起에 곱하면 96이 되며, 거기에 一·異·有·無의 네 가지를 더하면 100이 된다. 이 백 가지를 다 부정하여 부정의 극치를 통해 깨달음에 계합하는 것이다.

百非란 모든 부정적 언어의 형식을 총괄적으로 나타낸다. 『起信論疏筆削記』 권4(大正藏44, 318中)에 "백비에 대하여 이렇게 一·異·有·無 등의 네 글자를 기초로 밝히면 다음과 같다. 一·非一·亦一亦非一·非一非非一 등이 첫 번째 사구이며, 異 등 나머지 세 글자도 이 예를 따르면 모두 16구절이 된다. 여기에 다시 과거·현재·미래가 각각 16구절이 되므로 모두 48구절을 이룬다. 또한 이미 일어난 것과 아직 일어나지 않은 것이 각각 48구절이 되어 모두 96구절을 이룬다. 아울러 근본의 사구를 합하면 모두 백비를 이룬다. 그러나 그런 허물이 비록 헤아릴 수 없이 많지만 총괄해서 말하면 일·이·유·무 등 사구를 벗어나지 않는다. 그러므로 간략하게 이것으로써 백비를 밝힌 것이다[百非者 此於一異有無等 四字上明之 謂一非一 亦一亦非一 非一非非一 爲一四句 異等 例此共成十六 又過現未來 各有十六 成四十八 又已起未起 各四十八 共成

九十六 幷根本之四 都成百非 然 過雖無量 總而言之 不出一異等四 是故 約此以明百非]"라고 하였고, 『趙州錄』(古尊宿語錄13, 卍續藏118, 307上)에는 "조주가 남전에게 '사구를 떠나고 백비를 끊는 것은 제외하고 한 말씀해주십시오'라 묻자 남전이 곧 방장으로 돌아갔다. 조주가 '이 큰스님은 언제나 말을 떠벌이면서 질문만 받으면 한 마디도 하지 않으시는군'이라 말하자 시자가 말했다. '큰스님께서 답하지 않았다고 하지 않는 것이 좋을 것입니다.' 이에 조주가 바로 시자의 따귀를 한 대 때렸다[師問南泉 離四句絕百非外 請師道 泉便歸方丈 師云 這老和尙 每常口吧吧地 及其問著 一言不措 侍者云莫道和尙無語好 師便打一掌]"라고 하였다.

57) 四無礙辨은 온갖 교법에 통달한 法無礙, 온갖 교법의 요의를 아는 義無礙, 여러 가지 말을 알아 통달치 못함이 없는 辭無礙, 일체교법을 자유자재로 말하는 樂說無礙, 이 네 가지를 말한다.

四無礙解라고도 한다. 『大般若經』 권1(大正藏5, 1中)에서는 "사무애해를 모두 갖추고 성취하여 법을 설할 때 마다 변재가 끝이 없고, 오신통에서 자재롭게 노닐며, 지혜를 얻고 번뇌를 끊어 증득한 경지에서 영원히 물러나거나 잃는 일이 없다[具足成就 四無礙解 凡所演說 辯才無盡 於五神通 自在遊戲 所證智斷 永無退失]"라고 하였고, 『維摩義記』 권1(大正藏38, 428中)에서는 "변재라는 말은 四無礙辨이니, 법을 알고 변별하는 것을 '변'이라 하고, 또한 법을 분명하게 설하는 것도 '변'이라 하며, 말하는 재주가 교묘하므로 '재'라 한다[言辨才者 四無礙辨 知法辨了 名之爲辨 又說辨了 亦名爲辨 言辭才巧 故名爲才]"라고 하였다.

58) 四禪八定에서 四禪(catvāri-dhyānāni)은 四靜慮·色界定이라고도 하니, 곧 色界天의 四禪이다. 색계의 四禪과 무색계의 四無色定을 합해서 八定이라고 한다. 그러므로 四禪은 八定에 포함된다. 색계는 禪의 세계이고, 無色界는 定의 세계며, 욕계는 散의 세계이다. 만약 색계와 무색계의 선정을 구별한다면 색계의 선정은 定·慧가 균등하고, 무색계의 선정은 그 相이 미세하여 定이 많고 慧가 적다. 중국불교의 최초 역경가인 安世高가 禪經을 번역한 이래로 達摩禪이 전해질 때까지는 대부분의 수행자들이 이 四禪八定의 체계에 따라 수행했다.

『瑜伽師地論』 제11권과 『摩訶止觀』 제9권에서는 다음과 같이 설명하였다.

먼저 色界四禪에서 초선이다. 初禪의 前行에 粗住·細住·欲界定·未到定이 있다. 그 正禪은 八觸(動觸·癢觸·輕觸·重觸·冷觸·暖觸·澁觸·滑觸)과 十功德을 갖춘다.

먼저 수행자는 편안히 앉아 몸을 단정히 하고 마음을 흐트러지지 않게 한다. 그러면 호흡의 氣運이 조화되며, 心路가 열려 안온하게 된다. 두 번째는 2선이다. 초선의 覺과 觀을 버리면 이 禪을 얻는다. 초선에서 이미 색계의 四大轉換을 마쳤으므로 2선 이상에는 八觸과 十功德이 없다. 2선의 四支는 內淨支·喜支·樂支·一心支이다. 3선은 제2선의 喜受를 버리면 얻는다. 이 禪에는 五支가 갖추어져 있으니, 捨支·慧支·念支·樂支·一心支다. 4선은 3선의 樂受를 버리고 얻는다.

다음은 無色界四定으로 四無色定 또는 四無色界를 말한다. 4무색정을 수행함으로써 4무색계, 곧 무색계의 4천에 태어난다고 한다. 물질의 계박을 여의고 물질의 경계를 없앤 영역이므로 '無色'이라 한다. 4무색정은 四空定·四空處定이라고도 하며 다음 네 가지를 말한다.첫째 空無邊處定은 空處定이라고도 하고 색계 제4선을 넘어 정을 장애하는 일체의 생각을 없애고 '공간은 무한대이다'라고 사유하는 정이다. 두 번째 識無邊處定은 識處定이라고도 하며 공무변처정을 초탈하여 '識은 무한대이다'라고 사유하는 정이다. 셋째 無所有處定은 少處定이라고도 하고, 식무변처정을 초탈하여 '그 무엇도 존재하지 않는다'고 사유하는 정이다. 넷째 非想非非想處定은 非有想非無想定이라고도 하며, 무소유처정을 초탈해서 얻는 정이다. 아주 적은 想만 있을 뿐 거의 無想에 가까운 정이다. 四無色界는 四無色定에 따라 空無邊處天·識無邊處天·無所有處天·非想非非想處天(有頂天)이라 일컫는다. 그리고 滅盡定을 첨가하여 9차제정이라 한다.

59) 師子嚬呻三昧(siṃha-vijṛmbhita-samādhi)는 師子威三昧·師子嚬伸三昧·獅子奮迅三昧라고도 하며 약칭하여 奮迅三昧라 한다. 사자왕이 포효하며 달리면 그 움직임이 바람같이 빠르고 그 기상이 용맹스러운 것처럼, 부처님이 큰 위신력으로 선정을 나타내어 외도와 이승을 굴복시키기 때문에 師子奮迅三昧라고 부른다. 이 삼매에 두 가지가 있다. 첫째는 선정을 장애하는 세미한 무지의 번뇌를 신속히 떨쳐버리는 것이고, 둘째는 출입이 신속하여 빈틈이 없는 것이다. 또 두 가지가 있다. 첫째는 入禪奮迅三昧로 욕계의 악과 불선법을 멀리 벗어나고, 覺觀만 있는 색계의 초선에 들어가 차례대로 2선·3선·4선·空處定·識處定·無所有處定·非想非非想處定·入滅受想定의 순으로 모든 선정의 삼매에 들어가는 것이다. 둘째는 出禪奮迅三昧로 入禪奮迅三昧와는 상반되게, 滅受想定에서 깨어나 다시 非想非非想處定에 들어가고, 非想非非想處定에서 깨어나 無所有處定에 들어가고, 순서대로 識處定·空處定·4선·3선·2선·초선에서 깨어나고 散心 중의 삼매에서도 나오는 것이다. 이 入禪奮迅三昧와 出禪奮迅三昧를

二種師子奮迅三昧라고 병칭한다.

60) 師子尊者에 대해서『付法藏因緣傳』제6권(大正藏50, 321下)에 "師子라고 하는 비구가 있었는데, 罽賓國에서 대작불사를 하고 있을 때에 彌羅掘이라고 하는 왕이 외도의 속임수에 넘어가 불법을 믿지 않으며 계빈국의 탑사를 헐어 부수고 수많은 승려를 살해했다. 그리고 날카로운 칼로 師子尊者를 참수했는데 피는 나오지 않고 하얀 젖이 솟구쳤다[復有比丘名曰師子 於罽賓國大作佛事 時彼國王名彌羅掘 邪見熾盛心無敬信 於罽賓國毀壞塔寺殺害衆僧 卽以利劍用斬師子 頂中無血唯乳流出]"는 기사가 있다.

61) 四祖道信(580~651)은 陳나라 말기 唐나라 초기 때 스님으로 중국 선종의 제4조이다. 俗姓은 司馬氏이고, 蘄州 廣濟縣 출신이며, 14세부터 3조 僧璨에게 10여 년 동안 참학하고 3조의 선법을 이어받았다. 이후 吉州와 廬山의 大林寺에 10년, 그 후 蘄州의 雙峰山으로 옮겨 30여 년 간 주석하였다. 여기에서 雙峰道信이라는 별칭이 생겼다. 그는 東山法門의 초조로서 문하에 5백여 명의 제자가 있었다. 唐 永徽 2년에 "一切諸法 悉皆解脫 汝等各自護念 流化未來"라는 임종게를 남기고 세수 72세로 입적하자, 代宗이 大醫禪師라는 諡號를 내리고 塔銘을 慈雲이라 하다. (출전 :『楞伽師資記』,『傳法寶紀』,『祖堂集』제2권,『傳燈錄』제3권,『廣燈錄』제7권,『傳法正宗記』제6권,『續傳燈錄』제1권,『聯燈會要』제2권,『普燈錄』제1권,『佛祖統紀』제29권,『五燈會元』제1권,『佛祖歷代通載』제12권,『釋氏稽古略』제3권)

62) 三界虛僞로부터 如鏡中像까지의 전거로『大乘起信論』(大正藏32, 577中)에 다음과 같은 내용이 있다.

"그러므로 삼계는 허위여서 오직 마음이 지은 것이니, 마음을 여의면 곧 6진의 경계가 없어진다. 이것은 무슨 뜻인가? 모든 법은 다 마음에서 일어나 망념으로 생긴 것이며, 일체의 분별은 곧 자기의 마음을 분별하는 것이니, 마음으로 마음을 볼 수 없어서 마음의 相을 얻을 수 없기 때문이다. 그러므로 응당 '세간의 모든 경계가 모두 중생의 無明妄心에 의지해 머물러 있으며, 이 때문에 모든 존재는 거울 속의 영상처럼 실체를 얻을 수 없다'는 것을 알아야 한다. 세간의 모든 경계는 오직 마음에서 허망하게 생기니, 마음이 생기면 갖가지 법이 생기고, 마음이 없어지면 갖가지 法이 없어지기 때문이다[是故三界虛僞唯心所作 離心則無六塵境界 此義云何 以一切法皆從心起妄念而生 一切分別卽分別自心 心不見心無相可得 當知世間一切境界 皆依衆生無明妄心而得住持 是故一切法 如鏡中像無體可得 唯心虛妄 以心生則種種法生 心滅則種種法滅故]."

63) 三光은 부처님의 덕상을 세 가지 광명으로 비유한 것이다. 첫째는 常光으로서 화신불의 몸에서 항상 비추는 지름 1丈의 광명이고, 둘째는 身光으로서 불·보살의 몸에서 나오는 광명이며, 셋째는 智光으로서 불·보살의 지혜광명이다. 지혜는 어두운 무명을 타파하므로 광명에 비유한다.

64) 三量의 첫째는 現量으로서 비판과 분별을 떠나 외계의 事象을 있는 그대로 지각하는 것이다. 예를 들면, 맑은 거울이 무슨 형상이건 있는 그대로 비추는 것처럼 분별하거나 차별하려는 생각 없이 눈앞에 있는 그대로 직시하는 것이다. 둘째는 比量으로서 眞比量이라고도 한다. 경험과 지식을 바탕으로 새로운 상황과 알지 못하는 사실을 추측하여 아는 것이다. 예를 들면, 꿀벌과 나비가 있는 것을 보고 그곳에 꽃이 있는 줄 미루어 짐작하고, 담 넘어 소뿔을 보고 소가 있는 줄을 미루어 짐작하고, 연기가 피어오르는 것을 보고 불이 난 것을 아는 것 등이다. 셋째는 佛言量으로서 聖教量(āpta-āgama)이라고도 한다. 부처님의 성스러운 말씀을 定量으로 삼아 시비를 결정하는 것이다. 즉, 부처님의 말씀을 의지해 극락세계가 있는 줄 아는 것 등이다. 이에 덧붙여 似比量이 있다. 이는 比量과 비슷하기는 하나 잘못 아는 것이다. 즉 안개를 연기로 잘못 알고 불이 있다고 여기고, 사막에서 신기루를 보고 바다가 있다고 여기는 것 등이다.

65) 三十七品은 곧 三十七道品이다. 불교의 최고 목적인 無餘涅槃을 실현하는 지혜를 얻기 위해 실천하는 방법을 뜻하며, 37항이 있으므로 37道品이라 하고, 37菩提分法·37覺支·37覺分이라고도 한다. 즉 四念處(四念住)·四正勤(四正斷)·四如意足(四神足)·五根·五力·七覺支·八正道가 그것이다.

66) 三諦의 諦(satyāni)는 진리를 의미한다. 空諦·假諦·中諦를 3제라고 한다. 천태종에서는 모든 존재 그대로가 諸法實相의 진리임을 밝히는 空諦·假諦·中諦의 3제(眞諦·俗諦·中道第一義諦)를 설하였다. 智顗는 『瓔珞本業經』의 「賢聖學觀品」이나 『仁王般若經』의 「二諦品」 등에 근거하여 『法華玄義』 제1권, 『摩訶止觀』 제1권·제3권·제5권 등에 3제를 설하였다. 첫째, 空諦(眞諦·無諦)란 모든 존재는 집착하는 중생의 마음에서 일어나는 것이므로 실체가 없다는 것이다. 둘째, 假諦(俗諦·有諦)란 모든 존재는 실체가 없기 때문에 인연에 의지해 얼마 동안 임시로 존재한다는 것이다. 셋째, 中諦(中道第一義諦)란 모든 존재는 空·假를 넘어선 절대의 것으로서 그 본체는 언설과 사려의 대상이 아니라는 것이다.

이 3제설은 化法의 4교 중 別教·圓教의 2교에서 설해지는데, 別教의 3제는 隔歷三

諦・歷別三諦・次第三諦・不融三諦・別相三諦・邐迤三諦 등으로 불리며, 3제 각개가 독립된 진리로 파악되어 있다. 空・假의 2제는 현상적인 면에 대한 것이고, 中諦는 본질적인 면에 대한 것이기 때문에 앞의 2제(空諦・假諦)보다는 뒤의 1제(中諦)가 더 뛰어난 것으로 보았다. 이에 반해 圓敎의 3제는 圓融三諦(三諦圓融)・一境三諦・不次第三諦・非縱非橫三諦・不思議三諦 등으로 불리며 3제가 개별적인 것이 아니라고 보았다. 즉 1제 중에 3제가 갖추어져 있어 3자가 떨어지지 않고 융합해 있으니, 이른바 卽空・卽假・卽中의 3제를 설한 것이다. 이 3제의 이치를 관하는 것이 三觀으로서 중생의 一念이 그대로 圓融三諦(一心三觀)임을 관하는 것을 三諦圓融觀이라고 한다.

67) 三止三觀에서 三止의 止(śaṇatha)는 奢摩他・舍摩他로 음사하기도 한다. 천태종의 空・假・中 三觀에 대하여 智顗가 세운 3종의 止行이다. 그 첫째는 體眞止로서 일체 만상은 인연에 의해 생긴 것이므로 그 體가 空함을 체달하여 마음을 움직이지 않는 것이다. 이는 空觀에 입각한 止이다. 둘째는 方便隨緣止로서 繫緣守境止라고도 한다. 보살이 일체 만상이 空한 줄을 알면서도 방편으로 假有의 존재를 긍정하여 중생의 근기에 맞추어 설법하는 것이다. 假觀에 입각한 止이다. 셋째는 息二邊分別止로서 體眞止는 空에 치우치고 方便隨緣止는 假에 치우치므로 空・有 양변에 치우치지 않는 中道의 이치를 체달하여 마음을 움직이지 않는 것이다. 中觀에 입각한 止이다.

三觀에서 觀(vipaśyanā)은 毘鉢舍那・毘婆舍那・毘波奢那로 음사하며, 지혜로 대상을 관찰한다는 의미이다. 三觀은 天台宗에서 모든 존재가 그대로 진여에 합당한 것을 세 가지 방면으로 관찰하는 것이다. 『瓔珞本業經』 상권의 '從假入空二諦觀・從空入假平等觀・中道第一義諦觀'을 근거로 수립되었으며, 空觀・假觀・中觀이라고도 약칭하고, 空・假・中 三觀이라고도 한다. 三觀은 化法의 4교 중 別・圓 2교의 觀法이지만, 이 三觀을 4교에 배열하면 空觀은 藏・通의 2교에 속한다. 즉 藏敎는 모든 사물과 마음을 분석하여 실체가 없음을 밝히는 析空觀이고, 通敎는 모든 존재는 환상처럼 있는 그대로 곧 空이라고 보는 體空觀을 써서 삼계의 안에서 일어나는 見思의 惑을 끊는다. 이들의 空觀은 둘 다 空理로 기울어지므로 但空觀이라 하고, 이에 대해 別・圓 2교의 空觀을 不但空觀이라 한다. 假觀은 別敎에 속하는데, 別敎에서는 空에서 건립된 현상 그대로를 관하여 이것에 의해 塵沙惑을 끊는다. 中觀은 圓敎에 속하고, 空・假의 둘을 지양하여 하나라고 관함으로써 無明惑을 끊는다. 別敎의 十住・十行의 계위에서 空・假의 二觀을 닦은 뒤에 따로 中道를 관하는 中觀(但中觀)을 닦는 것에 반해, 圓敎의

中觀은 空·假와 융합하는 三卽一 一卽三의 不但中觀을 닦는다. 즉 別敎의 三觀은 三觀을 별개의 것으로 나누고 그 다음에 세월을 두고 관하여 三惑을 끊고 三智를 얻으므로 別相三觀·次第三觀·隔歷三觀이라 하지만, 圓敎의 三觀은 一念 중에 空·假·中이 융합된 三諦의 진리를 관하므로 관의 대상이 一念의 마음이고, 一空一切空·一假一切假·一中一切中으로서 卽空·卽假·卽中의 觀이라 한다. 즉 사로잡히는 마음을 파하고[空], 모든 것이 그대로 현상하고 있는 것을 깨닫고[假], 절대적 세계를 체달하는 것[中]을 一念 가운데 거두어 관하는 것이다. 이 一念에 관해서 趙宋 天台의 山家派에서는 관의 대상을 妄心으로 하는 유력한 이유의 하나로서 『摩訶止觀』 제5권의 三科揀境說을 거론한다. 또한 圓敎의 三觀은 一觀 가운데서 원만하게 三諦를 관한다는 점에서 通相三觀, 一念의 마음 가운데 원만하게 三諦를 관하는 점에서 一心三觀으로 불리며, 여기에 別敎의 別相三觀을 더해 3종의 三觀이라고도 한다.

천태종에서 말하는 止觀義例의 설에 의하면, 十乘觀法을 닦는 데 있어서 모든 대상에서 一心을 관하는 從行觀(約行觀), 四諦五行 등의 法相에서 一心을 관하는 附法觀, 事象의 意義를 의탁해 一心을 관하는 託事觀의 세 가지 방법이 있다고 했다.

68) 三賢은 十住·十行·十廻向을 말한다. 十住에서 '住'는 안주할 수 있게 되었다는 의미로 보살의 수행 계위 52위 중 제11위에서 제20위까지를 일컫는다. 十行은 10주위의 마지막인 灌頂住에서 진정한 불자임을 인가받아 확인한 뒤 더 나아가 이타행을 완수하고자 중생교화의 실천을 위해 정진하는 지위로, 보살의 수행 계위 52위 중 제21위에서 제30위까지를 일컫는다. 十廻向은 보살이 十信·十住位를 거쳐 十行位에서 닦은 자리·이타의 공덕을 일체 중생에게 돌려주고 佛果를 향해 나아가는 지위이다. 보살의 수행 계위 52위 중 제31위에서 제40위까지를 일컫는다.

69) 石頭希遷(700~790)은 唐代의 선승으로서 속성은 陳씨이고, 端州(廣東省) 高要 출신이며, 諱는 希遷이다. 어린시절 고향 사람들이 귀신을 두려워해 제사를 지내며 항상 소를 잡고 술을 빚자 石頭가 神祠를 헐어 부수고 소를 빼앗아 돌아왔다는 얘기가 있다. 曹溪에서 六祖慧能에게 득도했으나, 얼마 후 혜능이 입적하자 靑原行思에게 참학하여 법을 이어받았다. 天寶年間(742~756) 초기에 衡山의 南寺로 가서 그 절 동쪽의 바위 위에 암자를 짓고 항상 좌선하였으므로 石頭和尙이라고 불렸다. 廣德 2년(764)에 문인들의 간청에 응해 종풍을 선양하였고 藥山惟儼에게 법을 부촉하고 貞元 6년 12월 6일에 세수 91세로 입적하였다. 諡號는 無際大師이고, 저서로는 『參同契』 1권·『草庵歌』 1권

이 있다. (출전 : 『祖堂集』 제4권, 『宋高僧傳』 제9권, 『景德傳燈錄』 제14권, 『佛祖歷代通載』 제14권, 『釋氏稽古略』 제3권, 『五燈會元』)

70) 禪卽是動 不動不禪 是無生禪은 『金剛三昧經』 「無生行品」(韓國佛敎全書1, 628中~下)에서 발췌한 것이다. 그 앞뒤 전문은 다음과 같다.

"부처님께서 말씀하셨다.

'보살이여! 선정은 곧 움직임이니, 움직이지도 않고 선정에 머무르지도 않아야 곧 無生의 선정이다. 선정의 性은 생겨남이 없으므로 생겨남을 떠난 것이고, 선정의 相과 선정의 性은 머무름이 없으므로 머무름을 떠난 것이니, 선정과 움직임에서 만약 선정의 性에 움직임도 고요함도 없는 줄 알면 곧 無生의 이치를 터득하게 된다. 無生의 반야도 머무름에 의지하지 않고 마음도 움직이지 않나니, 그것은 이 無生의 이치를 터득한 지혜 때문이다. 그러므로 無生의 반야바라밀을 얻게 된다.'[佛言 菩薩 禪卽是動 不動不禪 是無生禪 禪性無生 離生禪相 禪性無住 離住禪動 若知禪性無有動靜 卽得無生 無生般若亦不依住 心亦不動 以是智故 故得無生般若波羅蜜]."

71) 設有一法 勝過涅槃 我說亦如夢幻의 전거로 『大般若經』 제82권(大正藏5, 458下)에 다음과 같은 내용이 있다.

"천자들아 마땅히 알아야 하느니라. 설사 다시 열반보다 더 수승한 법이 있다고 하더라도 나는 역시 '요술과 같고 허깨비와 같고 꿈 속에서 보는 것과 같다'라고 말하리니, 왜냐하면 요술과 허깨비와 꿈 속에서의 일은 모든 법과 더 나아가서는 열반과 더불어 모두가 둘이랄 것도 없고 둘로 분리될 것도 없기 때문이니라[天子當知 設更有法勝涅槃者 我亦說爲如幻如化如夢所見 所以者何 幻化夢事 與一切法乃至涅槃 皆悉無二無二分故]."

72) 成法性身大涅槃은 法相宗의 구경의 깨달음인 佛身을 말한다. 참고가 되는 자료로 『成唯識論』 제10권(大正藏31, 57下~58上)에 다음과 같은 내용이 있다.

"大覺世尊께서는 無上寂默法을 성취하셨기 때문에 大牟尼라고 부른다. 이 大牟尼尊께서 얻으신 두 가지 證果는 영원히 煩惱障과 所知障을 여의었으므로 法身이라고 부르는데, 한량없고 끝이 없는 10력과 4무소외 등의 大功德法으로 장엄되었기 때문이고, 체성과 의지처와 많은 공덕이 모여 있다는 뜻으로써 총괄하여 신체라고 부르기 때문이다. 이 법신은 5법(眞如와 4智)으로 체성을 삼기 때문에 청정법계만을 법신이라 하지는 않는다. 즉 두 가지 轉依果(煩惱障・所知障을 끊고 얻는 涅槃果와 菩提果)는 모두 이 法身에 포함되기 때문이다. 이와 같은 법신은 세 가지 모습으로 차별된다. 첫째는 自性身이니, 모든 여래의 진실하고 청정한 법계의 受用身과 變化身의 평등한 의지처이다. 靑・黃・赤・白・男・女・生・住・異・滅의 양상을 떠나 고요하며, 모든 희론을 끊었고, 진실하고 상주하는 끝없는 공덕을 갖춘다. 이것은 모든 법의 평등하고 진실한 성품이다. 이 自性身을 법신이라고 부르는데, 大功德法의 의지처이기 때문이다. 둘째는 受用身이니, 여기에 다시 두 가지 종류가 있다. 그 첫째는 自受用身이니, 모든 여래께서 三無數劫 동안 한량없는 복덕과 지혜의 자량을 닦아 모아서 일으킨 끝없는 진실한 공덕과 지극히 원만하고 청정하며 영원하고 두루한 色身이다. 이 自受用身은 담연히 상속하며 미래가 다하도록 항상 스스로 광대한 法樂을 수용한다. 그 둘째는 他受用身이니, 모든 여래께서 平等性智를 말미암아 시현하신 미묘하고 청정한 功德身이다. 순수한 정토에 머물면서 10지의 경지인 수많은 보살들을 위해 대신통을 나타내고 정법륜을 굴려 여러 의심의 그물을 끊고 그들로 하여금 대승의 法樂을 수용하도록 하는 것이다. 이 두 가지를 합해 受用身이라고 한다. 셋째는 變化身이니, 모든 여래께서 成所作智를 말미암아 중생의 부류에 따라 한량없이 변화해 나타내는 變化身이다. 정토와 예토에 머물면서 10지의 경지에 오르지 못한 보살들과 이승과 범부중생들을 위해 그 根機에 잘 맞도록 신통을 나타내 설법하여 각자로 하여금 모든 이익과 안락함을 얻게 하는 것이다[大覺世尊成就無上寂默法故名大牟尼 此牟尼尊所得二果永離二障亦名法身 無量無邊力無畏等大功德法所莊嚴故 體依聚義總說名身故 此法身五法爲性 非淨法界獨名法身 二轉依果皆此攝故 如是法身有三相別 一自性身 謂諸如來眞淨法界 受用變化平等所依 離相寂然絶諸戲論 具無邊際眞常功德 是一切法平等實性 卽此自性亦名法身 大功德法所依止故 二受用身 此有二種 一自受用 謂諸如來三無數劫修集無量福慧資糧所起無邊眞實功德 及極圓淨常遍色身 相續湛然盡未來際恒自受用廣大法樂 二他受用 謂諸如來由平等智示現微妙淨功德身 居純淨土爲住十地諸菩薩衆現大神通轉正法輪決衆疑網令彼受用大乘法樂 合此二種名受用身 三變化身 謂諸如來由成事智變現無量隨類化身 居淨穢土爲未登地諸菩薩衆二乘異生稱彼機宜現通說法令各獲得諸利樂事]."

73) 性宗 卽三法 皆具空有之義는 法藏의 독창적인 三性說을 가리킨 말이다. 『華嚴一乘敎義分齊章』 제4권(大正藏45, 499上)에 다음과 같은 내용이 있다.

"차별에도 두 가지가 있는데, 먼저 直說하고 나중에 決擇한다. 먼저 直說에서, 三性에는 각각 두 가지 뜻이 있다. 진여(圓成實性)의 두 가지 뜻이란 첫째는 不變의 뜻이고, 둘째는 隨緣의 뜻이다. 依他起性의 두 가지 뜻이란 첫째는 似有(似而非有)의 뜻이고, 둘째는 自性이 없다는 뜻이다. 遍計所執性의 두 가지 뜻이란 첫째는 허망한 경계가 분별하는 妄情에는 있다는 뜻이며, 둘째는 허망한 경계가 緣起의 도리에서는 없다는 뜻이다. 진여(圓成實性)에 있어 不變의 뜻과 依他起性에 있어 고정불변하는 자성이 없다는 뜻과 遍計所執性에 있어 緣起의 도리에는 없다는 뜻, 이 세 가지 뜻을 말미암기 때문에 三性이 하나로 합쳐져서 동일하고 다르지 않은 것이다. 이것이 바로 지말을 무너뜨리지 않고 항상 근본 그대로이니, 경전에서는 '중생 그대로가 열반이므로 다시 열반하지를 않는다'라고 말하였다. 또 진여(圓成實性)에 있어 隨緣의 뜻과 依他起性에 있어 似有(似現)의 뜻과 遍計所執性에 있어 情有의 뜻, 이 세 가지 뜻으로 보아도 역시 전혀 다르지 않은 것이다. 이것이 바로 근본에서 변동하지 않고 항상 지말 그대로인 것이다. 경전에서는 '법신이 五道에 유전하기에 중생이라 말한다'라고 하였다. 이 세 가지 뜻과 앞의 세 가지 뜻을 말미암는 것이 바로 不一(異)의 법문이다. 이러한 까닭으로 眞如(圓成實性)는 지말인 妄(依他起性・遍計所執性)을 모두 포함하고, 妄(依他起性・遍計所執性)은 근원인 眞如(圓成實性)에 사무쳐서 自性과 形相이 서로 융통되어 장애가 없는 것이다[別中亦二 先直說 後決擇 前中三性各有二義 眞中二義者 一不變義 二隨緣義 依他二義者 一似有義 二無性義 所執中二義者 一情有義 二理無義 由眞中不變 依他無性 所執理無 由此三義故 三性一際同無異也 此則不壞末而常本也 經云 衆生卽涅槃 不復更滅也 又約眞如隨緣 依他似有 所執情有 由此三義 亦無異也 此則不動本而常末也 經云 法身流轉五道 名曰衆生也 卽由此三義與前三義是不一門也 是故 眞該妄末 妄徹眞源 性相通融 無障無礙]."

74) 洗足之悔는 師子尊者의 제자 達摩達에 얽힌 고사이다. 서천 제24조 師子尊者의 제자인 達摩達은 자신이 제자 중에서 덕망이 가장 높았음에도 스승이 波舍斯多에게 전법한 것에 불만을 품고 있었다. 그러던 어느 날 혼자 강을 건너다가 어떤 여인이 강가에서 발을 씻는 것을 보았다. 그때 '저 여인의 다리는 어찌 저리 백옥 같을까?'라는 생각과 함께 인간의 본능인 성욕이 무의식중에 희미하게 떠올랐다. 그 순간 이미 오래 전에 열반하신 師子尊者가 앞에 나타나 꾸짖으셨다.

"내가 너에게 祖位(25조)를 물려주지 않았다고 원망하지 말라. 네가 오늘 여인의 백옥 같은 종아리를 보고 마음이 발동했으니, 네가 어찌 조사의 계위를 이어받을 자격이 있겠느냐?"

達摩達이 이에 생각을 거두고는 슬피 참회하며 "미세하게 일어나는 음심은 어찌 이다지도 제거하기가 어려운가?"라고 자책했다고 한다.

75) 須陀洹果(srota-āpanna)는 성문승의 4果 중 최초의 성과로서 初果라고도 한다. 즉 '見惑'을 끊어 없앤 성자가 얻는 과위로서 須陀般那 · 須氀多阿半那 · 窣路陀阿鉢囊 · 窣路多阿半那라고도 한다. 구역은 入流 · 至流 · 逆流이고, 신역은 預流이다. '入流'는 처음으로 성자의 법류에 들어갔다는 말이고, '逆流'는 삼계의 見惑을 끊고 생사의 물결을 거역한다는 말이며, 聖道의 법류에 들어갔기 때문에 '預流'라 일컫는다.

76) 荀子(BC 298?~BC 238?)는 중국 전국시대 말기의 사상가로서 성은 荀이고, 이름은 況이며, 趙나라 사람이다. 荀卿 · 孫卿子 등으로 존칭된다.

순자는 인간을 공동체 안에서의 존재로 규정하고, 인간의 궁극적 목적을 墨家의 사상을 바탕으로 하여 공동체의 윤리적 질서 구현에 두었다. 그 질서는 法家的으로 개인의 '분수'를 타율적으로 규정하는 것으로 보았으나 다시 그것을 초월하여 유기적 · 합목적 格律로서 '聖王의 制와 예의'를 인정하였다. 이렇게 객관적 규범에 의한 실천적 합리론을 주장하였다. 전통적인 종교 관념, 즉 '天'에 대하여서도 비판적이고 현실적이었으며, 唯名論的인 名家思想에 대해서도 역시 비판적이었다. 그는 인간이 태어나면서부터 欲과 知를 가지는 자주적 目的體로 보았다. 동시에 原存在와 意義活動을 구별하고, 특히 후자의 적극적이고 현실적이며 합리적 인위인 '僞'를 주장하였다. 종래 한동안 순자가 '性은 악이고 선한 것은 僞이다'고 주장한 性惡論者로 이해되어 왔다. 그러나 이것은 맹자처럼 인간성의 직접 본성에 대하여 말한 것이 아니라, 인간의 生得的인 의욕을 악한 것이라 부정한 것이다. 즉 다양한 양상으로 작용하는 인간의 정신을 객관적 규범으로 통제함으로써 자주적인 자율과 타율, 개인과 공동체의 일치된 합리적 실천이 완수된다고 하는 주장이다. 그리하여 예의의 학문적 수련과 정신의 심화에 의하여 규범목적의 터득과 人倫意義의 충족 정도에 따라 士와 君子의 인격의 진보가 있고, 실천목적과 질서이념의 완전일치는 마침내 인류의 完全體를 영위하게 된다고 하였다. 그의 정치사상은 강력한 禮治主義였다. 순자의 사상은 후대 유가사상에 큰 영향을 끼쳤다. 宋代 학자들의 비난은 순자의 맹자 비판과 성악설에 대한 오해에서 비롯된 것일 뿐 본질적인 것은 아니다.

77) 信心有四種으로부터 常樂親近까지의 전거가 되는 『起信論』(大正藏32, 581下)의 내용은

다음과 같다.

"신심을 간략히 설하면 네 가지가 있으니, 어떤 것이 네 가지인가? 첫 번째는 근본을 믿는 것이니, 이른바 진여의 법을 즐겨 생각하기 때문이다. 두 번째는 부처님의 무량한 공덕이 있음을 믿는 것이니, 항상 가까이하고 공양하고 공경할 것을 생각하면서 선근을 일으켜 一切智 구하기를 원하기 때문이다. 세 번째는 법에 큰 이익이 있음을 믿는 것이니, 모든 바라밀을 수행할 것을 항상 생각하기 때문이다. 네 번째는 승려는 바르게 수행해서 자신과 남에게 이익을 준다는 것을 믿는 것이니, 항상 즐겨 모든 보살들을 가까이해서 여실한 행 배우기를 구하기 때문이다[略說信心有四種 云何爲四 一者信根本 所謂樂念眞如法故 二者信佛有無量功德 常念親近供養恭敬 發起善根 願求一切智故 三者信法有大利益 常念修行者諸波羅蜜故 四者信僧能正修行 自利利他 常樂親近諸菩薩衆 求學如實行故]."

78) 實我實法에 대해 『成唯識論』 제1권에서는 다음과 같이 설명하고 있다.

"어리석은 범부가 계탁하는 實我와 實法은 전혀 존재하는 것이 아니고 다만 妄情을 따라서 시설된 것이기 때문에 假相이라고 말한다. 내부의 識이 전변하여 나타난 假我와 假法이 비록 존재하지만 진실한 我와 法의 성품이 아니다. 그러나 비슷한 그것(我와 法)이 나타났기 때문에 假相이라고 말한다. 외경이 妄情을 따라서 시설되었기 때문에 식처럼 존재하는 것은 아니다. 내부의 식은 반드시 인연에 의해 발생하기 때문에 외경처럼 존재하지 않는 것은 아니다. 이 때문에 곧 외경이 실재로 존재한다는 增益의 집착과 모든 것이 공하다는 損減의 집착을 막는 것이다. 외경은 내부의 식을 의지해서 假立하므로, 오직 世俗諦에서만 존재한다. 내부의 식은 假相인 외경이 의지하는 것의 자체이기 때문에 勝義諦에서도 존재한다[愚夫 所計實我實法 都無所有 但隨妄情而施設故說之爲仮 內識所變 似我似法 雖有而非實我法性 然似彼現故 說爲仮 外境隨情而施設故非有如識 內識必依因緣生故 非無如境 由此便遮增減二執 境依內識而仮立故 唯世俗有識是仮境所依事故 亦勝義有]."

79) 心相에 대해 『大毘盧遮那成佛神變加持經』 제1권(大正藏18, 2下~3上)에서는 다음과 같이 설명하였다.

"그때 金剛手가 다시 부처님께 간청하였다.

'세존이시여 그 마음[心]에 대해 말씀해주소서.'

부처님께서 金剛手秘密主에게 말씀하셨다.

'秘密主여, 자세히 듣도록 하여라. 心相이란 이를테면 貪心·無貪心·瞋心·慈心·癡心·智心·決定心·疑心·暗心·明心·積聚心·鬥心·諍心·無諍心·天心·阿修羅心·龍心·人心·女心·自在心·商人心·農夫心·河心·陂池心·井心·守護心·慳心·狗心·狸心·迦樓羅心·鼠心·歌詠心·舞心·擊鼓心·室宅心·師子心·鵂鶹心·烏心·羅刹心·刺心·窟心·風心·水心·火心·泥心·顯色心·板心·迷心·毒藥心·羂索心·械心·雲心·田心·鹽心·剃刀心·須彌等心·海等心·穴等心·受生心 등을 말한다. 비밀주여, 貪心이란 染法을 따르는 것을 말하며, 無貪心이란 無染法을 따르는 것을 말하며, 瞋心이란 怒法을 따르는 것을 말하며, 慈心이란 慈法을 수행하는 것을 말하며, 癡心이란 不觀法을 닦고 익히는 것을 말하며, 智心이란 殊勝增上法을 닦고 익히는 것을 말하며,…… 受生心이란 모든 行業을 닦고 익혀 생기는 마음이다. 이와 같이 마음의 모습이 여러 가지이지만 그 體性은 동일하다. 비밀주여, 하나·둘·셋·넷·다섯 등의 수로써 다시 그 수를 헤아려보면 모두 160개의 마음이 있느니라.'"

80) 心性은 마음의 불변하는 본체로서 如來藏心·自性淸淨心이라고도 한다. 天台宗의 四教判에서, 別教에서는 심성을 眞空이라고 했고, 圓教에서는 심성을 十界三千의 法이라고 했다. 智顗의 『法華玄義』 제4권에서는 "心性은 곧 卽空·卽假·卽中이다"라고 했고, 『止觀大意』(大正藏46, 460中)에서는 "不變隨緣하기 때문에 心이고 隨緣不變하기 때문에 性이다[隨緣不變故爲性 不變隨緣故爲心]"라고 해석하였고, 『起信論義記』(大正藏44, 252上)에서는 "이른바 심성은 생하지도 멸하지도 않는다[所謂心性不生不滅]"라고 했다.

『黃檗斷際禪師宛陵錄』(大正藏48, 384中)에서는 "중생들이 동일한 眞性이어서 心과 性이 다르지 않고 性이 곧 心으로서 心이 性과 다르지 않음을 깊이 믿는 이를 조사라 한다. 그래서 '心性을 깨닫는 때를 不思議라고 말할 수 있다'라고 한 것이다[所以深信含生同一眞性 心性不異 卽性卽心 心不異性 名之爲祖 所以云 認得心性時 可說不思議]"라고 했다. 또 『黃檗山斷際禪師傳心法要』(大正藏48, 381上~中)에서는 "모든 불보살님과 일체 蠢動含靈들이 大涅槃性의 입장에서 동일하며, 대열반성은 곧 心이고, 心은 곧 佛이고, 佛은 곧 法이다. 그러므로 한 생각이라도 眞心을 여의면 모두 妄想이다[諸佛菩薩與一切蠢動含靈 同此大涅槃性 性卽是心 心卽是佛 佛卽是法 一念離眞皆爲妄想]"라고 하였다.

또한 『南陽慧忠國師語錄』(大正藏51, 438上)에는 다음과 같은 내용이 있다.

"'『涅槃經』에서는 담벼락과 같은 무정물을 여의었기 때문에 佛性이라 한다고 했는데, 지금 (담벼락 같은 무정물이) 佛心이라고 말씀하시니, 잘 모르겠습니다. 心과 性은 다릅니까? 다르지 않습니까?'

스님께서 대답하셨다.

'미혹하면 다르고, 깨달으면 다르지 않느니라.'

[涅槃云 離牆壁無情之物 故名佛性 今云是佛心 未審心之與性爲別不別 師曰 迷卽別 悟卽不別]"

81) 心數(caitta)는 心所·心所有法·心所法·心數法이라고도 한다. 心王과 상응하여 동시에 존재하는 여러 가지 복잡한 정신작용을 뜻하는데 심왕에 종속되어 있기 때문에 '心所'라고 한다. 심왕과 심소의 사이에는 이른바 五義平等(所依平等·所緣平等·行相平等·時平等·事平等)의 상응관계가 있기 때문에 심소를 相應法·心相應法이라 일컫는다. 심왕을 떠나 따로 심소의 體가 있는가 없는가에 대해, 有部는 別體說을 주장했다. 心所의 수와 분류하는 방법에는 여러 가지 설이 있다. 『俱舍論』에서는 受·想·思·觸·欲·慧·念·作意·勝解·三摩地 등의 10大地法과, 信·不放逸·輕安·捨·慚·愧·無貪·無瞋·不害·勤 등의 10大善地法과, 癡·放逸·懈怠·不信·惛沈·掉擧 등의 6大煩惱地法과, 無慚·無愧 등의 2大不善地法과, 忿·覆·慳·嫉·惱·害·恨·諂·誑·憍 등의 10小煩惱地法과, 惡作·睡眠·尋·伺·貪·瞋·慢·疑 등의 不定地法의 6위 46심소를 말했다.

『大毘婆沙論』 제42권에서는 일곱 가지, 즉 大地法·大善地法·大煩惱地法·大不善地法·小煩惱地法·大有覆無記地法·大無覆無記地法으로 심소를 분류하고, 49심소를 열거하였다.

『大乘成唯識論』에서는 심소를 遍行·別境·善·煩惱·隨煩惱·不定의 6위로 분류하고, 四種一切義를 세웠으니 곧 一切性(선·악·무기 3성에 공통으로 발생하는 것)·一切地(有尋有伺·無尋唯伺·無尋無伺 3지에 공통으로 발생하는 것)·一切時(무시이래로 항상 상속하는 것)·一切俱(모든 심소가 동시에 발생하는 것)이다. 遍行心所는 4종의 一切義를 모두 구족하고, 別境心所는 性·地 2종 一切義를 구족하고, 善心所는 地의 一切義를 구족하고, 不定은 性의 一切義를 구족하고, 煩惱心所·隨煩惱心所는 4종의 一切義 중 어느 하나도 갖추지 않는다. 遍行은 作意·觸·受·想·思 다섯 가지이고, 別境은 欲·勝解·念·定·慧의 다섯 가지이다. 이 5遍行과 5別境을 합한 것이 10

大地法에 해당된다. 善은 信·慚·愧·無貪·無瞋·無癡·勤·輕安·不放逸·行捨·不害의 열한 가지이고, 煩惱는 貪·瞋·癡·慢·疑·惡見의 여섯 가지, 隨煩惱는 忿·恨·覆·惱·嫉·慳·誑·諂·害·憍·無慚·無愧·掉擧·惛沈·不信·懈怠·放逸·失念·散亂·不正知의 20가지, 不定은 悔(惡作)·睡眠·尋·伺의 4가지이다. 이상의 51심소 중 隨煩惱를 다시 3종으로 분류해서 앞의 10가지(忿·恨·覆·惱·嫉·慳·誑·諂·害·憍)를 小隨煩惱(小隨惑)라 하고, 그 다음의 2가지(無慚·無愧)를 中隨煩惱(中隨惑)라 하며, 나머지 8가지(掉擧·惛沈·不信·懈怠·放逸·失念·散亂·不正知)를 大隨煩惱(大隨惑)라 한다.『瑜伽師地論』제1권에서는 20隨煩惱를 열거하고 따로 邪欲·邪勝解를 설하여 모두 53法을 말했다.

82) 心地는 보살의 10신·10주·10행·10회향·10지 등의 50위에 있어서의 마음을 지칭한다. 보살이 마음에 근거하여 수행하기 때문에 마음을 땅에 비유하여 心地라고 지칭한다. 禪宗에서는 달마대사가 전해준 마음자리를 心地라고 지칭한다. 종밀은 달마선을 '心地法門'이라고 불렀다. 華嚴宗 제2조 智儼은『搜玄記』제4권에서 '性起'를 해석하기를 "性은 본체이고 起는 心地에 현재하는 것이다"라고 했다.『圓覺經大疏鈔』제5권에서는 "心地法門은 圓頓의 宗이다"라고 했고,『圓覺經大疏鈔』제4권에서는 "本覺心地의 地는 만물을 생성시키고 유지시키는 능력이 있다. 만물이 땅을 의지해서 성장하고 유지되는 것과 같다"라고 했다. '心地法門'이라는 말은 종밀보다 약간 앞선 시대에 李通玄이『新華嚴經論』제1권에서 사용했다.『楞伽經註解』권1(大正藏39, 348下)에는 "思惑이 모두 사라졌고, 지혜의 마음이 뚜렷이 드러났으므로 심지라 한다[思惑已盡 慧心顯著 故曰心地]"라고 정의하고 있다.『宗門十規論』권1에는 "심지법문이란 참학의 근본이다. 심지란 무엇인가? 여래의 大覺性이다[心地法門者 參學之根本也. 心地者何耶 如來大覺性也]"라고 하였다.『宋高僧傳』제10권「揚州華林寺靈垣傳」에서는 "心地를 열면 곧 보살을 본다"라고 했고,『宏智廣錄』제5권에서는 "모든 것이 心地에서 생긴다"라고 했다.

83) 心托境生을『大乘法苑義林章』제1권(大正藏45, 258下)에서는 "內識에는 境의 부분과 心의 부분이 있다. 그리고 心이 일어날 때에는 內境을 의탁해서 발생하기 때문에 識의 부분만 언급하고 境의 부분은 언급하지 않는다[此內識有境有心 心起必託內境生故 但識言唯不言唯境]"라고 설명하였고,『華嚴經義海百門』(大正藏45, 627中)에서는 "對境을 볼 때에 그 대경은 自心에서 나타난 것이다. 그리고 대경은 자심에서 나타났기 때문에

자심에서 나타난 대경이 자심과 더불어 연기의 조건이 된다. 즉 연기의 조건이 눈앞에 나타나야 心法이 비로소 일어나기 때문에 '自心에서 나타난 對境이 연기의 조건이 되어 心法을 일으킨다'라고 한다[如見塵時, 此塵是自心現, 由自心現, 卽與自心爲緣, 由緣現前, 心法方起, 故名塵爲緣起法也]"라고 하였다.

84) 十力(daśa balāni)은 부처님이 소유한 열 가지 뛰어난 지혜의 능력을 뜻한다. 첫째 處非處智力은 도리에 맞는 것과 도리에 맞지 않는 것을 변별하는 힘, 둘째 業異熟智力은 하나하나의 업인과 그 과보의 관계를 사실 그대로 아는 힘, 셋째 靜慮解脫等持等至智力은 4禪·8解脫·3三昧·8等至 등의 선정을 아는 힘, 넷째 根上下智力은 중생의 상·하근기를 아는 힘, 다섯째 種種勝解智力은 중생의 여러 가지 희망사항을 아는 힘, 여섯째 種種界智力은 중생과 모든 법의 본성을 아는 힘, 일곱째 遍趣行智力은 중생이 어느 곳으로 향할지 아는 힘, 여덟째 宿住隨念智力은 자타의 과거세를 기억하는 힘, 아홉째 死生智力은 중생이 죽어 어느 곳에 태어날지 아는 힘, 열째 漏盡智力은 번뇌를 끊은 경지와 거기에 도달하기 위한 수단을 사실 그대로 아는 힘이다.

85) 十波羅蜜(daśa-pāramitā)에서 波羅蜜(pāramitā)은 度彼岸·度無極·度로 의역하기도 하며, 미혹의 이 언덕에서 깨달음의 저 언덕에 이른다는 뜻이다. 十波羅蜜은 보살이 대열반에 도달하기 위해 반드시 갖추어야 할 열 가지 수승한 행을 뜻한다. 十波羅蜜多·十勝行·十度·十到彼岸이라고도 한다. 6바라밀에 方便·願·力·智의 4바라밀을 더한 것이다. 法相宗에서는 10바라밀을 보살의 10지에 배대하여 수행의 차제로 설명하였다. 첫째는 施波羅蜜(dāna-pāramitā)로서 베푸는 것에 따라 財施·法施·無畏施의 세 종류로 구분한다. 둘째 戒波羅蜜(śīla-pāramitā)은 계율을 지키며 항상 자기자신을 살피는 것이다. 셋째 忍波羅蜜(kṣānti-pāramitā)은 욕됨을 참으며 남을 핍박하거나 해치지 않는 것이다. 넷째 精進波羅蜜(virya-pāramitā)은 게으름 없이 부지런히 수행하는 것이다. 다섯째 禪波羅蜜(dhyāna-pāramitā)은 안으로 마음을 잘 거두어 안정시키는 것이다. 여섯째 般若波羅蜜(prajñā-pāramitā)은 진실한 지혜를 열어 모든 법의 실상을 깨닫는 것이다. 일곱째 方便波羅蜜(upāya-pāramitā)은 갖가지 효과적인 방법을 간구하여 중생들의 지혜를 개발하는 것이다. 여덟째 願波羅蜜(praṇidhāna-pāramitā)은 훌륭한 목표를 세워 그 이상을 실현시키기 위해 항상 노력하는 것이다. 아홉째 力波羅蜜(bala-pāramitā)은 선행을 실천하고 진위를 판별하는 능력이다. 열째 智波羅蜜(jñāna-pāramitā)은 모든 법의 실상을 분명하게 아는 지혜이다. 10바라밀은

菩提心으로 因을 삼는다.

『解深密經』 제4권(大正藏16, 705中~下)에서는 "方便波羅蜜은 施·戒·忍 세 바라밀의 助伴이고, 願波羅蜜은 精進波羅蜜의 助伴이고, 力波羅蜜은 禪波羅蜜의 助伴이고, 智波羅蜜은 般若波羅蜜의 助伴이다"라고 하였다.

86) 十六觀法의 첫째는 日想觀으로서 日觀·日想이라고도 한다. 서방을 향하여 정좌하고 마음을 오로지하여 태양이 극락세계에 떨어진다고 생각하며 극락세계를 관하는 것이다. 둘째는 水想觀으로서 水觀·水想이라고도 한다. 극락세계는 맑은 물이나 투명한 얼음처럼 영롱한 유리로 되었다고 관하는 것이다. 셋째는 地想觀으로서 地觀·琉璃地觀·地想이라고도 한다. 극락세계는 금강과 칠보로 장엄된 金幢이 유리로 된 땅을 지탱하고 있으며, 극락세계의 지상은 황금의 노끈과 갖가지 보배로 장엄되어 있고 그 보배마다 제각기 오백 가지 빛이 빛난다고 관하는 것이다. 넷째는 寶樹觀으로서 樹觀·樹想이라고도 한다. 극락세계에는 일곱 겹의 가로수가 늘어서 있고 가로수마다 칠보의 꽃과 잎이 골고루 갖춰져 있으며 꽃과 잎마다 기이한 색깔이 빛나고, 또 낱낱의 나무 위에 일곱 겹의 보배그물이 있다고 관하는 것이다. 다섯째는 寶池觀으로서 八功德水想·池觀이라고도 한다. 극락세계에는 팔공덕수가 흐르고, 낱낱 물 속에 60억의 일곱 가지 寶蓮花가 피어있으며, 摩尼水가 그 사이를 흐르면서 妙法을 연설하고, 백 가지 보배로운 빛깔이 나는 새가 항상 念佛·念法·念僧을 찬탄한다고 관하는 것이다. 여섯째는 寶樓觀으로서 總觀·總觀想·總想觀이라고도 한다. 극락세계에는 500억의 寶樓가 있고 그 곳에서 한량없는 천신들이 기악을 연주하고, 또 악기가 허공에 매달려서 저절로 연주한다고 관하는 것이다. 일곱째는 華座觀으로서 華座想이라고도 한다. 아미타불과 관음·세지 두 보살이 앉은 연화좌를 관하는 것이다. 여덟째는 像觀으로서 像想觀·佛菩薩像觀·像想이라고도 한다. 閻浮檀金色의 불상이 연화좌에 앉아 있고, 관음·세지 두 보살상이 좌우에서 시립하여 제각기 금색 광명을 비춘다고 관하는 것이다. 아홉째는 眞身觀으로서 佛觀·徧觀一切色身相이라고도 한다. 무량수불의 眞身을 관하는 것이다. 열째는 觀音觀으로서 觀世音觀이라고도 한다. 아미타불의 협시보살인 관세음보살의 진실한 색신을 관하는 것이다. 열한째는 勢至觀으로서 大勢至觀이라고도 한다. 아미타불의 협시보살인 대세지보살의 색신을 관하는 것이다. 열두째는 普觀으로서 自往生觀·普往生觀·普觀想이라고도 한다. 자신이 극락에 왕생하여 연화에 결가부좌하고, 연화가 필 때에는 오백 가지 빛이 자신을 비추고 불보살이 허공에

가득하리라고 관하는 것이다. 열 셋째는 雜想觀으로서 雜觀・雜明佛菩薩觀・雜觀想이라고도 한다. 1장 6척의 아미타불상이 연못 위에 있고, 혹은 大身이 허공에 가득하다고 관하는 것이다. 열 넷째는 上輩觀으로서 上品生觀・上輩生想이라고도 한다. 정토에 왕생하는 이는 각기의 因行에 따라 상・중・하의 세 부류로 나뉘고, 세 부류 역시 다시 상・중・하 3품으로 나뉘어져 모두 9품이 된다. 上輩觀은, 上輩의 무리가 자비로운 마음으로 불살생 등의 행을 닦아서 임종할 때에는 聖衆이 영접하고, 왕생한 후에는 갖가지 좋은 이익을 얻게 되는 모습을 관하는 것이다. 열 다섯째는 中輩觀으로서 中品生觀・ 中輩生想이라고도 한다. 中輩의 무리가 5계와 8계를 수지하고, 부모에게 효도하는 등의 행을 닦아서 聖衆이 영접하고 왕생하게 되는 등의 과보를 얻게 됨을 관하는 것이다. 열 여섯째는 下輩觀으로서 下品生觀・下輩生想이라고도 한다. 下輩의 무리가 비록 악업을 지었으나 임종할 때에 선지식의 가르침을 만나 아미타불의 명호를 칭념하고는 왕생과 갖가지 좋은 이익을 얻게 되는 모습을 관하는 것이다.

慧遠 등 많은 이들이 16觀을 定善觀法이라고 했다. 善導는 앞의 13觀(日想觀~雜想觀)만 定善이고 뒤의 九品(上輩觀~下輩觀)은 散善이며, 또 定善 중 앞의 7觀(日想觀~華座觀)은 依報를 관하고 다음의 6觀(像觀~雜想觀)은 正報를 관하는 것이라 했다.

87) 十智를 『圓覺經大疏鈔』 제2권(卍續藏經14, 0514中)에서는 다음과 같이 설명하였다. "『華嚴經』「如來現相品」에서는 열 가지 비유로 부처님의 열 가지 지혜를 설명하였다. 첫째, 허공은 만물의 의지처가 되지만 허공 그 자체는 의지하는 곳이 없다는 비유로, 여래의 지혜도 허공처럼 의지하는 곳 없이 세간과 출세간의 지혜를 성취시켜주는 것을 비유하였다. 둘째, 법계가 온갖 성문과 독각과 보살의 해탈을 항상 일으키지만 법계 그 자체는 담연하여 증감이 없다는 비유로, 여래의 지혜도 온갖 세간과 출세간의 가지가지 지혜를 내지만 여래의 지혜 그 자체는 증감이 없다는 것을 비유하였다. 셋째, 대해의 물이 땅 속 곳곳으로 흘러들어 땅을 파면 누구나 물을 얻는 이익이 있지만 바다는 물을 준다는 분별이 없다는 비유로, 여래의 지혜는 분별이 없는 물처럼 중생들의 마음속으로 흘러들어 수행하는 중생들 누구나 균등하게 여래의 평등한 지혜의 이익을 얻게 하는 것을 비유하였다. 넷째, 대해에서 네 가지 소중한 보배가 생산되는 비유로, 여래의 큰 지혜바다에 작용과 본체를 비밀히 간직한 네 개의 큰 지혜 보배 구슬이 있어 수행하는 모든 중생들에게 지혜를 일으키게 하는 것을 비유하였다. 다섯째, 대해에 네 개의 뜨거운 큰 보배구슬이 있어 바다로 유입되는 물을 빨아들여 해수를

조절한다는 비유로, 여래에게 네 개의 뜨거운 지혜의 보배구슬이 있어 모든 중생들의 미혹을 태워 없애고 공덕을 생기게 함을 비유하였다. 여섯째, 허공이 삼계를 모두 둘러싸고 있으면서도 장애된다는 분별이 없다는 비유로, 여래의 지혜가 모든 곳에 두루하고 한량없는 지혜를 두루 용납하면서도 장애된다는 분별이 없는 것을 비유하였다. 일곱째, 大藥王樹가 끊임없이 생장하는 비유로, 여래의 지혜로운 大藥樹가 모든 중생들에게 끝없이 이익을 주고 지혜를 자라게 하는 것을 비유하였다. 여덟째, 劫火가 모든 것을 태우는 비유로, 여래의 지혜가 삼계의 모든 중생과 모든 국토와 모든 劫과 모든 法을 아는 것을 비유하였다. 아홉째, 劫風이 불어 散壞라는 颱風이 세계를 파괴할 때 能障이라는 颱風이 散壞風을 막아 세계를 유지시키는 비유로, 여래께서 能滅이라는 지혜의 바람으로 대보살의 번뇌와 습기를 없애고 巧持라는 지혜의 바람으로 근기가 성숙하지 못한 보살들을 잘 이끌어 남아 있는 미혹을 제거하고 여래의 경지에 오르게 하는 것을 비유하였다. 열째, 삼천대천세계 크기의 대경[佛性]이 미진 속에 감춰져있는 것을 정진력으로 미진을 깨뜨리고 꺼내 중생들에게 이익을 주는 비유로, 중생과 부처의 성품이 평등함을 통달한 지혜를 비유하였다[十智者亦如華嚴出現品中 以十喩說佛十智 一虛空無依喩 喩無依成事智 二法界湛然喩 喩體無增減智 三入大海潛益喩 喩體均益生智 四大寶出生喩 喩用與體密智 五珠銷海水喩 喩滅惑生德智 六虛空含受喩 喩依持無礙智 七藥王生長喩 喩窮劫利樂智 八劫火燒盡喩 喩知無不盡智 九劫風持壞喩 喩巧令留惑智 十塵含經卷喩 喩性通平等智]."

88) 十地에서 地(bhūmi)는 住處 혹은 住持・生成의 뜻이다. 보살의 수행 계위 52위 중 제41위에서 제50위까지를 일컫는다.

『新譯華嚴經』 제34권에 거론된 10지의 명칭은 다음과 같다.

(一) 歡喜地 (pramuditā-bhūmi) : 불성의 이치를 보고 見惑을 끊으며 능히 자리이타하여 참된 희열에 가득한 지위

(二) 離垢地 (vimalā-bhūmi) : 修惑을 끊고 계를 범하는 더러움을 씻어내 몸을 깨끗이 하는 지위

(三) 發光地 (prabhākarī-bhūmi) : 수혹을 끊어 지혜의 광명이 나타나는 지위

(四) 焰慧地 (arciṣmatī-bhūmi) : 수혹을 끊어 지혜가 더욱 치성하는 지위

(五) 難勝地 (sudurjaya-bhūmi) : 수혹을 끊고 眞智와 俗智가 조화하는 지위

(六) 現前地 (abhimukhī-bhūmi) : 최고의 지혜를 내어 無爲眞如의 모양이 나타나는 지위

(七) 遠行地 (dūraṃgamā-bhūmi) : 대비심을 일으켜 2승의 깨달음을 초월하여 광대무변한 진리의 세계에 이르는 지위

(八) 不動地 (acalā-bhūmi) : 수혹을 완전히 끊고 이미 모든 진여를 얻었으므로 다시 동요되지 않는 지위

(九) 善慧地 (sādhumatī-bhūmi) : 부처님의 십력을 얻고 다양한 중생의 근기에 맞추어 교화의 可否를 알아 공교하게 설법하는 지위

(十) 法雲地 (dharmameghā-bhūmi) : 끝없는 공덕을 구비하여 중생들에게 대자비의 비를 내려 번뇌를 가라 앉히는 지위

89) 十通에 대해 『華嚴經(80권)』(大正藏10, 286上~中)에서는 다음과 같이 설명하였다.
"불자여, 보살마하살에게 열 가지 신통이 있으니, 무엇이 열 가지인가? 이른바 지난 세상에 있었던 일을 기억하는 방편 지혜의 신통, 天耳가 걸림 없는 방편 지혜의 신통, 다른 중생의 불가사의한 마음과 행을 아는 방편 지혜의 신통, 천안으로 관찰함에 걸림이 없는 방편 지혜의 신통, 중생의 마음을 따라 불가사의한 큰 힘을 나타내는 방편 지혜의 신통, 한 몸이 한량없는 세계에 두루 나타나는 방편 지혜의 신통, 한 생각에 말할 수 없이 많은 세계에 두루 들어가는 방편 지혜의 신통, 한량 없는 장엄거리를 나타내어 불가사의한 세계를 장엄하는 방편 지혜의 신통, 말할 수 없이 변화하는 몸을 나타내는 방편 지혜의 신통, 부사의한 중생의 마음을 따라 말할 수 없는 세계에서 아뇩다라삼먁삼보리 이룸을 나타내는 방편 지혜의 신통이니, 이것이 열 가지이니라[佛子 菩薩摩訶薩 有十種神通 何等爲十 所謂憶念宿命 方便智通 天耳無礙 方便智通 知他衆生不思議心行 方便智通 天眼觀察 無有障礙 方便智通 隨衆生心 現不思議大神通力 方便智通 一身普現無量世界 方便智通 一念遍入不可說不可說世界 方便智通 出生無量莊嚴具 莊嚴不思議世界 方便智通 示現不可說變化身 方便智通 隨不思議衆生心 於不可說世界 現成阿耨多羅三藐三菩提 方便智通 是爲十]."

90) 我計無我 是顚倒法은 『大般涅槃經』 제2권(大正藏12, 617上~中)에서 발췌하였다. 앞뒤 전문은 다음과 같다.
"괴로운 것을 즐겁다고 생각하고 즐거운 것을 괴롭다고 생각하는 것이 전도된 법이요, 무상한 것을 영원하다고 생각하고 영원한 것을 무상하다고 생각하는 것이 전도된 법이요, 나라고 할 것이 없는 것을 나가 있다고 생각하고 나가 있는데 나라 할 것이 없다고 생각하는 것이 전도된 법이요, 더러운 것을 청정하다고 생각하고 청정한 것을 더

럽다고 생각하는 것이 전도된 법이니, 이와 같이 네 가지 전도된 법이 있는 사람은 법을 바르게 닦을 줄 모르느니라[苦者計樂 樂者計苦 是顚倒法 無常計常 常計無常 是顚倒法 無我計我 我計無我 是顚倒法 不淨計淨 淨計不淨 是顚倒法 有如是等四顚倒法 是人不知正修諸法]."

91) 我空眞如에 대해 智儼은 『孔目章』 제3권(大正藏45, 568中)에서 다음과 같이 설명하였다.

"人法二空이란 人空과 法空이다. 人我의 집착이 없는 곳에서 드러나는 진여를 人空이라 하고, 法我의 집착이 없는 곳에서 드러나는 진여를 法空이라 한다. 人空은 소승에 통하지만 완전히 청정하다고는 할 수 없고, 보살승에 이르러야 비로소 완전히 청정해진다. 法空은 보살승에서 이루어지지만 아직도 완전히 청정하다고는 할 수 없고 일승에 이르러야 완전히 청정해진다[人法二空者 謂人空法空 人我執無處 所顯眞如名人空 法我執無所顯眞如名法空 人空通小乘 而未淸淨 至三乘方淸淨 法空在三乘 而未淸淨 至一乘究竟淸淨]." 『大乘起信論裂網疏』 권3(大正藏44, 443中)에 "論 ; 마음을 오염시킨다는 말은 번뇌장을 가리킨다. 根本智를 얻는 데 장애가 되기 때문이다. 疏 ; 이것은 마음을 오염시키는 여섯 종류의 장애를 모두 번뇌장이라 한다고 총괄적으로 결론지은 구절이다. 아집과 상응하는 온갖 종류의 惑(煩惱)을 모두 界內의 見과 思인 번뇌(見惑과 思惑)라고 이르나니 그것이 我空眞如를 알지 못하도록 가로막는 것이다. 법집과 상응하는 온갖 종류의 미혹 중에서 법공의 이치를 모르는 法癡 한 종류만 제외하고는 모두 界外의 見과 思인 煩惱라고 이르나니 그것이 法空眞如를 알지 못하도록 가로막는 것이다. 오직 근본지만이 진여를 증득할 수 있는데, 이미 진여를 알지 못하도록 가로막은 이상 곧 근본지를 가로막는 것이다[染心者 是煩惱障 能障眞如根本智故 此總結六種染心 皆名煩惱障也 我執相應 種種諸惑 皆名界內 見思煩惱 能障我空眞如 法執相應 種種諸惑 但除法癡一種 皆名界外 見思煩惱 能障法空眞如 唯根本智 能證眞如 旣障眞如 卽障根本智也]"라고 하였다.

92) 阿難(Ānanda)은 阿難陀라 하기도 하고, 歡喜・慶喜・無染으로 의역하기도 한다. 부처님의 사촌 아우로서 출가한 뒤 20여 년간 부처님을 시봉한 제자이다. 기억력이 좋아 부처님의 설법을 완벽하게 기억했기 때문에 多聞第一이라고 불렸다. 아난은 타고난 용모가 단정하여 얼굴은 보름달과 같고, 눈은 靑蓮花와 같고, 몸은 거울처럼 빛났기 때문에 출가하고서도 자주 여인의 유혹을 받았다. 그는 부처님의 이모인 마하파자파티가

교단에 들어와 비구니가 되고자 했을 때, 거부하시는 부처님께 몇 차례의 간청을 거쳐 허락을 얻어내 비구니 교단 성립에 공헌하였다. 또 부처님께서 열반하신 후에는 마하가섭의 명으로 제1결집 때 경장을 송출하였다. (출전 :『雜阿含經』제44권,『中阿含』제33권 侍者經,『增一阿含經』제4권 弟子品,『阿難同學經』,『佛本行集經』제11권,『五分律』제3권,『大智度論』제3권,『大唐西域記』제6・7권)

93) 阿羅漢果는 聲聞四果의 하나로서 삼계의 見惑・思惑을 완전히 끊고 漏盡智를 증득하여 세간의 공양을 받는 성자를 가리킨다. 아라한은 소승본교 최고 수행자의 경지로 진리와 합치되었다 하여 應眞, 번뇌라는 적을 모두 물리쳤다 하여 殺賊으로 불린다.

94) 我本意로부터 皆爲一佛乘故까지의 전거가 되는『妙法蓮華經』「方便品」(大正藏9, 7上~中)의 내용은 다음과 같다.

"사리불아, 어찌하여 부처님 세존들께서는 오직 一大事因緣으로 이 세상에 출현하신다고 하는가? 부처님 세존께서는 중생으로 하여금 부처님의 知見을 열어 청정케 하려고 세상에 출현하시며, 중생에게 부처님의 知見을 보이려고 세상에 출현하시며, 중생으로 하여금 부처님의 知見을 깨닫게 하려고 세상에 출현하시며, 중생으로 하여금 부처님 知見의 道에 들어가게 하려고 세상에 출현하시느니라.

사리불아, 이것이 부처님들께서 일대사인연 때문에 세상에 출현하시는 것이니라.

사리불아, 여러 부처님 여래께서는 오직 보살만 교화하시며, 모든 중생계에서 하시는 일마다 항상 一大事를 위하신다. 그러므로 오직 부처님의 知見으로써 중생들에게 보여주어 깨닫게 하신다.

사리불아, 여래는 다만 一佛乘만을 위해 중생들에게 말씀하는 것이지, 一佛乘을 제외한 다른 이승이나 삼승은 없으시니라.

사리불아, 모든 시방세계 여러 부처님의 법도 역시 그러하니라.

사리불아, 과거의 여러 부처님들께서는 한량 없고 수없는 방편과 가지가지 인연이나 비유의 이야기로 중생을 위해 연설하셨으니, 이 법이 다 일불승을 위한 것이니라. 그러므로 모든 중생들이 부처님을 따라 법을 듣고 필경에는 모두 一切種智를 얻었느니라[舍利弗 云何名諸佛世尊唯以一大事因緣故出現於世 諸佛世尊 欲令衆生開佛知見使得清淨故出現於世 欲示衆生佛之知見故出現於世 欲令衆生悟佛知見故出現於世 欲令衆生入佛知見道故出現於世 舍利弗 是爲諸佛以一大事因緣故出現於世 佛告舍利弗 諸佛如來但敎化菩薩 諸有所作常爲一事 唯以佛之知見示悟衆生 舍利弗 如來但以一佛乘故爲衆生

說法 無有餘乘若二若三 舍利弗 一切十方諸佛法亦如是 舍利弗 過去諸佛以無量無數 方便種種因緣譬喻言辭 而爲衆生演說諸法 是法皆爲一佛乘故 是諸衆生從諸佛聞法 究竟皆得一切種智]."

95) 我法分別에서 變似我法까지의 관련된 전거를 들면 다음과 같다. 일체 만유가 유식으로만 존재한다면 어째서 성스러운 가르침에서 我와 法이 있다고 말했는가라는 질문에 대해 我와 法은 허망하게 존재하는 것일 뿐, 실제로 존재하는 것이 아님을 『唯識三十論頌』은 제1구(大正藏31, 60上)에서 "我와 法을 가설함으로 인해 갖가지 전변한 모습들이 있지만 그것들은 識을 의지해 변한 것이요, 이 能變識은 오직 셋뿐이네[由仮說我法 有種種相轉 彼依識所變 此能變唯三]"라고 밝혔고, 이에 대해 『成唯識論』 제1권(大正藏31, 1上~中)에서는 다음과 같이 해설하였다.

"세간의 가르침과 성스러운 가르침에서 我와 法이 있다고 말하지만, 我와 法은 假相일 뿐 실제로 고정 불변하는 자성이 있는 것은 아니다. 我는 영원한 주제자인 我가 있다고 집착하는 것이고, 法은 각각의 사물마다 자성을 보전하는 것이 있어 그것이 본보기가 되어 사물에 대한 이해를 일으키게 한다고 여기는 것이다. 我와 法 이 두 가지는 여러 가지 모습들로 전변한다. '我'의 여러 가지 모습은 이를테면 有情·命者 등과 預流果·一來果 등이다. '法'의 여러 가지 모습은 이를테면 實(질료적인 원인)·德(정적인 성질)·業(행위) 등과 5온·12처·18계 등이다. 제1게에서 '전변한다'란 조건에 따라 시설되기 때문에 차이가 생긴다는 것을 말한다. 이와 같은 여러 가지 모습들을 만약 假相이라 한다면 그 가상은 무엇을 의지해 성립하는 것일까? 그 모습들은 모두 識을 의지해 전변한 것들로서 假相으로 시설된 것이다. '識'은 이를테면 요별하는 주체이다. 이 게송에서 말한 '識'은 心所를 포함해 지니고 있으면서 반드시 상응하기 때문이다. '변한다'란 이를테면 識 자체가 전변하여 相分과 見分 두 가지로 나타나는 것이니 相分과 見分은 모두 自證分을 의지해 일어나기 때문이며, 相分과 見分 이 두 가지를 의지해 我와 法을 시설하니 그 두 가지(我·法)는 이것(相分·見分)을 떠나 의지처가 없기 때문이다[世間聖教說有我法 但由仮立非實有性 我謂主宰 法謂軌持 彼二俱有種種相轉 我種種相 謂有情命者等 預流一來等 法種種相 謂實德業等 蘊處界等 轉謂隨緣施設有異 如是諸相若由仮說依何得成 彼相皆依識所轉變而仮施設 識謂了別此中識言亦攝心所 定相應故 變謂識體轉似二分 相見俱依自證起故 依斯二分施設我法 彼二離此無所依故]."

96) 我於三七日로부터 而用方便力까지의 전거로 『法華經』「方便品」(大正藏9, 142中~下)에

다음과 같은 내용이 있다.

"21일 동안이나 이런 일을 생각하되, 얻은 바 그 지혜가 미묘하고 제일이나, 근기 둔한 모든 중생 어리석은 장님이니, 이와 같은 무리들을 어떻게 제도하랴. 그때에 모든 범왕, 온 하늘의 제석천왕, 세상을 보호하는 사천왕과 대자재천, 그리고 다른 하늘무리와 그들의 백 천만 권속들이, 공경히 합장하고 예배하면서 법륜을 굴리시라고 나에게 청하였네. 내 생각건대 불승만 찬탄하면, 고통 속에 빠진 중생 이 법 믿지 않으리니, 믿지 않고 훼방하면 삼악도에 빠지리라. 내 차라리 설법 않고 열반에 들려다가, 지난 세상 부처님들이 행한 방편 생각하곤, 내가 지금 얻은 도를 삼승으로 설하리라. 이렇게 생각하자 시방부처가 나타나서, 범음으로 위로하되, 훌륭하십니다, 석가모니여. 제일가는 대도사께서 위없는 법 얻으시고, 모든 부처를 따라 방편의 힘을 쓰시는군요[於三七日中 思惟如是事 我所得智慧 微妙最第一 衆生諸根鈍 著樂癡所盲 如斯之等類 云何而可度 爾時諸梵王 及諸天帝釋 護世四天王 及大自在天 幷餘諸天衆 眷屬百千萬 恭敬合掌禮 請我轉法輪 我卽自思惟 若但讚佛乘 衆生沒在苦 不能信是法 破法不信故 墜於三惡道 我寧不說法 疾入於涅槃 尋念過去佛 所行方便力 我今所得道 亦應說三乘 作是思惟時 十方佛皆現 梵音慰喩我 善哉釋迦文 第一之導師 得是無上法 隨諸一切佛 而用方便力]."

97) 若修止者로부터 無外境界까지의 전거로 『起信論』「修行信心分」(大正藏32, 582上)에 다음과 같은 내용이 있다.

"만일 止를 닦고자 한다면 고요한 곳에 머물며 단정히 앉아 뜻을 바로하여 氣息에 의지하지 말고, 形色에도 의지하지 말고, 허공에도 의지하지 말고, 地水火風에도 의지하지 말고, 見聞覺知에도 의지하지 말고, 일체 모든 생각을 생각나는 대로 제거하되 제거했다는 생각마저 제거할지니, 모든 법이 본래 無相이라 생각 생각에 생기지도 않고 생각 생각에 멸하지도 않는 것이니라. 또 마음을 따라 밖으로 경계를 생각하다가 곧 마음으로 마음을 제거하지 말고, 마음이 만일 달아나고 흩어지거든 곧 거두어 正念에 머물게 할지니라. 이 正念은 오직 마음뿐이어서 바깥 경계가 없으며 이 마음도 또한 自相이 없어 생각 생각을 얻을 수 없느니라. 만일 자리에서 일어나 가고 오고 나아가고 그치거나 무엇인가를 하게 되는 모든 때에는 항상 止를 닦는 방편을 생각하라. 수순하고 관찰해서 오래 익혀 순수하게 익어지면 그 마음이 안정될 것이며, 마음이 안정되기 때문에 차츰 용맹스럽고 수순하여 眞如三昧에 들어가 번뇌를 깊이 조복시키고 신심이 증장해 불퇴전위를 속히 성취하리라. 그러나 의심하고, 믿지 않고, 비방하고, 업장이 많고, 아만이 가득하고, 게으른 사람만은 제외되니 이런 사람들은 진여삼매에 들어갈 수 없다[若修止者 住於靜處 端坐正意 不依氣息 不依形色 不依於空 不依地水火風 乃至不依見聞覺知 一切諸想 隨念皆除 亦遣諸想 以一切法本來無相 念念不生 念念不滅 亦不得隨心外念境界 後以心除心 心若馳散 卽當攝來住於正念 是正念者 當知唯心無外境界 卽復此心亦無自相 念念不可得 若從坐起 去來進止 有所施作 於一切時 常念方便 修順觀察 久習純熟 其心得住 以心住故 漸漸猛利 修順得入眞如三昧 深伏煩惱 信心增長 速成不退, 唯除疑惑不信誹謗重罪業障我慢懈怠 如是等人 所不能入]."

98) 如來藏(tathāgata-garbha)은 모든 중생의 煩惱身에 감춰져 있는 본래 청정한 여래법신을 말한다. 여래장은 비록 번뇌에 덮여 감춰져 있어도 번뇌에 더럽혀지지 않고, 본래부터 청정하여 영원히 변하지 않는 본성을 완전히 갖추고 있다. 모든 더러움과 청정한 현상이 모두 여래장을 반연하여 일어난다는 설을 如來藏緣起라고 한다.

『勝鬘經』「法身章」(大正藏12, 221下)에서는 "여래법신이 煩惱藏을 여의지 않는 것을 如來藏이라 한다"라고 했고, 『大方等如來藏經』에서도 연꽃 가운데 계신 화신불, 벼랑 끝 나무 속 벌꿀, 변소에 빠진 황금, 더러운 천에 쌓인 황금상, 비천한 여자가 임신한 귀한 후손, 암라나무의 열매 등 아홉 가지 비유를 열거하여 여래장의 뜻을 자세히 설명했다.

또 『佛性論』 제2권 「如來藏品」에서는 "藏에 세 가지 뜻이 있다. 첫째 所攝藏이니, 모든 중생은 여래의 지혜 속에 다 거두어진다. 둘째 隱覆藏이니, 여래의 법신은 인위(因位)·과위(果位)에 상관없이 변하지 않으나 중생은 번뇌에 덮여 있어 보지 못한다. 셋째 能攝藏이니, 여래의 果德을 모두 범부의 마음속에 거두어져 있다"라고 하였고, 『勝鬘經』「自性淸淨章」에서는 "藏에 自性·因·至得·眞實·祕密 등의 다섯 가지 뜻이 있다. 첫째, 만유는 모두 바로 여래의 자성이므로 自性의 이치로서 如來藏이라고 한다. 둘째, 藏은 성인이 정법을 수행해서 대경을 생기게 하니 경계를 생기게 하는 因의 이치로서 正法藏이라 하고 혹은 法界藏이라 한다. 셋째, 이 藏을 믿음으로 인해 여래법신의 果德을 얻으니, 至得의 이치로서 法身藏이라 한다. 넷째, 이 藏은 세간의 모든 허위를 초월했으니 眞實의 이치로서 出世藏이라 하고 혹은 出世間上上藏이라 한다. 다섯째, 모든 법이 이 藏을 수순하면 청정해지고 어기면 더럽고 탁해지니 祕密한 이치로서 自性淸淨藏이라 한다"라고 하였다.

99) 如如에 대해『大乘義章』제3권(大正藏16, 523上)에서는 다음과 같이 설명하였다.
"如如란『入楞伽經』제7권에서 말한 5법(名·相·分別·正智·眞如) 가운데 正智에 계합한 이치이니, 모든 존재의 본체이다. 그러므로 '如'라고 한다. 그리고 '如'의 뜻은 고정 불변한 하나가 아니고 피차가 모두 동일한 입장이기 때문에 如如라고 한다. 또 '如'는 허망하지 않기 때문에 모든 경전에서 '眞如'라고 한다[言如如者 是前正智所契之理 諸法體同 故名爲如 如義非一 彼此皆如故 曰如如 如非虛妄 故復經中 亦名眞如]."
또『華嚴經文義要決問答』제2권에서는 "如如란 모든 존재의 현묘한 근본 도리이니, 대립의 양상이 없이 주관과 객관에 공통하는 本旨이다. '如'는 서로 똑같다는 뜻으로서, 만 개의 如가 한 개의 如이고, 한 개의 如가 만 개의 如이다. 그러므로 如如라고 한다. 만 개의 존재가 만 개의 如와 똑같고, 만 개의 如가 만 개의 존재와 똑같은 것이 만 개의 如이다. 만 개의 존재가 한 개의 如와 똑같고, 한 개의 如가 만 개의 존재와 똑같은 것이 한 개의 如이다. 한 개는 고정 불변한 한 개가 아니기 때문에 한 개가 두 개와 똑같으며, 두 개도 고정 불변한 두 개가 아닌 두 개이기 때문에 두 개가 한 개와 똑같다. 그러므로 如如라고 한다[如如者 諸法之玄宗 無二之通旨也 如以不異爲義 萬如一如 一如萬如 故曰如如 夫萬法不異萬如 萬如不異萬法 一如也(萬如也) 萬法不異一如 一如不異萬法 一如也 一非一 一不異二 二非二二 二不異一 故曰如如也]"라고 설명하였다.

100) 念佛三昧에는 두 가지가 있다. 첫째는 因行念佛三昧로서 한마음으로 부처님의 상호를 생각하거나 한마음으로 법신의 실상을 생각하거나 한마음으로 부처님의 명호를 부르는 것이다. 둘째는 果成念佛三昧로서 세 가지 인행으로 인해 마음이 선정에 들어 부처님이 눈앞에 나타나는 것이다.
『觀無量壽佛經』(大正藏12, 343中)에서는 "다시 無量壽佛의 몸에 있는 상호와 광명을 관찰하나니…… 그 광명과 상호와 그 화신불은 이루 다 말할 수 없어서 다만 잊지 않고 생각하여 마음으로 분명히 보게 된다. 그러므로 이러한 현상을 보는 이는 곧 시방의 모든 부처님을 보고, 모든 부처님을 보기 때문에 念佛三昧라고 한다"라고 하였다.
『大智度論』제7권(大正藏25, 109上)에서도 "念佛三昧는 갖가지의 번뇌와 과거세의 모든 죄를 소멸시킨다[復次念佛三昧 能除種種煩惱及先世罪]"라고 하였다.
曇鸞의『略論安樂淨土義』와 道綽의『安樂集』등에서 설한 바에 의거하면, 오로지 집중된 마음을 계속 이어지게 하여 생각을 끊어지지 않게 하는 것을 念佛三昧의 모양이라 했고, 부처님의 신력을 생각하거나 혹은 부처님의 智慧·毫相·相好 등을 생각하고, 그분들의 本願을 생각하고, 그 명호를 부르는 것 등을 총칭하여 念佛三昧라고 했다. 念佛하는 본뜻은 '憶念'하고 '追想'하는 데 있다. 내재된 사유와 기억이 밖으로 표현되는 것을 '稱念'이라 하고, 칭념이 깊어져 관찰과 합하게 되면 깨어 있건 잠이 들건 또 선정에 들건 모든 경우에 생각 생각이 부처님을 여의지 않게 되니, 이를 般舟三昧라 한다. 『文殊般若經』에서는 "오로지 念佛이라는 한 가지 행만을 면밀하게 수행하는 것이 一行三昧이다"라고 했다.

101) 臥輪에 대한 전기는 분명치 않으며 臥輪은 주석하던 장소에 따라 붙여진 이름이다. 『景德傳燈錄』 제5권 西京荷澤神會禪師條(大正藏51, 245中)에 와륜선사가 거론된 부분이 나온다. 그 내용은 다음과 같다.

"어떤 스님이 '와륜에겐 뛰어난 기량이 있어 온갖 망상 끊었고, 경계를 대하고도 마음을 일으키지 않으니 보리심이 나날이 자라네'라는 와륜선사의 게송을 거론하자, 육조대사가 듣고서 말했다.

'이 게송은 마음을 밝히지 못했다. 만일 이 게송을 의지해 수행한다면 얽매임만 더할 뿐이다.'

그리고는 게송 한 수를 읊었다.

'혜능에겐 기량이 전혀 없어 온갖 망상 끊지 못했고, 경계를 대하면 마음이 자주 일어나니 보리심이 어찌 자라겠는가?' [有僧擧臥輪禪師偈云 臥輪有伎倆 能斷百思想 對境心不起 菩提日日長 六祖大師聞之曰 此未明心地 若依而行之 是加繫縛 因示一偈曰 慧能沒伎倆 不斷百思想 對境心數起 菩提作麼長]."

또 『宗鏡錄』 제98권(大正藏48, 942下)에 와륜 선사의 말씀이 다음과 같이 인용되어 있다.

"와륜선사가 말했다. '마음의 성품을 자세히 살펴보면 맑기가 허공과 같아서 본래 생기는 법이 없고 또한 멸하는 법도 없거늘 어찌 포착할 수 있겠는가? 다만 지각하는 마음이 일어날 적에 모름지기 내면을 향해서 마음의 근원을 돌이켜 살펴보면 근본이 없어 생기는 처소가 없다. 생기는 처소가 없기 때문에 마음의 성품은 고요하고 모양이 없으며 함이 없는 것이다' [臥輪禪師云 詳其心性湛若虛空 本來不生 是亦不滅 何須收捺 但覺心起 卽須向內反照心原 無有根本 卽無生處 無生處故 心卽寂靜無相無爲]."

또 『宏智禪師廣錄』 제3권(大正藏48, 27下) · 『從容庵錄』 제3권(大正藏48, 257上) · 『六祖大師法寶壇經』(大正藏48, 358上)에 그 이름이 보인다.

102) 盧山慧遠(334~416)은 東晋시대 스님으로서 道安의 제자이다. 盧山(江西省 九江府) 白蓮社의 開祖이다. 13세에 이미 六經을 연구하였고 특히 老莊學에 정통하였다. 21세에 道安을 찾아가 사사하고는 뒤에 慧永의 도움으로 東林寺를 짓고 그의 덕을 사모한 123인과 함께 白蓮社를 결성하여 30여 년 간 여산에 주석하였다. 또 法淨, 法領 등을 서역에 보내 범본을 구하고, 계빈국 스님 僧伽婆提에게 청하여 『阿毘曇心論』·『三法度論』을 다시 번역하였고, 曇摩流支에게 청하여 『十誦律』을 번역하는 등 교학 발전에 크게 공헌하였다. 당대의 명사인 陶淵明(詩人, 365~427), 陸修靜(道士, ?~467) 등과 교류한 '虎溪三笑'의 고사가 전해진다. 東晋 義熙 13년 8월에 83세로 입적하였고, 저서로는 『問大乘中深義十八科』 3권·『沙門不敬王者論』·『法性論』 2권·『沙門袒服論』 등이 있다. (출전 : 『梁高僧傳』 제6권, 『出三藏記集』 제12·15권, 『歷代三寶紀』 제7권, 『大唐內典錄』 제3권, 『廣弘明集』 제15·27·30권, 『法苑珠林』 제100권, 『東林十八高賢傳』)

103) 如春池 執石爲寶는 『大般涅槃經』 제2권(大正藏12, 617下)에서 발췌한 내용이다. 그 전문은 다음과 같다.

"비유하면 다음과 같다. 온갖 꽃이 피는 봄철에 여러 사람들이 큰 연못에서 목욕을 하고 배를 타고 놀다가 실수로 유리보배구슬을 깊은 물 속에 빠뜨렸다. 이때 여러 사람들이 다 함께 물 속으로 들어가 보배구슬을 찾았는데, 기왓장·돌·풀이나 나무·자갈 등을 앞다투어 집어 들고는 제각기 유리보배구슬을 찾은 줄 알고서 기뻐하였지만 가지고 나와서야 진짜 보배구슬이 아닌 줄을 알았다. 이때 보배구슬은 여전히 물 속에 있었고, 보배구슬을 찾느라고 흐려졌던 물은 보배구슬의 힘으로 맑아졌다. 이에 여러 사람들은 보배구슬이 여전히 물에 있는 것을 보게 되었는데, 마치 공중에 떠 있는 밝은 달을 우러러보는 것과 같았다. 바로 그때 대중 가운데 어떤 지혜로운 사람이 방편의 힘으로 조심조심 물 속에 들어가 보배구슬을 가져왔느니라. 너희 비구들도 그렇게 無常·苦·無我라는 想과 不淨想을 닦으면서 참된 이치라고 생각하지 말라. 그것은 마치 저 여러 사람들이 기왓장·돌·풀과 나무·자갈 등을 가지고 보배구슬이라 여기는 것과 같으니라. 너희들은 마땅히 방편을 잘 배우되 가는 곳마다 항상 我想·常想·樂想·淨想을 닦아야 하며, 다시 마땅히 예전에 익혔던 네 가지 法(無常想·苦想·無我想·不淨想)이 모두 전도된 것임을 알아야 하며, 진실하게 想을 닦고 싶다면 저 지혜로운 사람이 보배구슬을 물 속에서 솜씨 있게 꺼내는 것처럼 해야 하나니, 이른 바

我想・常想・樂想・淨想이니라[譬如春時有諸人等 在大池浴乘船遊戱 失琉璃寶沒深水中 是時諸人悉共入水求覓是寶 競捉瓦石草木砂礫 各各自謂得琉璃珠 歡喜持出乃知非眞 是時寶珠猶在水中 以珠力故水皆澄淸 於是大衆乃見寶珠故在水下 猶如仰觀虛空月形 是時衆中有一智人 以方便力安徐入水卽便得珠 汝等比丘 不應如是修習無常苦無我想不淨想等以爲實義 如彼諸人各以瓦石草木沙礫而爲寶珠 汝等應當善學方便在在處處常修我想常樂淨想 復應當知先所修習四法相貌悉是顚倒 欲得眞實修諸想者 如彼智人巧出寶珠 所謂我想常樂淨想]."

104) 靈知不昧에 대해 『圓覺經大疏鈔』 제11권(卍續藏經14, 0920上)에서는 "마음이라고 말한 그것은 곧 본원의 마음이니, 전체를 통틀은 모습이다. 그리고 전체를 통틀은 모습인 본원의 마음 가운데 身法과 心法 두 가지를 포함하고 있는데, 淸淨無相한 쪽은 眞身이고, 靈知不昧한 쪽은 眞心이다[但言心者 此本源心 是通相也 於中含於身心二法 淸淨無相 卽眞身也 靈知不昧 卽眞心也]"라고 하였다. 靈知不昧는 眞心을 설명하는 形容句로 쓰였다. 『景德傳燈錄』 권30 「五臺山鎭國大師澄觀答皇太子問心要」(大正藏51, 459中)에 "지극한 도는 그 마음을 근본으로 하고, 마음 법은 머무름이 없음을 근본으로 한다. 머무름이 없는 마음의 본체는 신령하게 알고 어둡지 않으며[靈知不昧] 본래의 性과 그것이 드러나는 相이 고요하여 덕의 작용을 드넓게 머금어 안과 밖을 모두 아우르며 포섭하니 깊게도 하고 넓게도 하며, 有도 아니고 空도 아니며, 생하지도 않고 멸하지도 않으며, 끝도 없고 시작도 없으므로 구하려 해도 얻을 수 없고, 버리려 해도 떠나지 않는다[至道本乎其心 心法本乎無住 無住心體 靈知不昧 性相寂然 包含德用 該攝內外 能深能廣 非有非空 不生不滅 無終無始 求之而不得 棄之而不離]"라고 하였다.

105) 悟와 修의 頓·漸에 대한 『圓覺經疏抄』의 八對頓漸說과 『都序』의 입장을 도표로 정리하면 다음과 같다.

『圓覺經疏抄』의 八對頓漸說

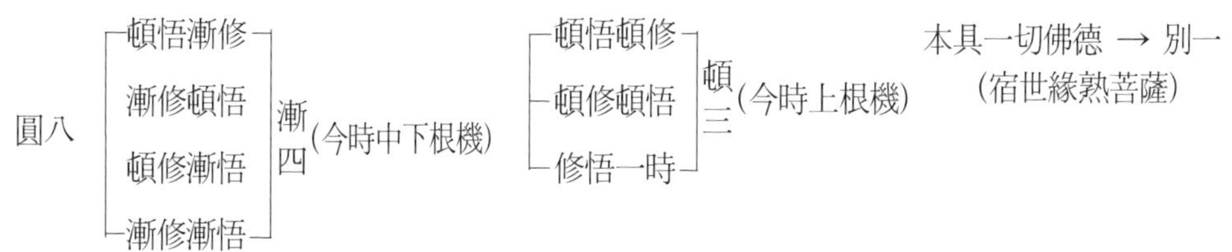

『都序』의 七對頓漸說

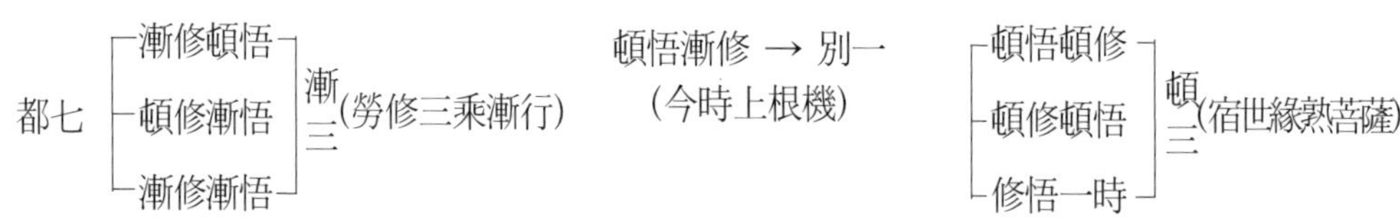

此漸三對는 爲今時中下機而立이니 但是勞修漸이라

此別一對는 爲今時離念上根而立이라

此頓三對는 爲宿世緣熟上根而立이라

106) 五祖弘忍(602~675)은 唐代의 스님으로 중국 선종의 제5조이며, 속성은 周氏로 호북성 蘄州의 黃梅 출신이다. 4조 道信의 제자가 되어 오랫동안 그의 회하에서 수행하고 법을 이었으며, 雙峰山 동쪽 憑茂山(東山)으로 건너가 널리 법을 펼쳤다. 제자로는 걸출한 大通神秀·六祖慧能 외에도 安住玄賾·資州智詵·慧藏·玄約·嵩山法如 등 뛰어난 이들이 있었다. 肅宗 上元 2년에 세수 74세로 입적하였고, 代宗이 大滿禪師라는 諡號를 내렸다. 저술로는 『蘄州忍大師導凡趣聖悟解脫宗修心要論』 1권이 있다. (출전 : 『宋高僧傳』 제8권, 『神會語錄』, 『歷代法寶記』, 『楞伽師資記』, 『祖堂集』 제2권, 『宋高僧傳』 제8권, 『傳燈錄』 제3권, 『廣燈錄』 제7권, 『續燈錄』 제1권, 『聯燈會要』 제2권, 『普燈錄』 제1권, 『佛祖統紀』 제29권, 『五燈會元』 제1권)

107) 五重唯識觀은 窺基大師가 창시한 것으로서, 見道位 이전의 相似觀에서는 다섯 단계의 차제가 있지만 見道眞觀에서는 첫 번째 唯識觀을 체달할 때 곧바로 진여를 증득한다고 한다. 첫 번째는 遣虛存實識으로서 遣은 '遮遣', 즉 부정한다는 의미이다. 3성 중 遍計所執性은 體도 用도 없는 허망한 것이라고 관하여 제해버리고 依他起性·圓成實性은 모든 법의 體相과 實性이며 根本智·後得智의 대상이라고 관하여 남겨둔다. 아울러 이 二性은 唯識의 所現이라고 관찰한다. 이것이 첫 번째 유식관이다. 두 번째는 捨濫留純識으로서 첫 번째 단계에서 識등의 事와 진여의 理가 모두 識을 여의지 않는다고 관하기는 하지만 그 內識에 相分과 見分이 있어서 相分의 內境은 마음 밖의 경계와 뒤섞여 正觀에 도달할 수 없게 하기 때문에 相分의 內境을 버리고 순수한 內心(見分·自證分)에만 머문다. 이것이 두 번째 유식관이다. 세 번째는 攝末歸本識이다. 두 번째 단계에 의해 순수해진 內心만 남게 되었지만, 그 마음 가운데 自證分은 전변하는 주체인 근본이고 見分·相分은 전변해서 나온 지말이다. 따라서 지말은 근본을 떠나 존재할 수 없기 때문에 지말(見分·相分)을 거두어 근본(自證分)으로 회귀시킨다. 이것이 세 번째 유식

관이다. 네 번째는 隱劣顯勝識이다. 세 번째 단계에 의해 自證分으로 돌렸지만 그것에도 다시 心王과 心所가 있으니 열등한 心所를 감추고 수승한 心王을 드러낸다. 이것이 네 번째 유식관이다. 다섯 번째는 遣相證性識이다. 네 번째 단계에 의해 心王만 남았지만 心王에 다시 事와 理가 있어 事는 相用인 依他起性이고 理는 性體인 圓成實性이기 때문에 依他의 相用을 버리고 圓成의 實性을 증득한다. 이것이 다섯 번째 유식관이다. 이상의 다섯 단계 가운데 첫 번째는 總觀이고, 뒤의 네 단계는 別觀이다. 또 앞의 네 단계는 見道位 이전의 수행법이고, 다섯 번째는 見道位 이후의 수행법이다.

108) 王梵志는 8세기 후반의 시인이다.『桂苑叢談』·『太平廣記卷八十二』 등에 기록된 바에 의거하면, 隋代 衛州 黎陽(지금의 河南 濬縣)의 王德祖가 숲 속 능금나무의 옹두리 속에서 발견하여 양육하였다고 한다. 德祖는 숲 속 능금나무에서 나왔다 하여 그를 梵天이라 불렀는데, 나중에 梵志라고 개칭하였다. 王梵志의 시는 唐·宋 시대에 성행했고, 寒山·拾得 등의 작품과 동일하게 존중받았다.『王梵志詩集』은 大正藏 제85권에 수록되어있다.

109) 龍樹(Nāgārjuna)는 龍猛·龍勝이라 하기도 하고 那伽閼刺樹那로 음사하기도 한다. 인도 대승불교의 기초를 확립한 인물로 중관학파의 개조이고, 선종에서는 서천 제14조로 추존된 인물이다. 부처님 열반 후 6백~7백년 경(望月佛敎大辭典의 연표에는 213년에 태어난 것으로 되어 있다)의 남인도 사람이다. 어려서부터 총명하여 일찍이 네 가지 베다와 天文·地理 등 모든 학문에 능통했다. 처음에는 “인생의 즐거움은 애욕을 만족하는 데 있다”라고 하여 두 벗과 함께 酒色에 빠졌다. 그리고 은신술을 익혀 몰래 왕궁을 출입하면서 궁녀들과 향락을 즐기다 발각되어 두 친구는 사형 당하고, 그는 위험을 간신히 면하는 사건을 겪었다. 이를 계기로 애욕이 괴로움의 근원이 된다는 것을 깨닫고는 출가하여 소승의 삼장을 배웠는데, 만족하지 못하고는 설산을 편력하다가 어떤 늙은 비구를 만나 대승경전을 공부하게 되었고, 뒤에 여러 곳으로 다니면서 대승경전을 구하여 깊은 뜻을 통달하였다. 저서로는『中論頌』·『廻諍論』·『六十頌如理論』·『大智度論』·『十住毘婆沙論』 등이 있다. 특히『中論』에서 확립된 空思想은 그 이후의 모든 불교사상에 깊은 영향을 끼쳤다. 모든 것에는 實體(自性)가 없어 어떤 것도 독립적으로 존재할 수 없고, 다른 것과의 依存·相對·相關·相依의 관계 위에서만 비로소 성립된다고 주장했다. 절대적 진리(眞諦·第一義諦) 역시 우리들의 상식적 진리(俗諦·世俗諦)에 의해서만 성립할 수 있으며, 이를 초월해서는 논의의 대상이나

표현의 대상이 될 수 없다는 것이다. 空의 입장에서 본다면 어느 한쪽에 치우침이 없는 중도적 입장에 있었기 때문에 후세에 그의 학파를 中觀派라고 불렀다. 용수는 또 용궁에 들어가 『華嚴經』을 가져왔다고 하며, 남천축의 철탑을 열고 『金剛頂經』을 얻었다고 한다. 그는 大乘法門을 널리 선양했으므로 후세에 그를 제2의 釋迦, 8종의 祖師 등으로 일컬었다. 만년에 남인도 샤다바하나 왕조의 보호를 받아 크리슈나강 중류의 黑峰山에 머물렀고, 나가르쥬나 콘다에서 입적하였다. (출전 : 『龍樹菩薩傳』, 『付法藏因緣傳』, 『傳法正宗記』, 『景德傳燈錄』, 『寶林傳』)

110) 牛頭法融(594~657)은 隋나라 말 당나라 초기의 스님으로 牛頭宗의 개산조이며, 牛頭는 주석했던 산 이름이다. 속성은 韋氏이고, 江蘇省 潤州 延陵 출신이며, 처음에는 유교를 공부하다가 강소성 矛山의 靈法師를 만나 출가하였다. 산 속에서 정진수행하기를 20년, 貞觀 17년(643)에 건강부 남경의 牛頭山 幽棲寺로 들어가 21년에는 『法華經』을 강설하고, 永徽 3년(652)에 邑宰의 청에 따라 강소성 건업의 建初寺에서 『大品般若經』을 강설하였으며, 또 이즈음 江寧令인 李修本의 청으로 『大集經』을 강설하였다. 顯慶 元年(656)에 肅元善의 청으로 건초사에 머물다 顯慶 2년 閏正月 23일에 세수 64세, 법랍 41세로 입적하였다. 저서로는 『絶觀論』 1권이 있다. (출전 : 『祖堂集』, 『宋高僧傳』, 『塔銘』, 『弘贊法華傳』, 『傳燈錄』, 『佛祖歷代通載』, 『釋氏稽古略』)

111) 優婆毱多(Upagupta, ?~741)는 優波笈多·優波崛多·優波崛로도 음역하고 崛多라 약칭하기도 하며, 大護·近藏·近護·小護라 의역하기도 한다. 서천 제4조로서 商那和修(?~B.C.806)에게서 수행하여 아라한과를 얻고 阿育王에게 설법하였으며, 提多迦에게 법을 부촉하고 입멸하였다. (출전 : 『雜阿含經』 제23·25권, 『善見律毘婆沙』 제1권, 『大智度論』 제10권, 『俱舍寶疏』 제5권, 『阿育王經』 제8권, 『阿育王傳』 제4권, 『付法藏因緣傳』 제3권·4권, 『大唐西域記』 제4권, 『景德傳燈錄』 제1권, 『寶林傳』 제2권, 『天聖廣燈錄』 제2권)

112) 云何佛境界智 云何佛境界知는 『華嚴經(80권)』 「菩薩問明品」(大正藏10卷69上)에 나오는 내용이다. 전문은 다음과 같다. "그때 모든 보살들이 문수사리보살에게 말씀하셨다. '불자여, 우리들이 아는 바를 각자 말씀드렸사오니 원컨대 어진 이께서는 묘한 변재로 여래께서 소유하신 경계를 말씀하소서. 무엇이 부처님의 경계며, 무엇이 부처님 경계의 因이며, 무엇이 부처님 경계로 제도함이며, 무엇이 부처님 경계에 들어감이며, 무엇이 부처님 경계의 지혜며, 무엇이 부처님 경계의 법이며, 무엇이 부처님 경계의

말씀이며, 무엇이 부처님 경계의 알음알이며, 무엇이 부처님 경계의 증득함이며, 무엇이 부처님 경계의 나타남이며, 무엇이 부처님 경계의 넓음입니까?[爾時諸菩薩謂文殊師利菩薩言, 佛子, 我等所解, 各自說已, 唯願仁者, 以妙辨才, 演暢如來所有境界, 何等是佛境界, 何等是佛境界因, 何等是佛境界度, 何等是佛境界入, 何等是佛境界智, 何等是佛境界法, 何等是佛境界說, 何等是佛境界知, 何等是佛境界證, 何等是佛境界現, 何等是佛境界廣]"

113) 遠離憒鬧하라는 내용은 여러 경론에 나온다. 예를 들면 『遺敎經』(大正藏12, 1111下)에 "고요하고 번잡함이 없는 安樂을 구하려면 시끄러운 곳을 떠나 홀로 한가로운 곳에 거처해야 한다[欲求寂靜無爲安樂 當離憒鬧 獨處閑居]"라고 하고, 『大乘起信論』(大正藏32, 581下)에 "시끄러운 곳을 멀리 떠나 항상 고요한 데에 거처하며, 욕심을 줄여서 아무리 하찮은 음식이라도 만족할 줄 아는 頭陀 등의 행을 수습하며[亦應遠離憒鬧 常處寂靜 修習少欲知足 頭陀等行]"라고 한 것이 있다.

114) 圓成實性(Parinișpanna-svabhāva)은 圓成實相·圓成自性·第一義諦體性이라고도 한다. 唯識宗에서 세운 三性의 하나로서 圓滿·成就·眞實 등 세 가지 성질을 갖춘 眞如를 말한다. 즉 진여의 오묘한 이치는 사방에 두루하기 때문에 '圓滿'이며, 진여의 실체는 상주하여 생멸하는 작용이 없기 때문에 '成就'이며, 진여의 성품은 상주하여 두루 통하기 때문에 '眞實'이다. 『成唯識論』 제8권(大正藏31, 46中)에서는 "두 가지 空(我空·法空)에서 나타나며 圓滿하고, 成就되고, 모든 법의 참다운 성품인 것을 원성실성이라 이름한다[二空所顯 圓滿 成就 諸法實性 名圓成實]"라고 했다.

115) 圓伊三點을 『都序』에서는 禪의 三宗에 비유하였다. 悉曇 문자 伊字(∵)는 세 점으로 이루어지고, 이 세 점은 정삼각형의 모양이다. 이는 사물의 같지도 않고 다르지도 않고, 前도 아니고 後도 아닌 것을 비유한다. 南本 『大般涅槃經』 제2권의 내용에 의거하면 摩醯首羅의 얼굴에 세 개의 눈(∴)이 있는데 그 형상이 伊字의 세 점과 같다고 하고, 이로서 열반의 내용인 法身·般若·解脫의 三德이 相卽不離의 관계에 있는 것을 비유하였다. 『摩訶止觀』 제3권 등에서는 伊字三點을 法身·般若·解脫(三德)과 實性·實智·方便(三菩提)과 正因·了因·緣因(三佛性)과 佛·法·僧(三寶)과 苦·煩惱·業(三道) 등 여러 종류의 법에 배당하고 그 피차의 관계를 설명하였다.

116) 『原人論』의 五敎와 『都序』의 三種五敎를 배대하면 다음과 같다.

原人論	禪源諸詮集都序

(1) 人天教 ———— (1) 人天因果教 ——
(2) 小乘教 ———— (2) 斷惑滅苦教 —— (1) 密意依性說相教
(3) 大乘法相教 —— (3) 將識破境教 ——
(4) 大乘破相教 ———————————— (2) 密意破相顯性教
(5) 一乘顯性教 ———————————— (3) 顯示眞心卽性教

117) 有問求解脫 卽反質誰縛은 『景德傳燈錄』 제3권 第三十祖僧粲大師章(大正藏51, 221下)에 나오는 내용이다. 앞뒤 전문을 살펴보면 다음과 같다.
"14살 먹은 道信이라는 사미가 僧璨祖師에게 예배하고 말했다.
'원하옵나니 화상이시여! 자비를 베푸시어 저에게 해탈하는 법문을 가르쳐주시옵소서.'
승찬조사께서 대답하셨다.
'누가 너를 속박하더냐?'
사미가 대답했다.
'아무도 속박하지 않습니다.'
승찬조사께서 말씀하셨다.
'아무도 그대를 속박하는 이가 없다면 이미 해탈했는데 무엇 때문에 해탈을 구하는가?'
도신이 이 말씀에 크게 깨닫고, 승찬조사 곁에서 9년 동안 시봉하였다.
[有沙彌道信 年始十四 來禮師曰 願和尙慈悲乞與解脫法門 師曰 誰縛汝 曰 無人縛 師曰 何更求解脫乎 信於言下大悟 服勞九載]"

118) 有問修道 卽答以無修의 전거로 『景德傳燈錄』 제5권 「司空山本淨禪師章」(大正藏51, 243上)에 다음과 같은 내용이 있다.
"물었다.
'佛과 道가 모두 가명이라면 십이분교도 실체가 아닌데 무엇 때문에 예부터 존숙들은 대대로 내려오면서 모두 道를 닦는다고 말합니까?'
스님께서 말씀하셨다.
'대덕이여, 그대는 경전의 뜻을 잘못 알았구려. 도는 본래 닦을 것이 없건만 대덕 그대가 억지로 닦고, 도는 본래 지을 것이 없는데 대덕 그대가 억지로 짓고, 도는 본래 일이 없는데 대덕 그대가 억지로 일을 만들고, 도는 본래 아는 것이 없는데 아는 것이 없는 그 속에서 억지로 아는 것을 내니 이러한 견해들은 도와 어긋난다. 예전의 尊宿들은 그렇지 않았다. 대덕 그대가 도에 대해서 잘못 알고 있으니, 잘 생각해 보라.' [問曰 佛之與道俱是假名 十二分敎亦應不實 何以從前尊宿皆言修道 師曰 大德錯會經意 道本無修 大德强修 道本無作大德强作 道本無有强生多事 道本無知於中强知 如此見解與道相違 從前尊宿不應如是 自是大德不會 請思之]"

119) 六祖慧能(638~713)은 唐代 스님으로 중국 선종의 제6조이나 南宗禪의 실질적인 개창조이다. 속성은 盧씨이고, 광동성 新州 新興縣에서 출생하였다. 집안이 가난하여 땔나무 장사로 어머니를 봉양하다가 어느 날 시장에서 『金剛經』 읽는 소리를 듣고 心眼이 열려 호북성 蘄州 黃梅縣의 東禪院에 계신 오조 弘忍을 찾아갔다. 방앗간에서 8개월간 방아를 찧어 대중을 시봉하다가 오조가 혜능을 위하여 『金剛經』을 강설해주었는데 "應無所住而生其心"의 대목에 이르러 언하에 크게 깨달았다. "菩提本無樹 明鏡亦非臺 本來無一物 何處有塵埃"라는 게송을 지어 스승 홍인으로부터 衣鉢을 전수받고 시기하는 자들을 피해 남쪽으로 가 수년 간 사냥꾼 무리에 숨어 지내다가, 儀鳳 원년(677)에 광동성 南海의 制止寺에서 印宗을 만나고 다시 法性寺에서 智光律師에게서 具足戒를 받았다. 이듬해에 曹溪 寶林寺로 옮겨 禪風을 크게 선양하였다. 神龍 원년(705) 中宗이 칙사를 보내 불렀지만 병을 핑계로 가지 않았으며, 칙령에 의해 보림사를 重興寺라 개칭하고 나중에 또 法泉寺라고 개칭하였다. 또 新州의 옛집을 國恩寺라 하고 이 곳에 報恩塔을 세웠다. 광동성 소주와 광주에서 40여 년 간 교화를 폈는데, 그 중 소주 大梵寺에서 행한 설법을 편집해 놓은 것이 후일의 『六祖壇經』이다. 또 『金剛經解義』 2권이 그의 저작으로 전해진다. 동문인 大通神秀(606~706)는 혜능보다 30세 연장으로, 則天武后의 부름을 받고 북방에서 선법을 펼쳤다. 북방의 長安·洛陽 부근에서 신수가 편 漸修의 禪法과 남방에서 혜능이 편 頓悟의 禪法을 후대에 南頓北漸이라 칭하고, 또 南宗禪·北宗禪이라고 하였다. 남종선이 후대에 널리 알려질 수 있었던 것은 그 法系에 뛰어난 인재들이 많이 나왔던 점에도 원인이 있지만, 북종선에 비해 보다 중국적이었기 때문이라고 할 수 있다. 先天 2년 8월 3일 國恩寺에서 입적하였고, 元和 10년(815)에 憲宗이 大鑑禪師라는 시호를 하사하고 탑을 元和靈照之塔이라 하였으며, 柳宗元이 碑銘을 지었다. 太平 興國 3년(978)에 太宗이 大鑑眞空禪師太平興國之塔이라고 다시 시호를 내렸으며, 또 天星 10년(1032)에는 印宗이 육조 眞身과 衣鉢을 입궐케 하여 공양하고 大鑑眞空普覺禪師라고 시호하였으며, 또 元

豊 5년(1082)에는 神宗이 大覺眞空普覺圓明禪師라고 시호하였다.

그의 제자 중 뛰어난 禪僧으로는 靑原行思(?~740)·南嶽懷讓(677~744)·荷澤神會(670~762)·永嘉玄覺(675~713)·南陽慧忠(?~755) 등이 있다. 후세에 중국과 한국, 일본에서 번성한 臨濟宗·曹洞宗을 비롯한 소위 5家 7宗의 禪은 모두 혜능의 법계에서 발전된 것이다.(출전 : 『全唐文』327 六祖慧能禪師碑銘·『全唐文』587 曹溪第六祖賜諡大鑑禪師碑銘並序·『全唐文』610 曹溪六祖大鑑禪師第二碑並序·『神會語錄』·『六祖傳』·『歷代法寶記』·『六祖壇經』·『曹溪大師別傳』·『祖堂集』 제2권·『宋高僧傳』 제8권·『傳燈錄』 제5권·『廣燈錄』 제7권·『傳法正宗記』 제6권·『續燈錄』 제1권·『聯燈會要』 제2권·『五燈會元』 제1권·『佛祖統紀』 제29권·『佛祖歷代通載』 제13권·『釋氏稽古略』 제3권에 보인다.

120) 擬心卽差의 전거로는 『肇論』의 「答劉遺民書」(大正藏45, 157上) 가운데 "말로써 말할 수 없는 것이 있고, 자취로 나타낼 수 없는 것이 있습니다. 이 때문에 말을 잘하는 이는 말로써 진실한 도를 말하지 않고, 자취를 잘 나타내는 이는 자취로써 진실한 도를 나타내지 않습니다. 말과 자취가 끊어진 지극한 이치는 텅 비고 현묘하여, 망설이는 마음만 있어도 이미 어긋나는데 하물며 말로 설명하는 것이겠습니까?[言有所不言 迹有所不迹 是以善言言者 求言所不能言 善迹迹者 尋迹所不能迹 至理虛玄 擬心已差 況乃有言]"라고 한 것이 있다. 또 『祖堂集』 제5 雲嵒禪師章(大正藏51, 365上)에 "또 말씀하시기를, 망설이는 마음만 있어도 곧 어긋나거늘 하물며 말하는 것이랴[又云 擬心則差 況乃有言]"라고 하였다.

또 『傳心法要』(大正藏48, 381中)에서는 "그러므로 불도를 배우는 사람은 그 자리에서 무심으로 묵묵히 계합할 따름이니, 망설이는 마음이 있으면 곧바로 도와 어긋난다. 마음에서 마음으로 전수하는 것이 正見이니, 삼가 외경에 끌리지 말라[故學道人直下無心默契而已 擬心卽差 以心傳心此爲正見 愼勿向外逐境]"라고 하였다.

121) 依他起性은 依他起相·緣起自性·因緣法體自相相이라고도 하며 依他起·依他라고 약칭하기도 한다. 유식종에서 세운 三性의 하나로서 모든 법은 스스로 존립할 수 없고 반드시 다른 인연을 의거해야만 생긴다는 것을 말한다. 모든 유위의 현상은 인연이 화합하여 발생하므로 인연이 흩어지면 모든 법은 소멸한다. 이는 모든 법은 "존재하는 것 같으나 존재하는 것이 아니고 없는 것 같으나 없는 것이 아니다"는 의미이다. 의타기성은 染分依他起性과 淨分依他起性의 두 종류로 나누는데, 染分依他起性은 虛

妄分別의 연을 의지하여 생기는 有漏法을 말하고, 淨分依他起性은 聖智의 연을 의지하여 생기는 無漏法을 말한다. 淨分依他起性은 번뇌를 여의고 있다는 점에서 唯識三性의 세 번째 圓成實性에 포함한다. 『成唯識論』(大正藏31, 46上)에서는 "두 가지(能取·所取)가 의지하는 체는 실제 연에 의탁해서 생기는데, 그 성품이 없지 않은 것을 의타기성이라 한다[二所依體實託緣生 此性非無名依他起]"라고 하였다.

122) 二空所顯眞如는 『成唯識論』 제10卷(大正藏31, 54中)에서 證得勝義諦를 열 가지로 설명하고 있는 가운데 하나로서, 그 내용은 다음과 같다.

"첫째는 遍行眞如이다. 이 진여는 我空·法空에서 나타난 것으로서 모든 존재마다 모두 共有하기 때문이다[一遍行眞如 謂此眞如二空所顯無有一法而不在故]."

123) 以心傳心이란 선종에서 문자와 經論을 의지하지 않고 스승과 제자가 직접 마주하여 마음의 거울을 서로 비추고 불법의 대의를 전해주는 것을 말한다. 부처님께서 영취산에서 설법하실 때 연꽃을 들어 대중에게 보이셨는데, 수많은 대중 가운데 오직 가섭만이 그 의미를 알아차리고 미소를 지었다고 한다. 선문의 역대조사가 이 고사에 의지하여 '不立文字'의 宗風을 확립하였다. 達磨大師의 『血脈論』(卍續藏經110, 405上)에 "삼계가 혼탁하게 일어나지만 함께 一心으로 돌아간다. 예전의 부처님과 후대의 부처님들은 마음에서 마음으로 전할 뿐 문자를 주장하지 않는다"라고 하였고, 『六祖壇經』(大正藏48, 349上)에 "옛적에 달마대사가 중국에 처음 왔을 때에는 사람들이 達摩禪을 믿지 않았기 때문에 金襴袈裟를 전하여 信標로 삼아 대대로 이어가도록 했고, 마음에서 마음으로 법을 전하여 모두 스스로 깨닫고 스스로 해탈케 하였다"는 내용이 있다.

124) 一心은 여러 의미로 쓰이는데, 먼저 우주 만유의 근본원리이고 절대적인 心性인 眞如·如來藏心을 뜻하는 말로 쓰인다. 『入楞伽經』 제1(大正藏16, 519上)에 "寂滅이 一心이니 一心이란 如來藏이다"라고 하였고, 『華嚴經(80권)』(大正藏10, 194上)에 "삼계에 존재하는 것은 오직 이 一心뿐이다"라고 하였으며, 『華嚴經(60권)』(大正藏10, 558下)에 "삼계가 허망하나니 오직 이 마음이 지은 것일 뿐이다"라고 하였다. 宗密은 『華嚴經行願品疏鈔』 제2권에서 一心을 華嚴宗의 五敎에 배대시켜 설명했으니, 곧 假說의 一心과 事의 一心과 理事無礙의 一心과 絶對의 一心과 만유를 모두 포함하는 一心이다. 天台宗의 교설에 一心三觀·一念三千의 설이 있으니, 곧 범부가 항상 일으키는 迷惑의 一心에 우주의 전부가 원만하게 갖추어 있다는 의미이다. 一心은 보는

자의 입장에서 말하는 것이고, 一念은 보는 대경의 입장에서 말하는 것이라 한다.

또 唯識宗에서는 유일한 根本識을 一心으로 삼았으니, 곧 만유를 변현시키는 阿賴耶識을 一心이라고 했다. 『成唯識論』 제2권(大正藏31, 10下)에 "모든 것은 자기 마음의 집착 때문이다. 마음이 바깥 경계를 따라 생기는 것 같지만 사실 보이는 바깥 경계는 존재하지 않는다. 이 때문에 오직 마음뿐이라고 말한다[由自心執著 心似外境轉 彼所見非有 是故說唯心]"라고 하였다.

또 모종의 대상에 오로지 집중하여 망념을 일으키지 않는 것을 一心이라고 하니, 온 마음으로 아미타불을 염하고, 또 一心으로 오로지 아미타불을 염하는 것 등을 말한다. 『無量壽經』에서 설한 至心·信樂·欲生淨土 등의 三信과 『觀無量壽經』에서 설한 至誠心·深心·迴向發願心 등의 三心과 『阿彌陀經』에서 말한 一心不亂 등이 바로 一心의 뜻이다.

125) 一切法으로부터 乃至唯是一心까지의 전거가 되는 『大乘起信論』 제1권(大正藏32, 576上)의 내용은 다음과 같다.

"그러므로 一切法이 始作이 없는 예부터 言說相을 여의었으며, 名字相을 여의었으며, 心緣相을 여의어서 畢竟에는 平等하여 變異가 없으며, 破壞할 수 없고, 오직 一心이기 때문에 眞如라고 이름한다[是故一切法從本已來 離言說相 離名字相 離心緣相 畢竟平等 無有變異 不可破壞 唯是一心故名眞如]"라고 보인다.

126) 一切智(sarvajña)는 薩婆若·薩云然으로 음사하고, 안팎의 一切法相을 분명히 아는 지혜를 뜻한다. 三智(道種智·一切智·一切種智)의 하나. 『仁王護國般若波羅蜜多經』 하권(大正藏8, 843上)에 "無漏界를 원만하게 구족하고, 항상 청정하게 해탈한 몸이며, 적멸하여 부사의한 것을 一切智라 한다[滿足無漏界 常淨解脫身 寂滅不思議 名爲一切智]"라고 하고, 『瑜伽師地論』 제38권(大正藏30, 498下)에 "一切界·一切事·一切品·一切時에 걸림이 없는 지혜를 一切智라 한다[於一切界 一切事 一切品 一切時 智無礙轉 名一切智]"라고 했으니, 곧 一切世界·衆生界·有爲·無爲事·因果界趣의 차별과 과거·현재·미래를 여실하게 분명히 아는 것을 一切智라고 한다. 一切智와 一切種智에는 總·別 두 가지 뜻이 있다. 一切智와 一切種智를 佛智라고 總稱하고 그 뜻도 동일하다. 別義에 의거하면 일체지는 平等界·空性을 보는 지혜이니 곧 聲聞·緣覺이 증득한 지혜이고, 일체종지는 差別界·事相을 보는 지혜이니 곧 平等相이 그대로 差別相임을 보는 佛智이다. 그 예로 『大智度論』 제27권(大正藏25, 258下~259上)에 다음

과 같은 내용이 있다.

"總相이 일체지이고 別相이 일체종지이며, 因이 일체지이고 果가 일체종지이며, 간략히 말하면 일체지이고 자세히 말하면 일체종지이다. 일체지란 일체법 가운데 밝고 어두움이 없음을 총체적으로 타파하는 것이고, 일체종지란 갖가지 법문을 관찰하면서 모든 무명을 타파하는 것이다.…… 부처님께서는 '일체지는 성문・벽지불의 일이고, 道種智는 보살의 일이고, 일체종지는 부처의 일이다. 성문・벽지불은 단지 총체적으로 일체지가 있을 뿐이고, 일체종지는 없다'라고 말씀하셨다[總相是一切智 別相是一切種智 因是一切智 果是一切種智 略說一切智 廣說一切種智 一切智者 總破一切法中無明闇 一切種智者 觀種種法門 破諸無明 …… 佛自說一切智是聲聞辟支佛事 道智是諸菩薩事 一切種智是佛事 聲聞辟支佛但有總一切智 無有一切種智]"라고 했다.

127) 一行三昧에 대해 『大乘起信論』(大正藏32, 582中)에서는 "다시 이 삼매를 의지하기 때문에 곧 법계가 한 모습인 줄을 안다. 이를테면 모든 부처님의 法身이 衆生身과 평등하여 둘이 아닌 것을 一行三昧라고 한다[復次依是三昧故 卽知法界一相 謂一切諸佛法身與衆生身平等無二 卽名一行三昧]"라고 설명하였다. 즉 『起信論』에서 말한 一行三昧는 부처와 중생이 다르지 않은 경지를 말한 것이다. 禪에서 一行三昧를 최초로 설한 사람은 제4조 道信tm님이다. 도신은 정좌하여 마음을 모으고 부처님을 한결같이 염하여 그것이 끊어지지 않고 이어져 三昧를 이루는 일행삼매를 설하였던 것이다. 天台智顗는 『摩訶止觀』 제2권(大正藏46, 11上~中)에서 4가지 삼매(常坐・常行・半行半坐・非行非坐) 중에서 常坐三昧를 一行三昧라 하였다. 『六祖壇經』(大正藏48, 352下)에서는 "선지식아, 一行三昧란 行・住・坐・臥하는 모든 처소에서 항상 한결같이 올곧은 마음을 행하는 것이니, 『淨名經』에 '올곧은 마음이 부처의 도량이며 극락정토다'라고 했다. 마음속에는 아첨이 가득하면서 입으로만 올곧음을 말하고, 입으로는 一行三昧를 말하면서 실제로는 올곧은 마음을 행하지 않으니, 다만 올곧은 마음을 행하여 모든 법에 집착하지 말지어다[善知識 一行三昧者 於一切處行住坐臥 常行一直心是也 淨名云 直心是道場 直心是淨土 莫心行諂曲 口但說直 口說一行三昧不行直心 但行直心於一切法勿有執著]"라고 했다. 종밀이 直顯心性宗의 수행방법으로 一行三昧를 중시한 것은 신회의 『南宗定是非論』에 "만약 깊고도 깊은 법계를 요달하고 싶다면 곧장 一行三昧에 들어가서 반드시 金剛般若波羅蜜經을 誦持하고 般若波羅蜜法을 수학해야 한다"라고 한 내용을 의거한 것 같다.

128) 任運自在에 대한 적절한 설명이 『碧巖錄』(大正藏48, 206下)에 나온다. "제8부동지보살은 無功用智로 한 티끌 가운데서 대법륜을 굴리고, 가고 서고 앉고 눕는 모든 때에 득실에 구애받지 않으며 인연에 맡겨 薩婆若海로 흘러들어간다. 그러나 납승이라면 이러한 경지에 이르렀다 해도 집착해선 안 된다. 다만 시절인연을 따라 차 마실 때면 차를 마시고 밥 먹을 때면 밥을 먹을 뿐이다. 이런 끝없이 한계를 초월하는 최상의 일은 선정이라고 할 수도 없고 선정이 아니라고 할 수도 없다"라고 하였다. 『臨濟錄』(大正藏47, 497下)에 "단지 인연에 따라 지금까지 지어 온 업을 해소할 뿐이다. 생각이 움직이는 그대로 옷을 입고, 가고 싶으면 바로 가며, 앉고 싶으면 곧 바로 앉고, 한 생각도 佛果를 바라는 마음을 일으키지 않는다. 어째서 이와 같이 하는가? 고인이 말했다. '만일 업을 지으면서 부처를 구하고자 하면 부처는 생사윤회의 커다란 조짐이 된다.'[但能隨緣消舊業 任運著衣裳 要行卽行 要坐卽坐 無一念心 希求佛果 緣何如此 古人云 若欲作業求佛 佛是生死大兆]"라고 하였으며, 『景德傳燈錄』 권25 「文遂傳」(大正藏51, 411下)에는 "나는 평소에 분별하여 아는 것이 전혀 없다. 하루 하루 똑같이 비록 여기에 머물면서 인연에 따르고 움직이는 그대로 맡겨둘 뿐이다[老僧平生 百無所解 日日一般 雖住此間 隨緣任運]"라고 하였다.

129) 自然智는 功用을 빌리지 않고 자연히 아는 부처님의 지혜로서 無師智·無功用智·自然智慧라고도 한다. 『華嚴經(80권)』 권51(大正藏10, 272下)에서는 "부처님의 지혜를 갖추지 않은 중생은 하나도 없다. 다만 망상과 전도로 집착함으로써 그것을 증득하지 못할 뿐이다. 만일 망상을 떠나면 一切智·自然智·無礙智가 앞에 나타날 것이다[無一衆生 而不具有如來智慧 但以妄想顚倒執著 而不證得 若離妄想 一切智 自然智 無礙智 則得現前]"라고 하였고, 또 같은 경전 권52(大正藏10, 278上)에서는 "보살은 이와 같은 공덕을 성취함에 있어서 조금도 功力을 들이지 않고 누구의 힘에도 의지하지 않는 無師自然智를 얻는다[菩薩摩訶薩 成就如是功德 少作功力 得無師自然智]"라고 하였다. 隋代의 吉藏은 『法華義疏』 제6권에서 『法華經』 「譬喩品」을 해석하면서 자연지를 설명했는데, 이를테면 空·有 두 가지 지혜에 모두 밝아서 자연히 空·有 두 가지 경계를 분명히 아는 지혜이니 곧 10지 중 제8지에서 얻는 無功用智이다. 『大日經疏』 제5·6권에서는 "自然智는 여래께서 스스로 깨닫고 스스로 증득하신 지혜이니, 수학해서 증득할 수 있는 것도 아니며 타인에게 전수해 줄 방법도 없다"라고 했다. 또 澄觀은 『大方廣佛華嚴經疏』 제49권(大正藏35, 880中)에서 "自然智는 스스로 깨닫는 성

스러운 지혜이다[自然智者 自覺聖智也]"라고 했다.

130) 資州智詵(609~702)은 唐代의 선승으로 汝南(河南)에서 출생하였다. 속성은 周씨이고, 13세에 출가하여 처음에는 玄奘에게서 經論을 학습하였고, 뒤에 馮茂山의 五祖弘忍에게서 禪을 익혀 그 법을 이어받았다. 資州(四川)의 德純寺에 주석했다. 『曆代法寶記』에 기재된 내용을 의거하면, 萬歲 通天 2年(696) 7月에 則天武后의 조칙으로 궁궐에 들어가 달마가 전하여 혜능이 소지했던 金襴袈裟를 하사받았다고 한다. 智詵 계통을 淨衆宗이라고 하는데, 淨衆宗의 전등사에 대해서는 『歷代法寶記』에 실려 있다. 長安 2年에 입적하니 세수는 94세였다. (출전 : 『宋高僧傳』 제19권 無相章·제20권 處寂章)

131) 藏識(ālaya-vijñāna)은 第八阿賴耶識을 말한다. 제8식은 能藏·所藏·執藏의 뜻을 가지고 있다 하여 玄奘은 '藏識'이라 번역했고, 眞諦三藏은 第八識이 중생의 根本心識으로 없어지지 않는다는 뜻에서 無沒識이라 번역했다. 能藏은 만유를 길러내는 씨앗을 갈무리해 두는 識이라는 뜻이며, 所藏은 8식 가운데서 7식에 의하여 오염된 씨앗을 훈습받아 갈무리된 식이라는 뜻이며, 執藏은 제8식이 오래 전부터 없어지지 않고 상주하므로 제7식에 의해 자아인 것처럼 집착되는 식이라는 의미다. 法相宗에서는 一切種子를 含藏했다는 뜻으로 藏識이라 하고, 性宗에서는 眞妄和合의 識이라 하였다.

132) 寂照現前에서 寂照를 『肇論』의 答劉遺民書(大正藏45, 156上)에서는 다음과 같이 설명하였다.

"靈妙한 眞諦를 다하고 分別하는 俗諦를 다하여 眞空妙有에 그윽히 부합한 것을 寂照라 하는데, 寂照는 定慧의 자체일 뿐이다. 만일 마음의 본체가 저절로 영묘하게 홀로 감응한다면 수많은 분별에 대한 감응이 거의 다 쉴 것이다. 의도적으로 眞空妙有에 그윽이 부합하려는 것은 定慧라고 할 수 없고, 인위적으로 영묘하게 홀로 감응하려고 한다면 수많은 분별에 대한 감응을 쉴 수 없다. 定慧와 寂照라는 두 말이 말은 비록 다르지만 미묘한 작용은 언제나 변함없다[謂窮靈極數 妙盡冥符 則寂照之名 故是定慧之體耳 若心體自然 靈泊獨感 則羣數之應 固以幾乎息矣 意謂妙盡冥符 不可以定慧爲名 靈泊獨感 不可稱羣數以息 兩言雖殊 妙用常一]"라고 하였다. 또 『大乘五方便』에서는 "妄念을 여읜 것이 體이고, 見聞覺知가 用이다. 寂은 體이고 照는 用이다. 적정하면서 항상 작용하고 작용하면서 항상 적정하다"고 하여 寂과 照가 相卽相入의 관계임을 설명했다.

133) 傳禪者必以經論爲準의 자료가 되는 글로 『宗鏡錄』 제1권(大正藏48, 418中)에 다음과

같은 내용이 있다.

"이를테면 서천의 윗대 28조와 중국의 6조, 더 나아가서는 洪州馬祖大師·南陽慧忠國師·鵝湖大義禪師·思空山本淨禪師 등은 모두 경론을 널리 통달하여 本覺自心을 원만하게 깨닫고서 모든 것을 제자들에게 가르쳐 보이되 다 진실한 증거문을 인용하였으며, 끝내 자기의 억지 생각을 망령되이 지시하거나 진술하지 않으셨다. 이러한 까닭에 세월을 면면히 이어오면서도 참된 宗風은 실추되지 않았다. 성인의 말씀으로 선정을 닦는 일정한 기준을 삼았기 때문에 邪見과 거짓된 것이 끼어들 여지가 없었으며 지극한 가르침으로 指南을 삼았기 때문에 의지하는 근거가 있었다. 그러므로 규봉화상께서 말씀하시기를 '모든 宗의 시조는 석가모니불이시니, 경은 부처님의 말씀이고, 선은 부처님의 마음이다. 모든 부처님의 마음과 말씀은 반드시 서로 어긋나지 않았고 모든 조사는 서로가 근본을 이어받았으니, 이것은 부처님께서 몸소 부촉하신 것이다. 보살이 논을 지은 시말은 오직 부처님의 경을 넓혀 설명한 것일 뿐이다. 하물며 가섭으로부터 우바국다에 이르기까지 널리 전하신 것들이 모두 삼장을 겸했던 것은 더 이상 말해 무엇 하겠는가? 그리고 마명보살과 용수보살이 모두 조사로되 논을 짓고 경을 풀이한 것이 수십만 게송이니, 풍속을 관찰하여 중생을 교화함에는 일정한 일과 형식이 없다'고 했다. 따라서 무릇 선지식이라고 일컫는 이는 두말 할 것 없이 당연히 부처님의 말씀을 밝히고 자기의 마음을 인가해야 한다. 만약 了義의 一乘圓敎와 상응하지 않는다면 설사 성인의 果位를 증득했다 해도 구경의 聖果는 아니다[且如西天上代二十八祖 此土六祖 乃至洪州馬祖大師 及南陽忠國師 鵝湖大義禪師 思空山本淨禪師等 並博通經論 圓悟自心 所有示徒 皆引誠證 終不出自胸臆 妄有指陳 是以綿歷歲華 眞風不墜 以聖言爲定量 邪僞難移 用至敎爲指南 依憑有據 故圭峰和尙云 謂諸宗始祖卽是釋迦 經是佛語 禪是佛意 諸佛心口 必不相違 諸祖 相承根本 是佛親付 菩薩造論 始末唯弘佛經 況迦葉乃至鞠多弘傳皆兼三藏 及馬鳴龍樹 悉是祖師 造論釋經 數十萬偈 觀風化物 無定事儀 所以凡稱知識 法爾須明佛語 印可自心 若不與了義一乘圓敎相應 設證聖果 亦非究竟]."

134) 絶諸緣時로부터 六代相傳皆如此也의 전거가 되는 내용이 『景德傳燈錄』 제3권(大正藏 51, 219下~220上)에 나온다. 그 내용은 다음과 같다.

"달마대사가 처음 소림사에 거처한 지 9년에 二祖 慧可에게 설법했다. 달마대사가 '밖으로 모든 인연을 쉬고 안으로 헐떡이는 마음이 없으며 마음이 담벼락 같아야 도에 들어간다'고 말씀하시자, 혜가가 갖가지로 심성의 이치를 말했으나 모두 계합하지 못했다. 달마대사가 혜가의 잘못만을 막을 뿐 無念의 심체를 바로 지적해주지 않자 혜가가 말하였다.

'저는 이미 모든 인연을 쉬었습니다.'

이에 달마대사가 '斷滅이 되지는 않았는가?' 하고 묻자, '斷滅이 되지는 않았습니다'라고 대답했다. 달마대사가 '어떻게 斷滅이 아닌 줄 아는가?' 하고 다시 묻자, 혜가가 대답하였다.

'분명하고 분명하게 항상 알지만 말로는 설명할 수 없습니다.'

이에 달마대사가 말하기를 '이것이 여러 부처님들께서 전하신 心印이니, 다시는 의심하지 말라'고 했다[別記云 師初居少林寺九年 爲二祖說法 祇敎曰 外息諸緣 內心無喘 心如牆壁 可以入道 慧可種種說心性理 道未契 師祇遮其非 不爲說無念心體 慧可曰 我已息諸緣 師曰 莫不成斷滅去否 可曰 不成斷滅 師曰 何以驗之 云不斷滅 可曰 了了常知 故言之不可及 師曰 此是諸佛所傳心體 更勿疑也]."

135) 卍續藏經14, 0559下~0560上에는 漸修頓悟에 대해 "漸修頓悟는 두 가지 의미가 있다. 첫째는 먼저 解悟하면서 漸修하는 것이니, 닦는 일이 圓滿해지면 證悟하기 때문이다. 둘째는 처음부터 漸漸 닦는 것이니 마치 聲聞이 먼저 40년 동안 점차적으로 三乘敎를 닦다가 영산회중에서 『법화경』을 듣고 疑網이 단박에 끊어져서, 마음이 바다처럼 편안해지고 성불의 수기를 받는 것과 같으며, 사람이 벌목할 적에 도끼로 나무를 수없이 찍어대어 일순간에 넘어뜨리는 것과 같다(斷惑에 비유한다). 또 마치 변방에서 상경할 적에 몇 달 동안 점차적으로 걷고 걸어서 大城門에 들어오면 일시에 도착하는 것과 같다(證理에 비유한다). 天台智顗가 수년 동안 수련하다가 막판에 백일 동안 功用行을 더한 끝에, 홀연히 法華三昧旋陀羅尼門을 증득하고 일체법을 모두 통달한 것이 바로 漸修頓悟이다. 宗密이 北宗을 漸門敎에 배당한 의견도 이러한 관점에서이다[初言漸修頓悟者 此有二意 一者卽前解悟之漸修 修極故證 二者則從初便漸 如諸聲聞因四十年前漸修三乘敎行故 靈山會中 聞法華經 疑網頓斷 心安如海 授記成佛 如人伐木 千斧萬斧 漸斫 倒卽一樹頓倒(喩斷惑也) 又如從邊遠來於京都 數月步步漸行 入大城門之日 一時頓倒(喩證理也) 天台數年修練 百日加功用行 忽然證得法華三昧旋陀羅尼門 於一切法悉皆通達 卽其事也 北宗漸門之敎 意見如此]."라고 하여 있다.

136) 漸修漸悟에 대해 『大方廣佛華嚴經隨疏演義鈔』 제21권(大正藏36, 164下)에서는 "넷째

漸修漸悟란 대나무의 마디를 벨 적에 마디마다 같지 않은 것과 같은데, 여기에서는 이것을 말하지 않았다[四漸修漸悟 猶如斬竹 節節不同 此今非用]"라고 설명하였다. 또 卍續藏經14, 0238上에서는 "漸修漸悟란 9층의 누대에 높이 올라갈수록 더 멀리 보는 것과 같다[漸修漸悟 如登九層之臺 足履漸高所鑒漸遠]"라고 하였고, 卍續藏經14, 0560上에서는 "이를테면 본성이 원만함을 믿더라도 오히려 業惑의 가리고 덮음이 있다고 생각하기 때문에 부지런히 마음 거울의 때를 닦아내어 점차적으로 심성을 깨닫는 것이다. 발로 밟고 올라가는 것은 修行에 譬喩하고, 멀리 보는 것은 證悟에 譬喩한다[謂信本性圓滿 而猶計有業惑障覆 故勤拂鏡塵 漸悟心性 如注所引喩也 足履喩修行 所鑒喩證悟也]"라고 하였다.

137) 淨名云不必坐와 淨名已呵宴坐의 전거로 『維摩詰所說經』「弟子品」(大正藏14, 539下)에 다음과 같은 내용이 있다.
"사리불이여, 그대가 유마힐의 병문안을 가라."
사리불이 부처님께 말씀드렸다.
"세존이시여, 저는 유마힐의 병문안을 갈 자격이 없습니다. 왜냐하면, 제가 지난날 숲속의 나무 아래서 좌선하던 때의 일이 기억납니다. 제가 좌선하고 있을 적에 유마힐이 와서 저에게 말했습니다.
'사리불이여, 반드시 앉아있는 것만이 좌선하는 것은 아닙니다. 좌선이란 삼계에 몸과 뜻을 드러내지 않는 것이 좌선하는 것이며, 멸진정에서 일어나지 않고 위의를 드러내는 것이 좌선하는 것이며, 도법을 버리지 않고 범부의 일을 드러내는 것이 좌선하는 것이며, 마음이 안에도 머물지 않고 밖에도 머물지 않는 것이 좌선하는 것이며, 보는 모든 경계에 대해 마음을 움직이지 않고 37조도품을 수행하는 것이 좌선하는 것이며, 번뇌를 끊지 않고 열반에 들어가는 것이 좌선하는 것입니다. 만약 이와 같이 좌선하는 자라면 부처님께서도 인가하실 것입니다.'
세존이시여, 그때 저는 사리불의 말을 듣고 더 이상 할 말이 없어서 대꾸하지 못했습니다. 이러한 이유 때문에 저는 유마힐의 병문안을 갈 수가 없습니다.
[汝行詣維摩詰問疾 舍利弗白佛言 世尊 我不堪任詣彼問疾 所以者何 憶念我昔曾於林中宴坐樹下 時維摩詰來謂我言 唯舍利弗 不必是坐爲宴坐也 夫宴坐者 不於三界現身意 是爲宴坐 不起滅定而現諸威儀 是爲宴坐 不捨道法而現凡夫事 是爲宴坐 心不住內亦不在外 是爲宴坐 於諸見不動而修行三十七品 是爲宴坐 不斷煩惱而入涅槃 是爲宴坐 若能如

是坐者 佛所印可 時我世尊 聞說是語默然而止不能加報 故我不任詣彼問疾]"

138) 提多迦(Dhṛtaka)는 有媿로 의역하기도 한다. 서천 제5조로서 우바국다존자를 만나서 법을 이어받았다. 중인도에 머물며 대중을 교화하다가 彌遮迦에게 법을 부촉하고는 火光三昧에 들어 스스로 몸을 태워 입적하였다. (출전 : 『禪藏』 제1권, 『景德傳燈錄』 제1권, 『五燈會元』 제1권)

139) 諸佛智自在로부터 開示諸群生까지의 전거가 되는 『華嚴經(80권)』 「菩薩問明品」(大正藏10, 69上)의 내용은 다음과 같다.

"그때 문수사리 보살이 게송으로 답하셨다.

'……모든 부처님은 지혜가 자재하사 삼세에 걸림이 없으시니

이와 같은 지혜의 경계가 평등하여 허공과 같도다.

법계와 중생의 세계가 구경에 차별이 없음을

일체를 다 밝게 아시니 이것이 여래의 경계로다.

일체 세계 가운데에 있는 바 모든 음성을

부처님의 지혜로 다 따라서 아시나 또한 분별이 없도다.

識으로 알 바가 아니며 또한 마음의 경계도 아니니

그 성품이 본래 청정한 것을 모든 중생들에게 열어 보이시도다.'

[時文殊師利菩薩 以頌答曰 …… 諸佛智自在 三世無所礙 如是慧境界 平等如虛空 法界衆生界 究竟無差別 一切悉了知 此是如來境 一切世間中 所有諸音聲 佛智皆隨了 亦無有分別 非識所能識 亦非心境界 其性本清淨 開示諸群生]"

140) 種子(bīja)는 곡물의 싹이 종자에서 나오는 것처럼 色法(물질)과 心法(정신) 등의 일체현상을 발생시키는 원인을 종자라고 한다. 곡물의 종자를 外種 또는 外種子라고 하는데 대해서, 유식종에서는 心種子가 阿賴耶識에 攝藏되어 있으므로 內種 또는 內種子라고 한다. 내종자는 결과를 낳는 功能이 있고, 현재 눈으로 보는 모든 현상에 의해서 아뢰야식 중에 훈습된 특수한 습성을 형성한다. 그러므로 習氣 또는 餘習이라 일컫는다. 이 種子說은 하나의 비유로 아함경에 나타나며, 부파불교시대에는 化地部에서 窮生死蘊의 識 가운데 物과 心의 종자가 항상 존재한다는 설을 세운 바 있으며, 經量部에서는 色法과 心法이 종자로서 다른 것을 서로 훈습하고 보존시킨다고 하여 色心互熏說을 세우기도 했다. 또 『成唯識論』 제2권에서는 다음과 같이 설명하였다.

"아뢰야식은 體 종자는 用, 혹은 아뢰야식은 果 종자는 因이라고도 하며, 또 그 관계

는 不一不異라 하고, 또 종자는 아뢰야식의 相分 가운데 존재한다"라고 했다.

또 종자에 두 종류가 있으니, 첫째는 선천적·본래적인 本有種子이고, 둘째는 경험적·후천적인 新熏種子이다. 즉 경험의 잠재성과 현재성과의 관계는 아뢰야식에 저장되었던 종자가 現行을 낳고(현재성), 現行이 종자를 훈습하는(잠재성) 관계이다.

141) 志公(418~514)은 南北朝 시대의 스님으로 속성은 朱氏이다. 어려서 출가하여 강소성 建康 道林寺에서 선정을 닦았다. 불시에 일어나 거소를 정하지 않았고 음식도 때를 정하지 않았으며, 머리를 길게 기르고 냄비를 손에 들고 행각하는 기행을 보였다. 502년경에 大乘讚 24수를 지어 황제에게 바쳤고, 또 각종 이적을 보여 대중을 교화하니 고구려왕도 그 명성을 듣고 사신을 보내 銀帽子를 기증했다고 한다. 天監 13년 겨울에 화림원 불당의 금강신장을 밖에 놓게 하고 열흘 만에 세수 97세로 입적하니, 칙령으로 廣濟大師라 시호를 내렸다. 後唐의 莊宗은 妙覺大師라 시호를 내렸고, 그 뒤에도 道林眞覺菩薩·道林眞覺大師·慈應惠感大師·普濟聖師菩薩·一際眞密禪師 등의 시호가 내려졌다. 『碧巖錄』 제67칙(大正藏48, 197下)에 "쌍림에 이 몸을 의탁하지 않고 양나라 땅에서 티끌먼지를 일으키더니, 당시에 誌公 노인을 만나지 않았더라면 쓸쓸히 나라를 떠났을 것이다[不向雙林寄此身 卻於梁土惹埃塵 當時不得誌公老 也是栖栖去國人]"라는 글이 있다. (출전: 『梁高僧傳』 제10권, 『佛祖統紀卷』 제36권, 『佛祖歷代通載』 제10권, 『寶華山志』 제7권 誌公法師墓誌銘, 『神僧傳』 제4권)

142) 智論으로부터 以眞諦爲義無礙辨까지는 『大智度論』 제25권(大正藏25, 246中~下)에 있는 내용을 근거로 한 것이다. 그 내용은 다음과 같다.

"'摩訶衍 가운데 보살의 4無礙智가 있는가?'

'있다.'

'어떤 것인가?'

'義無礙智의 義는 모든 법의 실상이라 부르며 말로 표현할 수가 없지만, 義와 名字와 言語는 서로 다르지 않으니, 전과 후와 중간도 이와 같다. 그러므로 義는 名字와 言語를 떠나서 따로 존재하지 못하니, 그 세 가지(義·名字·言語)가 평등하기 때문에 義라고 한다. 다시 모든 법의 뜻을 명백히 알고 통달하여 막힘이 없으므로 義無礙智라고 한다. 法無礙智의 法은 一切義라고 하나니, 名字로써 뜻을 알기 때문이다. 또 보살은 법무애지 가운데 들어가서 항상 법을 믿고 사람을 믿지 않으며, 항상 법을 의지하고 법 아닌 것을 의지하지 않는다. 그리고 법을 의지하는 이에게는 법 아닌 일이 없다. 왜냐하면 이 사람은 모든 名字와 言語가 자체상이 없는 줄을 알기 때문이다. 또 법무애지로써 삼승을 분별하나니, 비록 삼승을 분별하지만 법성을 파괴하지는 않는다. 왜냐하면 법성은 하나의 相이니, 이른바 無相이기 때문이다. 보살은 언어로 설법하되 언어가 공하여 마치 메아리와 같은 줄을 알고, 말한 바 법을 중생에게 보이면서 동일한 법성인 줄을 믿고 알게 하며, 名字·言語를 통달하여 말하는 바가 막힘이 없으므로 법무애지라고 한다.'

[問曰 摩訶衍中 有菩薩四無礙智不 答曰有 何者是 義無礙智者 義名諸法實相不可言說 義名字語言不別異 前後中亦如是 是名義 不應離名字語言別有義 三事等故名爲義 復次 一切諸法義 了了知通達無滯 是名義無礙智 法無礙智者 法名一切義 名字爲知義故 復次 菩薩入是法無礙智中 常信法不信人 常依法不依非法 依法者無非法事 何以故 是人一切諸名字 及語言知自相離故 復次以是法無礙智分別三乘 雖分別三乘而不壞法性 所以者何 法性一相所謂無相 是菩薩用是語言說法知語言空 如響相 所說法示衆生 令信知同法性 所說名字言語通達無滯 是名法無礙智]"

143) 眞性은 허망하지도 않고 변하지도 않는 진실한 本性으로서 나에게 본래 갖추어진 마음의 근본 바탕을 일컫는다. 불교에서는 나에게 본래 구족된 진성은 불·보살의 진성과 더불어 본래 둘이 아니라고 한다. 이에 대해 『華嚴經探玄記』(大正藏35, 367中)에서는 "진성이 조건에 따라서 이 미혹한 마음을 일으킨다. 때문에 그것은 마치 自性淸淨心이 본래 물들지 않는 것이나 조건에 따라 물들어 더러운 마음이 되는 것과 같다[眞性隨緣 起此心故 如云自性淸淨心 不染而染 成就染心等]"라고 하였다. 또한 眞性緣起는 淨影寺의 慧遠에 의해 제창되었다. 정영사 혜원은 『大乘義章』 제1권(大正藏44, 483下)에서 "진성의 자체가 眞諦이고 緣起의 작용이 世諦이다[眞性自體 說爲眞諦 緣起之用 判爲世諦]"라고 설명했다. 澄觀과 宗密도 진성과 心性으로써 교학의 중심을 삼았다.

144) 眞如三昧에 대해 『大乘起信論』(大正藏32, 582中)에서는 "진여삼매는 안으로 見相이 없고, 밖으로 得相이 없으며, 선정에서 나온 뒤에도 나태와 아만이 없어서 온갖 번뇌가 점차적으로 없어지는 삼매이나. 그러므로 어떤 범부도 이 삼매법을 익히지 않고 如來種性에 들어가는 일은 있을 수 없다[眞如三昧者 不住見相不住得相 乃至出定亦無懈慢 所有煩惱漸漸微薄 若諸凡夫不習此三昧法 得入如來種性 無有是處]"라고 하였다. 長水子璿의 『起信論筆削記』(大正藏44, 400下)에서는 "진여삼매는 경계를 기준하여

말한 것이고, 一行三昧는 수행하는 법을 기준하여 말한 것이다[眞如三昧之名乃約境而立者 一行三昧之名則自其所行之法而立者]"라고 하였다.

145) 眞如自體 眞實識知의 전거인 『大乘起信論』(大正藏32, 579上)의 내용은 다음과 같다. "다시 眞如自體相이란 모든 범부와 성문과 연각과 보살과 부처님들이 增減이 없어서, 과거에 생긴 적도 없고, 미래에 없어지는 일도 없다. 필경에 영원하여 시작이 없는 옛적부터 자성에 일체공덕을 만족했으니, 이른바 진여 자체에 大智慧光明의 이치가 있기 때문이며, 법계를 두루 비추는 이치가 있기 때문이며, 진실하게 아는 이치가 있기 때문이며, 자성청정심의 이치가 있기 때문이며, 常樂我淨의 이치가 있기 때문이며, 청량하여 변하지 않고 자재한 이치가 있기 때문이니, 이와 같이 갠지스강의 모래알 수보다 초과하는 진여 자체의 공덕상을 떠나지 않고, 단절하지 않고, 달라지지 않는 부사의한 불법을 구족하였으며, 더 나아가서는 온갖 공덕상을 만족해서 모자라는 이치가 없기 때문에 여래장이라 하며, 여래법신이라 하느니라.
[復次眞如自體相者 一切凡夫聲聞緣覺菩薩諸佛無有增減 非前際生非後際滅 畢竟常恒從本已來性自滿足一切功德 所謂自體有大智慧光明義故 遍照法界義故 眞實識知義故自性淸淨心義故 常樂我淨義故 淸凉不變自在義故 具足如是過於恒沙不離不斷不異不思議佛法 乃至滿足無有所少義故 名爲如來藏 亦名如來法身]"

146) 質多耶는 4心(肉團心·緣慮心·集起心·眞實心)의 하나로서 그 뜻이 여러 가지다. 여러 경론의 설과 소의 설명에 의거하면 세 가지로 정리된다. 첫째, 『俱舍論』 제4권·『俱舍論光記』 제4권의 설에 의거하면, 質多는 集起의 뜻이고 眼識·耳識 등 6식의 心王이다. 둘째, 『成唯識論述記』 제3권·『禪源諸詮集都序』의 설에 의거하면, 質多는 積集·集起의 뜻이고 第八阿賴耶識을 가리킨다. 셋째, 『楞伽阿跋多羅寶經』 제1권의 夾注와 『摩訶止觀』 제1권의 설에 의거하면, 質多는 유정이 사려하여 지각하는 마음이니 무정인 초목을 상대하는 마음, 즉 汗栗馱, 혹은 自性第一義의 心이다. 『最勝王經疏』 제2권에서는 心을 眞實心·緣慮心·積集心·積集最勝心으로 분류하고 質多를 緣慮心에 배당했다. 종밀은 世親의 견해를 따라 集起心을 第八阿賴耶識에 한정시켰다.

147) 遮詮表詮에 대해 『宗鏡錄』 제25권(大正藏48, 560上)에서는 "마음이 곧 부처라고 하는 것은 表詮이니, 곧장 그 사실을 표시해서 직접 자심을 증득하여 분명하게 견성하도록 하는 것이다. 마음도 아니고 부처도 아니라고 하는 것은 遮詮이니, 이 차전은 곧 진리의 당체에 대한 허물을 막아주고, 잘못을 차단해주고, 의혹을 제거해주고, 집착을 파

괴해주고, 情見과 依通과 意解를 탈취하는 방법이다. 그리고 진리의 당체를 제 마음대로 아는 자들은 마음과 부처 둘 다 증득할 수 없기 때문에 '마음도 아니고 부처도 아니다'라고 하는 것이다[卽心卽佛是其表詮 直表示其事令親證自心 了了見性 若非心非佛 是其遮詮 卽護過遮非去疑破執 奪下情見依通意解 妄認之者 以心佛俱不可得故 是以云非心非佛]"라고 설명하였다. 『禪門師資承襲圖』(卍續藏經110, 873中)에서는 遮詮을 遮遣으로 表詮을 表顯으로 각각 달리 불렀는데, 그 취지는 같다. 곧 "荷澤神會는 또한 無爲·無住 내지 不可說 등 여러 종류의 말을 하나로 묶어 다만 텅 비고 고요한 앎[空寂知]이라 하고, 일체를 그 속에 모두 포섭하였다. 텅 비었다[空]는 말은 모든 상(相)을 비워 없애는 것이니 遮遣의 말과 같고, 고요하다[寂]는 말은 진실한 본성은 변동하지 않는다는 뜻으로 전혀 없다[空無]는 뜻과는 다르다. 앎[知]이라는 말은 마음의 당체를 表顯하는 이치로 망상분별과 다르다. 이변의 뜻을 갖추어야 비로소 진심의 본체가 된다. 그러므로 처음 공부할 때부터 성불에 이르기까지 고요함과 앎만이 있을 뿐이니 이것은 변하지 않고 끊어지지도 않는다[荷澤 又收束無爲無住 乃至不可說等種種之言 但云空寂知 一切攝盡 空者 空却諸相 猶是遮遣之言 唯寂 是實性不變動義 不同空無也 知是當體表顯義 不同分別也 唯此方爲眞心本體故 始自發心 乃至成佛 唯寂唯知 不變不斷]"라고 하였다.

148) 讚心是佛 勸令修習의 전거로 『黃檗斷際禪師宛陵錄』(大正藏48, 385中)에 "'어떤 것이 부처입니까?' 하고 묻자, 스님께서 말씀하셨다. '너의 마음이 부처다. 부처가 곧 마음이니 마음과 부처는 똑같다. 그러므로 마음이 곧 부처라고 했으니, 만약 이 마음을 떠난다면 달리 다시 부처도 없느니라.'(問 何者是佛 師云 汝心是佛 佛卽是心 心佛不異故云卽心是佛 若離於心別更無佛)"라고 하였고, 『華嚴經(80권)』(大正藏10, 275中)에서는 "불자야, 보살마하살은 자기 마음의 생각 생각마다 항상 부처님이 정각을 이루고 있음을 알아야 한다. 왜냐하면 모든 부처님 여래는 이 마음을 떠나지 않고 정각을 이루기 때문이니라[佛子 菩薩摩訶薩 應知 自心念念 常有佛成正覺 何以故 諸佛如來 不離此心成正覺故]"라고 하였다. 또 『華嚴經(60권)』(大正藏9, 465下)에서는 "마음과 부처와 중생 이 세 가지는 차이가 없다[心佛及衆生 是三無差別]"라고 하였고, 『華嚴經(80권)』(大正藏10, 102上)에서는 "삼세 모든 부처님을 분명히 알고 싶은 사람이 있다면 마땅히 법계 성품의 모든 것은 오직 마음이 만들었다고 관하라[若人欲了知 三世一切佛 應觀法界性 一切唯心造]"고 하였다.

149) 闡提에 대해 『入楞伽經』 제2권에서는 본래 해탈할 인연이 없는 자인 斷善闡提와 보살이 일체중생을 구제하려는 悲願으로 일부러 열반에 들지 않는 大悲闡提(菩薩闡提) 두 가지로 구분하였다. 또 『大莊嚴論經』 제1권에서는 본래 성불하기 어렵지만 부처님의 힘에 의존해 결국은 성불하게 되는 有性闡提와 무수한 세월이 지나더라도 끝내 성불할 수 없는 無性闡提 두 가지로 구분하였다. 『成唯識論掌中樞要』에서는 斷善闡提・大悲闡提・無性闡提 세 가지로 설했는데, 그 중 斷善闡提는 有性闡提에 속한다. 一闡提가 발심하기가 지극히 어려운 것을 치료 불가능한 선천적 맹인에 비유하여 生盲闡提라 한다. 法相宗은 성불할 수 없는 중생이 존재한다고 주장했고, 天台宗・華嚴宗 등은 일체 중생이 모두 성불할 수 있다고 주장하여 一闡提의 성불 가능성에 대한 문제가 교계 논쟁거리가 된 적이 있었다.

150) 天眞自然과 관련된 글로 智顗의 『摩訶止觀』 제1권(大正藏46, 1上)에 "法門은 넓고 미묘한 것이 마치 홀로 환히 비추는 천진무구한 달과 같다[法門浩妙 爲天眞獨朗]"라고 한 것이 있다. 湛然은 『止觀輔行傳弘決』 제1권(大正藏46, 143下)에서 이에 대해 "이치상 조작이 아닌 것이 天眞이고, 증득한 지혜가 원만하고 밝은 것이 獨朗이다[理非造作故曰天眞 證智圓明故云獨朗]"라고 주석했다. 道綽은 『安樂集』(大正藏47, 7中)에서 "이치상 천진무구하여 닦아 이루는 일을 빌리지 않는 것이 법신이다(理出天眞 不假修成 名爲法身)"라고 했다. 또 『宗鏡錄』 제16권(大正藏47, 499上~中)에서는 "조사와 부처님이 함께 이 마음을 지적하여 부처라 하고, 또 天眞佛・法身佛・性佛・如如佛이라 했다[祖佛同指此心而成於佛 亦名天眞佛 法身佛 性佛 如如佛]"라고 하였다. '天眞自然'은 道家의 말로서 '平常心是道'를 주장한 馬祖禪과 莊子思想의 공통된 일면을 볼 수 있다.

151) 天親(Vasubandhu)은 婆藪槃豆・筏蘇槃豆・筏蘇畔徒・婆藪槃頭・婆修槃頭로 음사하기도 한다. 『俱舍論』의 저자로서 흔히 世親이라 한다. 4, 5세기경에 북인도 간다라국의 페샤와르에서 태어났다. 형 無着(Asaṅga)과 함께 有部에 출가했으나 무착은 곧바로 소승을 버리고 대승에 귀의하였다. 그러나 세친은 經量部에 들어가 有部의 교의를 전문적으로 연구하리라는 뜻을 세우고 캐시미르로 들어가 『大毘婆沙論』을 연구하였으며, 4년 뒤에 귀국해 대중을 위해 『大毘婆沙論』을 강의하고 『阿毘達磨俱舍論』을 저술하였다. 세친은 초기에 "대승은 불설이 아니다"라고 비방하였으나 나중에 무착의 교화로 대승의 이치를 깨달고는 소승을 버리고 대승을 신봉하였다. 대승의 교의를 널리 선양

하다가 80세에 아요다에서 입적하였다. 무착과 함께 유가행파의 기초를 확립하였으며 대승에 대한 논저와 주석서가 매우 많아 항간에서는 그를 千部論師라 불렀다. 주요 저술로 『俱舍論』 30권 · 『攝大乘論釋』 15권 · 『十地經論』 12권 · 『金剛般若波羅蜜經論』 · 『廣百論』 · 『菩提心論』 · 『二十唯識論』 · 『三十唯識論頌』 · 『大乘百法明門論』 · 『無量壽經優波提舍』 등이 있다.

152) 天台智顗(538~597)는 隋나라 때 스님으로 南岳慧思의 제자이며, 天台宗의 실질적인 개조이다(慧文을 초조로 보고, 慧思를 2조로 볼 경우 3조라고 한다). 荊州 華容縣 사람으로 속성은 陳씨, 자는 德安, 이름은 智顗며, 智者는 晋王 楊廣이 내린 호이다. 18세에 果願寺 法緖에게 출가하여 慧曠에게 律藏을 배우고, 방등경의 이치를 통달한 뒤에 太賢山에 들어가 『法華經』 · 『無量義經』 · 『普賢觀諸經』을 독송하고, 20일 만에 그 이치를 통달하였다. 陳 天嘉 元年(560)에 光州 大蘇山의 慧思를 찾아가 心觀을 받고, 30세에 혜사의 명으로 금릉에서 전법 활동을 하였으며, 38세에 天台山에 修禪寺를 창건하면서 『法華經』을 중심으로 한 天台宗을 세웠다. 후에 금릉으로 가 陳少主의 청으로 太極殿에서 『智度論』과 『法華經』을 강설하였으며, 591년 晋王 楊廣(隋煬帝)에게 菩薩戒를 주고 智者大師라는 호를 받았다. 양현에 옥천사를 창건하고 『法華玄義』 · 『摩訶止觀』을 강설하였으며, 隋開皇 17년(597) 천태산 石城寺에서 60세로 입적하였다. 法嗣로 32인이 있는데, 그 가운데 章安 灌頂이 뛰어났다. 저서로는 『法華玄義』 · 『法華文句』 · 『摩訶止觀』 · 『觀音玄義』 · 『觀音義疏』 · 『金光明玄義』 · 『金光明文句』 · 『觀無量壽經疏』 등 30여부가 있다. (출전 : 『續高僧傳』 제17권, 『大唐內典錄』 제10권, 『止觀輔行傳弘決』 제1권, 『天台九祖傳』, 『佛祖統紀』 제6 · 25 · 37 · 39 · 49권, 『智者大師別傳註』)

153) 淸辨(Bhāvaviveka, Bhavya)은 婆毘吠伽 · 婆毘薜迦로 음사하기도 하고, 또 淸辨 · 明辨 · 分別明으로 의역하기도 한다. 6세기경 남인도 출생으로 대승불교인 中觀學派의 대표적 논사 중 한 분이다. 남방 말야라(Malyara)의 왕족이었다는 설도 있고 마가다국의 種姓大士라는 설도 있다. 일찍이 중인도에서 僧護(Saṃgharakṣita)를 스승으로 대승경전과 龍樹(Nāgārjuna)의 교설을 배웠으며, 뒤에 남인도로 돌아와 공의 이치를 선양하는 데 매진하였다. 護法(Dharmapāla)이 賴耶緣起論을 주장하는 유식설을 전개하자, 이에 대항하여 '空有의 諍論'을 일으켰다. 護法은 無著 · 世親을 계승하여 '盡空의 有'를 설파하고, 淸辨은 龍樹의 교설을 이어받아 '盡有의 空'을 주장하여 피차가 서

로를 논파하고 서로를 성립시켰다. 혹은 남인도로 돌아와 50여 가람에 주석하면서 교법을 널리 선양하고 『中論釋』을 지어 중관학파의 佛護(Buddhapālita)의 설을 척파했다는 설도 있다. 예컨대 『般若燈論釋』에는 佛護의 견해와 서로 어긋나는 점이 보인다. 만년에 산중에 은거하여 眞言을 외우며 지내다가 입적하였다. 주요저술로 『大乘掌珍論』 2권 · 『般若燈論釋』 15권 등이 있다. (출전 : 『辨正論』 제4권, 『華嚴五敎章』 제4권, 『大唐西域記』 제10권, 『大慈恩寺三藏法師傳』 제4권, 『法華經玄贊要集』 제5권, 『印度哲學硏究』 제5권)

154) 七緣見 즉 제7末那識이 제8阿賴耶識의 見分을 所緣으로 삼는다는 주장은 護法의 주장이다. 제7식이 제8식의 어떤 부분을 소연으로 삼는가에 대한 여러 논사의 주장이 『成唯識論』에 소개되어 있다. 먼저 難陀論師는 제8식의 心王과 心所를 所緣으로 삼는다고 하였고, 火辨論師는 제8식의 見分과 相分을 所緣으로 삼는다 하였으며, 安慧論師는 제8식의 現行과 種子를 所緣으로 삼는다고 하였고, 護法論師는 三師(難陀 · 火辨 · 安慧)의 설을 비판하고 제7식은 제8식의 見分만을 所緣으로 삼는다고 주장했다. 종밀은 호법논사를 계승한 중국 법상종의 해석을 받아들였고, 華嚴宗의 法藏은 眞諦의 唯識說(삼계는 모두 一心이 만든다)을 계승하였다.

155) 八識 가운데 眼識에서 身識까지는 오관에 의해 일어나는 마음이고, 意識은 요별하고 인식하여 분별하는 마음이다. 末那識은 我癡 · 我見 · 我慢 · 我愛의 4번뇌와 상응하여 제8阿賴耶識의 見分을 항상 살피고 생각하여 '我'와 '我所'로 집착하는 '恒審思量'을 그 성격으로 한다. 따라서 아집의 근본이 되기 때문에 染汚意라 하며, 思量識 · 思量能變識이라고도 한다. 따라서 阿賴耶識은 모든 식의 본체이고, 物 · 心 두 가지를 간직하여 잃어버리지 않기 때문에 無沒識이라고 한다. 또한 만유를 만들어내는 원인이 될 종자를 가지고 있는 식이란 의미에서 種子識이라고도 하며, 일체 만법 종자를 모두 갈무리해 있는 식이란 의미에서 藏識이라고도 한다. 法相宗에서는 8종의 識을 8가지 마음이라고 이해하고, 性宗에서는 8종의 識을 一心으로 간주한다.

156) 荷澤每斥凝心의 전거로 『神會和尙遺集』에 다음과 같은 내용이 있다.
"神會가 만약 사람들에게 坐禪을 가르치되, 사람들에게 마음을 한곳에 집중하여 선정에 들게 하고, 움직이는 마음을 멈추어 청정을 보게 하며, 마음을 일으켜 외경을 관찰하게 하고, 마음을 다잡아 안으로 깨달아 들어가도록 가르친다면, 이는 보리를 장애하는 가르침이다. '坐'라고 하는 것은 생각이 일어나지 않는 것이고, '禪'이라고 하는 것은 본성을 보는 것이다. 때문에 사람들을 앉히고 움직이는 마음을 멈추어 선정에 들어가도록 가르치지 않는다. 만약 坐禪만을 가르치는 것이 올바른 가르침이라면 유마힐은 나무 아래에서 좌선하던 사리불을 꾸짖지 않았을 것이다.

[若教人坐 (教人)凝心入定 住心看淨 起心外照 攝心內證者 此是障菩提 今言坐者 念不起爲坐 今言禪者 見本性爲禪 所以不教人坐身 住心入定 若指彼教門爲是者 維摩詰不應訶舍利弗宴坐]"

157) 荷澤神會(670~762)는 唐代 襄陽 사람으로 속성은 高씨이며, 六祖慧能의 제자이고 荷澤宗의 개조이다. 어려서 유교와 도교에 정통하였는데 『後漢書』를 보다가 출가하여 경을 배웠다. 처음엔 荊州 玉泉寺에서 神秀를 모셨는데 신수가 천자의 명을 받고 京師로 가게 되자 그의 지시에 따라 육조의 회상으로 가게 되었다. 육조의 법을 받은 뒤에 南陽의 龍興寺에 주석하였고, 開元 20년(732) 河南省 滑臺 大雲寺에서 無遮大會를 열고 崇遠禪師와 논전을 벌여 남종이 달마의 정맥임을 주장하였으며, 또 洛陽의 荷澤寺에 주석하며 육조의 종풍을 선양하였다. 天寶 12년(753) 御史 盧奕의 무고로 여러 해를 귀양살이를 하였고, 안록산의 난 때에는 군비와 군수품을 모아 헌납하기도 하였다. 742년에 저술한 『顯宗記』에서 南北頓漸의 양문을 정했으니, 곧 남방의 혜능을 頓宗으로 삼고, 북방의 신수를 漸教로 삼았다. 이에 '南頓北漸'이라는 명칭이 생겼으며, 있는 힘을 다하여 신수의 漸門을 공격했다. 이에 南宗禪은 날로 성대해지고 北宗禪은 크게 쇠퇴하였다. 上元 元年에 세수 93세로 입적하니 시호는 眞宗大師이다. 저서로는 『顯宗記』·『菩提達摩南宗定是非論』·『神會語錄』 3권 등이 있다. (출전 : 『六祖大師法寶壇經』, 『圓覺經大疏鈔』 제3권, 『宋高僧傳』 제8권, 『景德傳燈錄』 제5권, 『荷澤大師神會傳』, 『祖堂集』 제3권, 『五燈會元』 제2권)

158) 現今朝暮分別爲作 一切皆妄의 참고가 될 자료로 『宋高僧傳』 제18권 唐嵩嶽少林寺慧安傳(大正藏50, 823下)에 다음과 같은 내용이 나온다.

"則天武后가 慧安스님께 나이를 묻자 '기억할 수 없습니다'고 대답하니, '어째서 기억할 수 없습니까?' 하고 되물었다. 이에 '생사에 윤회하는 이 몸은 끝없이 循環하는데, 어떻게 나이를 기억할 수 있겠습니까? 또 이 마음은 끊임없이 흘러 그 사이사이 빈틈이 없으며 그 속에서 물거품이 생기고 사라짐을 보는 것 또한 妄想일 뿐입니다. 최초의 識으로부터 움직임이 사라질 때까지 다만 이러할 뿐인데, 어떤 年月을 어떻게 기억할 수 있겠습니까?'라고 대답했다. 그러자 則天武后가 머리가 닿도록 절하였다[天

后嘗問安甲子 對曰 不記也 曰何不記耶 乃曰 生死之身如循環乎 環無起盡何用記爲 而又此心流注中間無間 見漚起滅者亦妄想耳 從初識至動相滅時 亦只如此 何年月可記耶 天后稽顙焉]."

159) 慧聞禪師는 天台宗의 開山祖로서 北齊의 승려이며 慧文이라고도 한다. 渤海(山東) 사람으로 속성은 高氏이고 생몰연대는 알 수 없다. 활동한 시기는 대략 東魏의 孝靜帝 天平 2年(535)에서 北齊의 文宣帝 天保 8年(557)까지로 추정된다. 어린 나이에 출가하여 그 총명함을 견줄 자가 없었으며 열심히 배우고 깊이 사유했다고 한다. 성년이 된 어느 날 『大智度論』을 열람하다가 제27권에 이르러 크게 깨닫고는 '一心三諦'의 오묘한 이치를 증득하였다. 또 『中觀論』을 읽다가 觀四諦品의 "衆因緣生法 我說卽是無 亦爲是假名 亦是中道義"라는 게송(大正藏30, 33中)에 이르러 空과 有가 다르지 않은 中道의 이치를 깨닫고, 드디어 용수의 가르침을 받들어 宗風을 黃河와 淮水에서 두루 드날렸으니 모여든 무리가 천백여 명이나 되었다. 뒤에 心觀法을 南嶽慧思에게 전수하였고, 慧思는 心觀法을 전해 받은 뒤 남방에서 크게 교화를 펼쳤다. 天台宗의 법계는 龍樹菩薩을 그 초조로 추존하고 北齊慧聞(文)·南嶽慧思·天台智顗·章安灌頂·法華智威·天宮慧威·左溪玄朗·荊溪湛然으로 이어졌다. (출전 : 『釋門正統』 제1권, 『佛祖統紀』 제6권, 『天台九祖傳』, 『佛祖通載』 제9권, 『六學僧傳』 제3권, 『續高僧傳』 제17권 慧思章)

160) 慧稠(480~560)는 僧稠라고도 하며 北齊의 선승이다. 河北 鉅鹿 사람으로 속성은 孫씨이며, 어려서 經史를 널리 통달하고 28세에 太學博士가 되었는데 얼마 뒤 출가하였다. 道房禪師에게서 止觀을 수학하고 『涅槃經』 「聖行品」의 四念處法을 닦고 익혔으며, 道明禪師에게서 16特勝法을 수학하였다. 뒤에 嵩山 少林寺의 佛陀跋陀禪師를 참예하고 자기의 증득한 바를 드러내 보이자, 跋陀가 말하기를 "파미르 고원 동쪽에서 禪學을 최초로 증득한 이는 바로 그대이다"라고 했다는 기사가 『續高僧傳』 제16권(大正藏50, 553下)에 나온다. 北魏 孝明帝가 조서를 내려 세 번이나 불렀으나 나아가지 않았고, 뒤에 西王屋山·靑羅山 등지에서 선을 닦았다. 선종에서는 승조의 선을 소승선이라고 부르고 보리달마의 대승선과 상대하여 일컬었다. 승조는 소승선관 중에서도 四念處法을 널리 폈다. 그러나 사상적인 면에서는 『유마경』의 不二法門을 응용하며 생활속에서 도를 찾고, '번뇌즉 보리요, 보리즉 번뇌'라 하여 그는 후대 중국 선종사상의 형성에 막대한 기여를 하게 된다. 北魏 孝武帝 永熙 元年(532)에 懷州(河南) 馬頭山에 禪寺를 건립하였으며, 天保 年間(550~559)에 北齊로 들어가자 文宣帝가 초청하

여 鄴都에 雲門寺를 건립하고 머물게 하였으며, 아울러 石窟寺의 주인을 겸하게 하니 朝野에서 성인처럼 섬기고 대선사라고 불렀다. 그는 황제에게 간청하여 국내의 州마다 禪寺를 건립하게 하고 후진을 양성하게 하였으며, 이로 인해 禪法이 北地에 융성하게 되었다. 乾明 元年 4月에 세수 81세로 병도 없이 앉아서 입적하였다. 撰述로는『止觀法』2권이 세상에 유행하였다. 제자로는 曇詢이 있다. (출전 :『續高僧傳』제16권)

161) 護法(Dharmapāla)은 達摩波羅로 음사하기도 하며, 유식 10대 논사의 한 사람으로 6세기경 사람이다. 남인도 드라비다국(Drāviḍa) 대신의 아들로 태어나 공주와 혼약했다가 결혼식날 삭발하고 출가하였다. 대·소승교학에 두루 정통하고 마가다국의 나란다寺에서 널리 교화를 펼치니 그 무리가 수천 명에 달하였다. 29세에 大菩提寺(Mahābodhi)에 은거하면서 禪觀을 닦는 여가에『唯識三十頌』의 解釋書를 지어 世親의 宗義를 밝히고, 32세에 입적하였다. 저서로는『大乘廣百論釋論』·『成唯識寶生論』·『觀所緣論釋』등이 있다. (출전 :『大唐西域記』제5·9권,『大慈恩寺三藏法師傳』제3권,『南海寄歸內法傳』제4권)

162) 會相歸性은 攝相歸性이라고도 하는데, 法藏의 화엄교학에서 10중유식의 제5門이 '攝相歸性唯識'이다.『探玄記』제13권(大正藏35, 347上)에 "相을 거두어 性으로 돌아가기 때문에 唯識이라고 말한다. 이를테면 8식은 자체의 相이 없으니, 오직 여래장에서 평등하게 현현한 상으로서 여타의 상은 없다[攝相歸性故說唯識 謂此八識皆無自體 唯是如來藏平等顯現 餘相皆盡]"라고 하였다. 화엄의 5교판에서 終敎에 해당되고, 如來藏自性淸淨心을 근본으로 삼는다.

163) 毁心是賊 制令斷除의 전거로『佛遺敎經』(大正藏12, 1111上)에 다음과 같은 내용이 있다. "5根의 주인은 마음이다. 그러므로 너희들은 마땅히 마음을 잘 제어해야 한다. 방일한 마음이 두렵기는 독사·맹수·도적보다 더 두렵고, 그 두려움은 맹렬하게 타오르는 큰 불길로도 비유할 수 없다[此五根者 心爲其主 是故 汝等 當好制心 心之可畏 甚於毒蛇惡獸怨賊 大火越逸 未足喩也]."

164) 色은 완전히 끊거나 벗어난 것을 空으로 간주하는 二乘의 斷滅空 또는 離色空 등의 잘못된 空觀을 나타낸다.『註華嚴經題法界觀門頌引』(大正藏45, 697上)에 "空의 斷滅性에 집착하는 사람들은 마음 밖에 있는 법이 실재하는 것으로 생각하여 色을 소멸시킴으로써 空을 밝히며, 5蘊과 18界 등이 진실로 그 자신의 실체가 있다고 집착한다. 그들은 미래의 모든 6根과 6境까지 망령되게 분별하여 그것들이 소멸된 것을 열반으로 간

주한다. 곧 고통스러운 현실을 싫어하고 고요한 경계를 즐겨하며 육신을 없애고 지혜를 소멸시켜 영원히 허공과 같아지고 고요함을 즐거움으로 취하는 것이다. 그러므로 帝心禪師는 대승의 경전 중에서 참된 공은 연기법상의 유[幻有]를 파괴하지 않는다는 뜻을 뽑아 모은 것이다[此等人 心外取法 滅色明空 執蘊界等 實有自體 妄計未來諸根境滅 以爲涅槃 便乃厭苦欣寂 灰身滅智 永同太虛 取寂爲樂也 故 帝心禪師 集大經中 眞空不壞幻有之義]"라고 하였다.

165) 『楞嚴經』 권9(大正藏19, 149上)에 "선정 중에서 홀연히 영원히 단멸되는 경계로 돌아가 인과의 도리를 부인하고 한결같이 공적으로만 들어가면 공적한 마음이 앞에 나타나게 되며 더 나아가 마음으로 영원히 단멸되었다는 견해를 일으키나니 그것을 깨달으면 허물이 없으나 성인이 된 것은 아니다. 만일 그것이 성인이 된 경지라는 견해를 지으면 空寂의 마구니가 그 사람의 마음 깊숙한 곳으로 파고 들어갈 것이다[其中忽然歸向永滅 撥無因果 一向入空 空心現前 乃至心生長斷滅解 悟則無咎 非爲聖證 若作聖解 則有空魔 入其心腑]"라고 하였으며, 『大慧語錄』 권20 「示眞如道人」(大正藏47, 894下)에 "또한 사람들로 하여금 인과의 도리를 부정하도록 하면서 말하기를 '술을 마시고 고기를 먹어도 보리를 가로막지 않으며, 도둑질을 하고 음란한 행위를 하여도 반야를 방해하지 않는다'라고 한다. 이와 같은 무리들은 삿된 마구니의 사악한 독이 그 마음 깊숙한 곳으로 파고 들어가 깊이 자리잡고 있음을 알아채지 못하는 것이다[更敎人撥無因果 便言 飮酒食肉 不礙菩提 行盜行婬 無妨般若 如此之流 邪魔惡毒 入其心腑 都不覺知]"라고 하였다.

解 題

『禪源諸詮集都序』는 圭峰 宗密 선사(780~841)가 당대의 모든 선종에서 주장한 禪門의 근원 이치를 모두 모아서 禪藏을 만들어 후학에게 남겨주기 위한 책(『선원제전집』)의 서문으로 상하 2권으로 이루어져 있다.

먼저 그 내용을 살펴보면 다음과 같다.

첫째, 裴休의 서문.

둘째, 이 책의 제목을 풀이한 부분으로 禪과 源에 대한 정의를 기술한 부분.

셋째, 선의 중요성과 종류를 설명하면서 교학을 연구하는 사람이 이와 같은 진정한 선의 정신을 이해하지 못하고 급기야 서로 비방하는 실태를 밝히는 부분.

넷째, 禪과 敎가 일치함을 밝히는 부분.

다섯째, 선과 교가 서로 연관될 수밖에 없는 열 가지 이유를 밝히는 부분.

여섯째, 선의 3宗과 교의 3敎를 설명하는 부분.

여기까지가 상권이다. 이어서 하권은 다음과 같다.

일곱째, 空宗과 性宗의 열 가지 다른 점.

여덟째, 頓과 漸을 둘러싼 여러 종파들의 견해를 소개하는 부분.

아홉째, 『기신론』의 사상을 빌어서 깨달음으로 나아가는 단계(悟十重)와 미혹의 세계로 들어가는 단계(迷十重)를 설명하는 부분.

열째, 『선원제전집』을 읽어야 하는 이유를 밝히는 부분.

이러한 구성에서도 알 수 있듯이, 종밀은 『도서』를 통하여 일관되게 선과 교의 일치를 주장하고 있다. 그는 선과 교가 일치할 수밖에 없는 열 가지 이유를 들면서 자신의 주장을 뒷받침하고 있는데, 그의 이같은 강력한 선교일치설의 저변에는 당시 선의 여러 종파들이 내세우는 선법을 정리하고 그 위치를 정함으로써 부처님의 참뜻을 고스란히 전하고 있는 달마종의 정신을 선양하고 나아가 하택종의 종지가 궁극임을 입증하려는 의도가 깔려 있다고 볼 수 있다.

이러한 『도서』의 내용들 가운데 특별히 눈여겨보아야 할 항목들은 바로 선과 교에 대한

判釋과 교선일치설, 空宗과 性宗의 10가지 상이점, 頓과 漸의 문제, 그리고 迷十重과 悟十重의 과정이라고 할 수 있다.

이제 중요한 내용을 하나씩 살펴보기로 하자.

1. 선의 중요성과 달마선

먼저 종밀은 무엇보다도 禪門의 중요성을 누누이 강조하고 있다.

"선문이 비록 육바라밀 가운데 하나에 불과하지만 三乘學人이 성스러운 도를 구하고자 한다면 반드시 선을 닦아야만 하니 이를 떠나서는 門이 없고 이를 떠나서는 길이 없기 때문이다."

그런데 선에는 外道禪과 凡夫禪, 小乘禪, 大乘禪, 最上乘禪이 있으며 각 종파마다 다양하게 수행문을 제시하고 있기는 하지만 저마다 자신의 선정이 으뜸가는 것이라고 주장하고 있어서 논란이 되고 있는 것이 현실이다. 이러한 여러 선종 가운데 달마가 전한 법은 단번에 佛體와 같아지는 것이므로 달마의 선이 근본이고 궁극적인 禪門인 최상승선에 속한다고 종밀은 구분 짓고 있다.

2. 선교일치

종밀은 敎란 모든 불보살의 말씀이 기록되어 있는 경론이고, 禪은 모든 선지식이 말한 글과 게송이다. 따라서 경전의 내용은 삼천대천세계의 중생과 팔부중을 망라한 가르침을 펼치고 있는 것이요, 선의 게송은 요점을 모아 간략하게 근기에 맞는 중생에게 가르침을 맞춘 것이라고 정의 내리고 있다.

선과 교의 이치가 이러한데도 禪師와 講師들이 佛法을 논하면서 호월지간처럼 비난하고 화합하지 못하는 현실을 안타까워하면서 가장 먼저 선과 교가 서로 배척해서는 안 되는 이유를 밝히고 있다.

즉, "하나의 대장경에 들어 있는 대승과 소승, 방편과 실상의 이치, 了義와 不了義를 잘 파악하고 있어야 모든 종파의 禪門에서 주장하고 있는 宗旨가 부처님의 뜻에 어긋나지 않음을 확실하게 증명할 수 있기 때문"이다. 다시 말해 종밀이 『도서』를 통해 선교일치를 주장하는 기본 이유는 선과 교의 상호보완작용을 통해서 현재 갈등하고 반목하고 있는 여러 선종들을 회통시키려 함이다. 教를 3교로 분류하는 작업은 바로 선종의 차례에 대한 기준이 教에 있고 그 증거를 교에서 찾고자 하는 기초 작업인 것이다.

이어서 종밀은 선의 기록을 모으는 데 경론을 연관시킬 수밖에 없는 열 가지 이유를 밝히고 있다. 열 가지 이유를 들고 난 뒤에 본격적으로 선과 교에 대하여 분류를 시도하고 있다.

(1) 禪三宗

① 息妄修心宗

중생이 비록 본래 불성이 있다 해도 무시이래로 무명이 이것을 덮고 있으므로 생사에 윤회하게 되는 것이다. 그러므로 禪의 경계에 들어가는 방편을 잘 알아서 시끄러운 장소를 멀리하고 조용한 곳에 머물러 몸과 호흡을 잘 다스리며 편안히 결가부좌하고 마음을 하나의 경계에 집중해야 한다는 사상이다. 여기에는 南侁智詵, 北宗神秀, 保唐無住, 果閬宣什의 문하들이 들어간다.

② 泯絶無寄宗

범부와 성인의 모든 법이 전부 꿈이나 허깨비와 같다. 조금도 존재할 것이 없어 본래 空寂하니 지금 비로소 없는 것도 아니며 없다는 것을 통달한 이 지혜도 얻을 수 없다. 본래 일이 없음을 통달하여 마음에 의지할 바가 없어야 전도망상을 벗어나 비로소 해탈이라 이름할 수 있다는 사상이다. 石頭希遷, 牛頭法融, 徑山法欽이 여기에 들어간다.

③ 直顯心性宗

일체 모든 법이 有이든 空이든 모두 오직 眞性일 따름이다. 진성은 無爲로서 그 體가 일체의 어떤 모습도 띠고 있지 않다. 그러나 자체의 用으로서 온갖 모습을 만들어낼 수 있으니, 이는 범부나 성인을 만들 수 있고 色이나 相 등을 나타낼 수 있다는 사상이다. 이러한 내용을 心性을 기준으로 하면 洪州宗과 荷澤宗의 사상이 나뉘게 되는데, 이 둘 사이에는 다음과 같은 차이점이 있다.

㉠ 洪州宗

일체의 모든 행위는 "天眞自然 그 자체로 불성이며 진짜 깨달음"이라고 한다. "道가 곧 이 마음이니 이 마음을 가지고 마음을 닦을 수 있는 것이 아니며 악(惡)이 또한 이 마음이니 이 마음을 가지고 마음을 끊을 수 있는 것이 아니다. 끊지도 닦지도 않으면서 삶의 흐름에 내맡겨 자재로워야지만 해탈이라 이름한다"고 주장한다.

ⓛ 荷澤宗

"모든 법이 꿈과 같음을 모든 聖人이 똑같이 설한다. 그러므로 망념이 본래 고요하고[本寂] 번뇌의 경계가 본래 공하다[本空]. 공적한 마음이 신령스럽게 알아서 어둡지 않으니 바로 이 공적한 지[空寂之知]가 자신의 진성이다." "知라는 한 글자가 온갖 미묘한 작용을 일으키는 문이다. …… 만약 선지식의 가르침을 받아 공적의 지를 돈오하게 되면 모든 相이 공임을 알게 되고 망념이 일어나면 곧 깨달아서 그 순간 망념이 없어지게 되니 수행의 오묘한 문이 오직 여기에 있을 뿐이다"라고 하였다.

(2) 教三教

① 密意依性說相教

여기에는 人天因果教, 斷惑滅苦教, 將識破境教의 세 종류가 있다. 이 가운데 장식파경교에는『해심밀경』,『유가론』,『유식론』이 들어가며 선삼종의 식망수심종과 정확히 대응한다고 종밀은 말하고 있다. 또한 종밀은 장식파경교와 식망수심종을 일치시키면서 이를 통하여 漸門의 필요성을 강조하고 있다.

"식망수심종은 바깥 경계가 모두 공임을 알고 있기에 바깥경계를 닦아가지 않고 오직 망념을 쉬어 마음을 닦을 뿐이다. 망념을 쉰다는 것은 我와 法에 집착하는 망념을 쉬는 것이고, 마음을 닦는다는 것은 오직 識일 뿐인 마음을 닦아가는 것이기에 唯識의 가르침과 같다. 식망수심종이 이미 부처님의 말씀과 같은데 어찌 漸門을 비방하고 훼손할 수 있겠는가."

즉 漸修를 강조하는 北宗의 禪法을 인정하는 입장이며, "道信도 수십 년 간 눕지 않았던 것"을 볼 때 신수의 북종선 역시 달마선의 정신을 담고 있다는 입장을 피력하고 있다.

② 密意破相顯性教

轉變한 경계가 이미 모두 허망한 것인데 能變識만 홀로 진실할 수 없다. 일체법이 모두 空이라고 하는 사상이 여기에 속하며, 경론으로는『반야경』,『중론』,『백론』,『십이문론』,『광백론』,『대지도론』이 해당한다. 또한 선삼종 가운데 민절무기종이 파상현성교와 완전히 내용이 같다고 주장하면서 이 교의 가르침 역시 불보살이 설하고 논한 법인데 어찌 비방하느냐고 되묻고 있다.

한편 종밀은 說相敎와 破相敎 둘 다 부처님의 본뜻에 의거해서 뜻이 서로 어긋나지는 않는다고 말한다. 즉 설상교와 파상교는 眞空과 妙有의 차이는 있다 해도 각자를 배격하기 위함이 아니라 각자를 세우기 위한 주장이었으므로 전체적인 본질을 원만하게 구족하며 서로 어긋날 것이 없다고 하여 여기에서도 二敎의 일치를 끌어내는 것이다. 또한 二敎가 모두 부처님 법이니 頓門과 漸門의 참선하는 모든 이들은 어느 한쪽에 치우치지 말 것을 아울러 당부하고 있다.

③ 顯示眞心卽性敎

"일체 중생이 모두 空寂한 眞心이 있어 본래 그 성품이 청정하고 밝고 밝아서 어둡지 않아 분명하게 항상 알며, 미래제가 다하도록 상주불멸하므로 이를 불성이라 하고 여래장이라 하며 心地라고 한다. 무시이래로 중생은 망상이 이 마음을 가려서 스스로 증득하지 못하고 생사에 탐착하는데, 부처님께서 이를 연민하여 이 마음을 열어 부처님과 똑같다는 사실을 보여준 것이다."

종밀은 진심즉성교의 사상을 설명한 뒤에 스스로 다음과 같은 문제를 제기하고 있다. "성품이 스스로 분명하게 항상 알고 있다고 했는데, 어찌 모든 부처님이 꼭 열어 보여야만 하는가?" 이러한 질문에 대한 답으로써 그는 '知'의 이치를 펼치고 있다. 달마가 전한 것이 바로 이 마음이며 "중생이 갖고 있는 신령스럽게 아는 靈知의 마음이 곧 眞性으로서 부처님과 다름이 없다는 것을 열어 보여주었기에 이것을 현시진심즉성교라고 이름한다"는 것이다. 여기에는 경으로는 『화엄경』, 『밀엄경』, 『원각경』, 『불정경』, 『승만경』, 『여래장경』, 『법화경』, 『열반경』과, 논으로는 『보성론』, 『불성론』, 『기신론』, 『십지론』, 『법계론』, 『열반론』 등이 들어간다고 한다. 이러한 경론들은 제각각 돈(頓)과 점(漸)으로서 그 주장하는 바가 같지는 않더라도 법체(法體)를 드러내는 것에 근거하게 되면 모두 여기에 속하며, 선삼종의 직현심성종이 여기에 해당한다고 밝히고 있다.

선삼종과 교삼종의 대응관계를 그려보면 다음과 같다.

교삼교	밀의의성설상교(장식파경교)	: 식망수심종	선삼종
	밀의파상현성교	: 민절무기종	
	현시진심즉성교	: 직현심성종	

한편 종밀은 이 현시진심즉성교는 바로 달마의 종지를 그대로 드러낸 것이며, 달마의 선禪脈이 육조에 이르러 끊어질 뻔하였으나 하택신회가 知라는 한 글자의 衆妙之門을 드러내어 법을 이었음을 밝히고 있다. 따라서 비록 모든 교와 모든 선이 갈등 없이 회통한다고

하더라도 궁극은 직현심성종과 현시진심즉성교이며, 이것은 달마선을 근본으로 한 하택신회의 南宗禪의 사상임을 천명하고 있다.

3. 空宗과 性宗의 열 가지 차이점

종밀은 일단 선과 교를 셋으로 분류한 뒤에 교의 사상들에 의거하여 선종의 제 종파들의 수준을 세웠다. 그런 뒤에 다시 교삼교를 空宗(파상현성교)과 性宗(진심즉성교)으로 구분하고 다음의 열 가지 차이점을 들고 있다.

첫째, 法과 義가 眞諦와 俗諦로서 쓰이는 내용이 다름.

둘째, 제법의 본원을 지목하여 쓰이는 명칭을 공종에서는 性이라 하고 성종에서는 마음이라고 쓰는 점이 다름.

셋째, 性이라는 글자가 쓰이는 내용이 두 종류로서 그 體가 다름.

넷째, 眞智와 眞知의 내용이 다름.

다섯째, 공종은 '我라는 법이 없다'라고 하고, 성종은 '我라는 법이 있다'라고 주장하는 것이 다름.

여섯째, 진리를 드러내는 방법으로 공종에서는 부정의 논리를, 성종에서는 긍정의 논리를 쓰는 점이 다름.

일곱째, 名을 아는 것과 體를 아는 것의 그 내용이 다름.

여덟째, 공종에서는 二諦를, 성종에서는 三諦를 주장하는 점이 다름.

아홉째, 변계소집성과 의타기성, 원성실성을 공종에서는 모두 無性이라고 주장하고 있으나, 성종에서는 空과 有의 입장이 있다고 주장하는 점이 다름.

열째, 공종은 하나의 법도 인정하지 않는 철저한 공을 부처님의 덕상(德相)으로 삼고 있으나, 성종은 부처님 자체에 常·樂·我·淨의 덕상이 있다고 주장하는 점이 다름.

종밀은 이렇게 열 가지의 차이점을 들면서 진심즉성교[性宗]가 파상현성교[空宗]의 편집된 사상을 뛰어넘는 원만하고 궁극적인 사상을 담고 있다고 밝히면서 진심즉성교의 우월함을 피력하고 있다. 진심즉성교가 우월한 가르침이라는 주장은 그와 내용이 똑같은 직현심성종이 모든 선종들 중에서 가장 뛰어난 가르침이라는 것을 의미한다.

그리고 나아가 그는 비록 이와 같은 차이점이 있다 하더라도 선삼종과 교삼교는 一味法이라고 정의하고 있다. 그러므로 먼저 "부처님의 삼교에 기준하여 삼종의 선문을 증득한다면 禪敎를 함께 잊어버리고[雙忘] 心佛이 함께 고요해지는[俱寂] 경지에 들어간다. 쌍망과 구적의 경지에 들어가면 생각 생각마다 부처님 마음 아닌 것이 없고 구절 구절마다 선의 가르침 아닌 것이 없게 되므로" 궁극적인 하나의 경지에 이르면 더 이상 空과 有, 頓과 漸이라는 대립도 무의미해지고 만다는 것이다.

4. 頓과 漸의 문제

종밀은 敎三敎를 돈과 점으로 나누는데, 점이란 중근기와 하근기를 위한 가르침으로 법상교와 파상교가 이에 속하며 경전으로는 『법화경』과 『열반경』이 속한다고 말한다. 그리고 돈교에는 逐機頓과 化儀頓이 있는데 이 가운데 축기돈은 범부로서 예리한 지혜를 지닌 상근기가 해당되며 법을 듣는 즉시 돈오하여 완전히 佛果와 같아지는 것이며 禪門의 세 번째인 직현심성종과 그 내용이 완전히 똑같다고 말하고 있다.

또한 돈과 점은 모두 부처님의 가르침에 나아가서 敎를 기준 삼아 설했으나 만약 중생의 근기에 나아가 깨닫고 닦아 나가는 悟修를 기준 삼아 말하게 된다면 다양한 주장이 있다고 말하며 종밀은 당시 거론되던 돈점에 관한 모든 입장을 낱낱이 열거하고 있다. 즉 점수돈오·돈수점오·점수점오·돈오돈수가 있으니 이것은 證悟를 기준으로 한 것이요, 解悟를 기준 삼으면 돈오점수라 하였다. 그리고 돈오돈수의 경우 깨달음으로 인하여 닦아 나가는 것이라면 이 깨달음은 해오가 되고, 닦아 나간 것으로 인하여 깨닫게 되면 이 깨달음은 증오가 된다고 말하고 있다.

하지만 종밀은 돈과 점의 논란에 대해서도 "敎에서는 교화하는 방식인 화의의 돈점과 중생의 근기에 따라가는 應機의 돈점이 있으며, 사람에게는 가르치는 방편의 돈점과 중생의 근성이 깨달아 들어가는 根性悟入의 돈점과 뜻을 내어 수행하는 돈점이 있다"는 말을 인용하면서 그런 時輩를 안타깝게 여기고 있다. 종밀은 결론에 이르러 돈오점수가 진실에 위반되는 듯 하지만 결국은 이 길로 들어갈 수밖에 없음을 밝힌다.

5. 迷悟의 十重

종밀은 곧 이어 교법에 대한 좀더 세밀한 분석을 가하고 있다. 즉 교법의 근원은 본래 세존의 一眞心體로부터 흘러나온 것이며 부처님께서 경을 설하신 본뜻은 일대사인연을 위한 것이라는 말이다. 그런데 '부처다, 중생이다, 깨달음이다, 미혹이다'라고 하는 것도 본래부터 어떤 차별이 있어온 것이 아니라 迷悟의 인연을 따라 업을 짓게 되어 괴로움을 받게 되면 중생이라 불리고, 도를 닦아 진여를 증득하게 되면 부처라 불릴 뿐이라고 종밀은 말한다.

이렇게 중생과 부처라는 구별의 저변에는 一心이 놓여 있으며 이 일심의 眞에는 不變과 隨緣의 두 가지 뜻이 있게 되고, 妄에는 體空과 成事의 두 가지 뜻이 있다. 진의 불변으로 말미암아 妄體가 본래 공이어서 진여문이 되고, 진의 수연으로 말미암아 妄識이 경계를 만들어 생멸문이 되는 것이라 설명하고 있다. 생멸과 진여는 일심이라는 바탕에서는 둘이 아니기 때문에 중생과 부처의 차별도 사라지는 것이다.

종밀은 여기서 한 걸음 더 나아가 생멸문에서 생사윤회로 나아가는 범부의 단계[迷十重]와 번뇌를 여의고 깨달음으로 나아가는 과정[悟十重]을 기신론의 사상을 빌려서 자세하게 설명하고 있다. 그러나 이 두 가지 과정은 역순으로 서로 대응되는 구조이며 그 바탕에는 역시 중생심이 자리잡고 있음을 또한 그림으로 표시하고 있는데 종밀은 이런 작업을 통해서 자신의 수행이 정확하게 어느 단계에 와 있는지, 나와 부처님의 體는 같은지 다른지를 파악해서 범부에 집착하지도 않고 성스런 위치에 제멋대로 끼어들지도 않으면서 착실하게 수행에 임할 것을 후학들에게 간곡하게 일러주고 있다. 이런 작업들은 頓悟를 했더라도 漸修를 잊어버려서는 안된다는 돈오점수의 사상을 완곡하게 드러내는 일임을 잊지 말아야 한다.

6. 남의 스승 되려면 제법의 본말을 갖추어야

종밀은 결론 부분에 이르러 다시 한번 『선원제전집』을 편찬하는 이유를 역설한다.

"공부를 성취한 뒤에 홀로 즐기려는 무리라면 이런 모든 내용을 두루 찾아볼 필요는 없을 것이다. 하지만 깨닫고 난 뒤에 다른 사람의 스승이 되려고 한다면 모든 법의 근본과 지말을 갖추어서 통해야 할 것이다."

종밀은 마음에서 마음으로 법을 전한 것은 달마종뿐이요, 달마종은 마음의 근원을 밝힌 종, 즉 心宗이고, 석가모니 부처님에게서 시작된 이 가르침은 자신에게까지 전해져 명실상부한 38대 적손인 것에 무한한 자부심을 느낀다는 감회를 밝힌다. 아울러 그는 자신의 이런 작업이 "깨달아 닦아 나갈 도가 이미 갖추어졌고 解와 行이 여기에 원만하게 통하며 다음으로 모든 종파의 주장을 두루 살피어 견문을 넓힌 연후에 부처님의 가르침을 받들어

처음과 끝의 모든 내용이 옳았음을 확실하게 증명할 수 있게 되면" 정법이 오래도록 세상에 머물 것임은 틀림없다고 역설하는 것으로 『도서』의 내용은 끝을 맺는다.

7. 『도서』의 영향과 의의

종밀이 태어나 활동하던 시기는 중국에서 불교가 외래종교라는 색채를 완전히 벗어버리고 순수하게 중국이라는 토양 위에서 화려한 꽃을 피운 이후이다. 이미 화엄이나 천태가 宗風을 크게 떨쳤으며 인도로부터 밀교경전이 전해져 중국땅에 세력을 키워 나갔기 때문이다. 6세기 초 보리달마가 중국에 온 이후 선종 또한 北宗의 神秀(606?~706)와 南宗의 慧能(638~713)에서 흘러나온 선맥이 각기 師資相承을 거듭하면서 禪文化를 크게 꽃피우고 있었다.

이러한 시대적 배경은 다음과 같은 부작용도 낳았다.

"마명과 용수가 모두 부처님의 경전을 널리 유포하였지만 空宗과 性宗으로서 종파를 달리하였고, 혜능과 신수가 함께 달마의 마음을 전했으나 頓宗과 漸宗으로서 입장을 달리하고 있으며, 천태는 오로지 三觀에 의지하였고, 牛頭는 '한 법도 있지 않다'라고 하였으며, 江西는 모두 전체가 전부 眞如라고 하였고, 하택은 바로 知見을 가리켰으며 그 밖에 空과 有가 서로 타파하고, 眞과 妄이 서로 섭수하며, 상대방의 근거를 반박하거나 인정하면서 은밀히 참뜻을 가리키거나 바로 설하기도 하였으니 이에 서역과 중화에 많은 종파들이 생겨난 것이다." (裵休의 敍에서)

부처님은 중생의 근기에 맞추시느라 방편으로 다양하게 법을 설하셨건만 사람들이 방편을 고집하여 시시비비를 가리는 세태였던 것이다.

이러한 어지러운 논란 속에서 선정과 지혜를 고르게 닦고자 종밀은 10년 간 세상일을 쉬면서 終南山 草堂寺에서 수행하였는데, 이때 스스로 체득한 바를 통해 敎와 禪은 相剋하는 것이 아니라 수행을 도와 부처의 本體에 도달하게 하는 데 서로 도움을 주는 것임을 깨달았던 것이다. 그리하여 "이런 시대에 침묵할 수만은 없다[吾丁此時 不可以默矣]"라며 결연하게 붓을 들게 되었으니, 그의 『도서』 저술은 바로 시대적 요청이라고 말할 수 있겠다.

이렇게 불교의 다종다양한 사상과 수행체계를 세밀하게 재조직하여 교와 선의 모든 종파들을 인정한 종밀의 교선일치설에는 그 저변에 荷澤禪으로 모든 선종을 포용하였다는 점, 그리고 화엄5조라는 이름에 걸맞게 華嚴으로 모든 교학을 섭수하였으나 궁극으로는 선 특히 달마선의 종지를 그대로 이어받은 하택선으로 나아갈 수밖에 없음을 강조하였다는 점, 그리하여 자신이 석가모니의 38대 嫡孫이 될 수 있었던 것이 참으로 다행임을 술회하였다는 점에서 종밀만의 독특한 사상적 전개와 자부심을 엿볼 수 있다.

그러나 『선원제전집』이 진짜로 저술되었는가에 대해서는 아직 밝혀야 할 숙제로 남겨져 있다. 『도서』만이 현재 전해지고 있을 뿐 정작 『선원제전집』은 현존하고 있지 않으며 이것을 인용하였다는 문헌도 찾아보기 힘들기 때문이다. 다만 조선의 天頙이 지은 『禪門寶藏錄』 속에 하나의 문장이 들어 있기는 하지만 이 역시도 정확히 『선원제전집』에서의 인용문인지는 정확하지 않다. 그리고 송나라 義寂(919~987)이 『禪源詮』을 강의하였다는 기록이 『송고승전』 권7에 나오고 있는데 이 또한 『선원제전집』이 아니라 『도서』일 가능성이 높다고 보는 견해가 있다. (鎌田茂雄, 禪の語錄 9 『禪源諸詮集都序』 解說 358쪽에서 인용)

종밀의 선교일치 사상은 그 후 永明延壽(904~975)에 의해 계승되며 고려 광종이 36명의 승려를 중국에 보내어 연수에게 법을 배우도록 함으로써 그의 사상은 고려로 전해지게 된다. 종밀의 사상을 이어받은 연수의 선교일치설은 그 후 사상적으로 크게 전개되지 못하나 대신 고려의 知訥(1158~1210)에게서 꽃을 피운다. 지눌은 『眞心直說』이라는 자신의 저서에서 眞心에 대하여 논하고 있고, 『修心訣』에서는 선교일치설을 주장하면서 돈오점수를 강력하게 전개하고 있다. 또한 지눌의 저술인 『法集別行錄節要幷入私記』에서도 하택신회의 사상과 종밀의 사상이 전반에 걸쳐 자세하게 펼쳐지고 있다. 敎와 禪, 頓과 漸이 우리나라 조계종에서 아직도 논란을 거듭하고 있음을 비추어 볼 때 종밀의 『도서』를 읽고 연구하는 오랜 강원의 풍토는 끊임없이 선과 교의 화합을 추구해 가며 禪 속에서 부처님과 조사들의 법맥을 이어가고 완성하려는 종밀의 정신이 한국이라는 새로운 풍토에서 또 하나의 결실을 맺고 있음을 단적으로 보여주는 예라 할 것이다.

(『都序』

衆生心

방 | 함 | 록

종　　정 | 법 전 大宗師
총무원장 | 지 관 大宗師
교육원장 | 청 화 大和尙

제6기교재편찬위원장 | 지 오
위 원 | 지 욱, 종 묵, 법 장, 각 묵, 용 학, 원 경, 본 각, 일 진

감　수 | 각　성 (부산 화엄사 회주/화엄학 연구원장)
주　석 | 성재헌 (동국역경원 역경위원)
김영욱 (가산불교문화연구원 책임연구원)
해　제 | 이미령 (동국역경원 역경위원/출판 칼럼니스트)
실　무 | 서수정 (불학연구소)

교 | 육 | 원

교육부

교 육 부 장 | 법　장
교 육 국 장 | 성　해
연 수 국 장 | 송　하
교 육 팀 장 | 이상봉
연 수 팀 장 | 류창무
교육행정관 | 전인동
연 수 주 임 | 조현우
교 육 주 임 | 양원준
교 육 주 임 | 김영미
연 수 주 임 | 이승철
불교서울전문강당 | 조영덕

불학연구소

연 구 소 장 | 현　종
사 무 국 장 | 명　연
선임연구원 | 서재영
주　　임 | 김수진
상임연구원 | 요　경
상임연구원 | 김광식
상임연구원 | 조명제
상임연구원 | 서수정

대한불교조계종 교재편찬위원회

위원장 | 지오 스님

위　원 | 지욱, 종묵, 법장, 원경, 각묵, 용학, 본각, 일진

都 | 序

2004년 3월 29일 초판 1쇄 인쇄
2007년 6월 11일 개정 1쇄 발행
2016년 3월 11일 개정 3쇄 발행

편　찬 | 대한불교조계종 교재편찬위원회
편　집 | 대한불교조계종 교육원 불학연구소
서울시 종로구 우정국로 55

출　판 | 조계종출판사
서울시 종로구 우정국로 67
대한불교조계종 전법회관 2층
Tel 02)720-6107~9 | Fax 02)733-6708

값 18,000원 ISBN 978-89-86821-84-0 93220